Yılmaz Özdil

Son Cüret

Sia Kitap: 70
Güncel: 10

Son Cüret
Yılmaz Özdil

1. Basım: Ekim 2020
ISBN 978-625-44404-9-6
Yayıncı Sertifika No: 45101

Genel Yayın Yönetmeni: ***İlknur Özdemir***
Yayına Hazırlayanlar: ***İlknur Özdemir - Salih Yavuz***
Grafik Tasarımı ve Uygulama: ***Yeşim Ercan Aydın***
Kapak Tasarımı: ***Füsun Turcan Elmasoğlu***

Baskı ve Cilt:
Optimum Basım San. ve Tic. Ltd. Şti.
Tevfikbey Mah. Dr. Ali Demir Cad. No: 51/1 39295
Tel: 0(212) 463 71 25 Küçükçekmece - İstanbul
Sertifika No: 41707

Sia Kitap, Günötesi Yayıncılık İletişim Ltd. Şti.'nin tescilli bir markasıdır.

SİA KİTAP
Feneryolu Mah. Bağdat Cad. No: 115/2
C Blok D: 2 Kadıköy - İstanbul 34724
Tel: 0(216) 550 1881 Faks: 0(216) 337 81 81

www.siakitap.com | **bilgi@siakitap.com**

"Kuvayı Milliye, namuslu bir insanın
yastığının altındaki tabancaya benzer,
namusunu korumak için herhangi bir ümit
kalmadığı anda, hiç olmazsa
intihar etmeye yarar."

Mustafa Kemal

Yılmaz Özdil

Son Cüret

Hasan Tahsin'e

Önsöz

"Turquoise adındaki Fransız denizaltısı, Çanakkale Savaşı sırasında Kilitbahir'de su yüzüne çıkmış, Müstecip onbaşı tarafından farkedilerek, top atışıyla kulesinden vurulmuş, periskobu parçalanmış, karaya oturmuş, mecburen teslim olmuştu.
Müstecip Onbaşı, dünya savaş tarihinde karadan atılan top mermisiyle bir denizaltıyı esir alan ilk ve tek kişiydi.
Komutanı ve 28 mürettebatıyla birlikte savaş ganimeti olarak ele geçirilen bu denizaltı, Haliç Tersanesi'ne getirilmiş, Fransızca ismi silinmiş, "Müstecip Onbaşı" adı verilmişti.
İşte bu manevi değeri çok yüksek olan ganimet denizaltı, Fransız devriminin yıldönümü vesilesiyle, jest olarak, topraklarımızı işgal eden Fransa'ya törenle geri verildi!
Top mermisi bile atmaya gerek duymamışlardı.
Saray tam teslimdi..."

*

Saray tam teslimdi ama teslim olmayı aklının ucundan bile geçirmeyip, vatanın istiklali için seve seve ölmeyi göze alanlar da vardı.
Onlar, Gazi Mustafa Kemal ve silah arkadaşlarıydı.
Onlar, yurdun dört bir yanında "ya istiklal, ya ölüm" diyerek and içmiş Kuvayı Milliyecilerdi.

Onlar, okuduğunuz kitaba adını veren o "son cüret"le ayağa kalktılar ve tarihte benzeri görülmedik, ilklerle dopdolu bir destan yazarak muhteşem bir zafer kazandılar.

*

Türkiye'nin en çok okunan yazarı, değerli kardeşim Yılmaz Özdil'in, yıllarca emek vererek hazırladığı *Son Cüret*'i soluk soluğa okurken, ilklerle tanışacak, efsaneleşen isimlerin daha önce hiç duymadığınız yönlerini bazen şaşkınlık, çoğu zaman da hayranlıkla öğreneceksiniz.

*

Son Cüret öylesine farklı ve öylesine akıcı ki, okudukça, içinizden "keşke hiç bitmese" diye geçirecek, sayfalarından onlarca film konusu çıkabileceğini düşünecek ve "Milli Mücadele" şimdiye kadar böylesine etkileyici ve sürükleyici bir dille hiç anlatılmamıştı" diyeceksiniz.

Uğur Dündar

İnsanın ruhunu daraltan kasvetli bir günün akşamıydı.
Hava kararmıştı.
Yağmur tükürür gibi çiseliyordu.
465 yıl sonra esir düşen İstanbul'un ıslak sokaklarında, fetih gururuyla devriye gezen işgal askerlerinin postal sesinden başka yankı yoktu.

Şişli'deki üç katlı pembe binanın perdeleri sıkı sıkıya kapalıydı.
Gaz lambasının cılız ışığı, odayı hayal meyal aydınlatıyordu.
Altı kişiydiler.
Üzerine harita yayılmış masanın etrafında, ayaktaydılar.

Talihsiz bir kuşağın çocuklarıydılar.
Hayat onları hep mecbur bırakmıştı.
Bıyıkları terlediğinden beri neredeyse bir gün olsun günyüzü görmemişlerdi, Çanakkale'den Trablus'a, Yemen'den Sina'ya, Balkanlar'dan Kafkaslar'a vuruşmadıkları coğrafya kalmamıştı.
Ve neticede, işte bu daracık odaya sıkışmışlardı.

Uzuuun uzun anlattığı haritadan başını kaldırdı.
Adeta nefes bile almayan arkadaşlarına baktı.
Ulusun kader anıydı.
Söylenecek ne varsa söylenmişti.
Söz bitmişti.

O çelik mavisi gözlerinde belli belirsiz bir keder bulutu dolaştı.
"Vakit tamam," dedi...

"Umutsuz olmayacağız.
Uçurumun kenarındayız.
Bizi canlı canlı mezara atmak istiyorlar.
Son bir cüret belki kurtarabilir.
Anadolu'ya geçiyoruz!"

Aynı gün aynı saatlerde, İzmir için için kaynıyordu.
Karabasan çökmek üzereydi.
Sayılı saatler kalmıştı.

Mekteb-i Sultani'nin, bugünkü İzmir Atatürk Lisesi'nin edebiyat öğretmeni Mustafa Necati bey, çoban ateşinin ilk kıvılcımlarından biriydi.
Direnişin çekirdek kadrosundaydı.
Şifreli telgrafı aldı.
"Vakit tamam," diye mırıldandı.

Yurtseverlere haber saldı...
"Mektepte buluşalım!"

Gazeteci Hasan Tahsin bey, (Gavur) Mümin bey, Süleyman Ferit (Eczacıbaşı) bey, miralay Kazım (Özalp) bey, Moralızade Halit bey, Vasıf (Çınar) bey, öğretmenler, doktorlar, avukatlar, tüccarlar, Mustafa Necati'nin bizzat örgütlediği liman işçileri... Mektepte buluştular.

Milli mücadelenin ilk direniş bildirisi orada yazıldı.

El ilanı şeklinde basıldı.
Daha mürekkebi kurumadan, mektebin öğrencileri

tarafından, en başta Konak ve Kordon, bütün İzmir'de dağıtıldı.

Şu yazıyordu...
"Ey bedbaht Türk!
Hakkın gasbediliyor.
Namusuna saldırılıyor.
Buralarda Rum'un bizden çok olduğu söyleniyor.
Türklerin Yunan ilhakını memnuniyetle kabul edeceği söyleniyor.
Güzel memleketin Yunan'a verildi!
Şimdi sana soruyoruz:
Yunan hakimiyetini kabule taraftar mısın?
Artık kendini göster.
Tekmil kardeşlerin Maşatlık'tadır.
Oraya yüzbinlerle toplan, ezici çoğunluğunu dünyaya göster.
İlan ve ispat et... Burada zengin, fakir, alim, cahil yok, burada Yunan hakimiyetini istemeyen ezici çoğunluk var.
Bu sana düşen en büyük vazifedir, vazifeden geri kalma.
Acı duymak fayda vermez.
Çağrımıza uy, Maşatlık'a koş!"

14 Mayıs 1919...
Simsiyah gece, İzmir'in üstüne matem örtüsü gibi çökerken, bugün Bahribaba Parkı olarak bilinen Maşatlık'ta iğne atsan yere düşmüyordu.
Kadın erkek çocuk, şehir adeta nehir gibi akmıştı.

İşgal gemileri Körfez'e demirlemişti.
Karşıyaka'nın fenerleri gözyaşları gibi parlıyordu.

Kürsüye ilk Hasan Tahsin çıktı.
Hukuk-u Beşer gazetesinin sahibi ve başyazarıydı.
"Boyun eğmeyeceğiz!" diye haykırdı...
"Canımızı vereceğiz, vatanı vermeyeceğiz!"

Mahşeri kalabalık kah ağlayarak, kah bağırarak, dalgalanıyordu, Maşatlık'tan yükselen uğultu şehrin sokaklarına imbat gibi yayılıyordu.

Son konuşmayı Mustafa Necati bey yaptı.
Doğma büyüme İzmir çocuğuydu.
Yelekli, siyah takım elbise giymişti.
Siyah kravat takmıştı.
Ve, başında kalpak vardı.

Kuvayı Milliye'nin simgesi, Kurtuluş Savaşı'nın alametifarikası kalpak, ilk kez bir sivil tarafından, tarih sahnesine işte böyle çıkarılmıştı.

Yüreğinin sesiyle meydanı çın çın çınlattı...
"İzmir Yunan'a ilhak ediliyor.
İşgal başlıyor.
Bu akşam, güzel İzmir'imizde son ve tarihi akşamımızdır.
Andolsun ki, ayaktayız.
Vakar ve sükunetinizi muhafaza ediniz.
Vatan ordusuna iltihaka hazırlanınız.
Teslim olmayacağız!"

15 Mayıs 1919.
Perşembe'ydi.
Sabah saat tam 07.00.

Kurtuluş Savaşı'nın dönüm noktasıydı... Yunanistan, Truva Savaşı'ndan üç bin yıl sonra Anadolu topraklarına asker çıkardı.

Megali İdea...
Fatih Sultan Mehmet'in İstanbul'u fethedip, Bizans İmparatorluğu'na son verdiği günden beri hayalini kurdukları, "büyük fikir"di.

Efsaneye göre... "Bizans imparatoru Konstantin ölmemiş, mermerleşmişti, bir melek tarafından Türklerin adım atamayacağı bir mağaraya götürülmüştü, orada uykuya dalmıştı, bir gün, bir başka melek gelecek, imparatora kılıcını getirecek, onu uyandıracak ve imparator Konstantin de Konstantinopolis'i Türklerden geri alacak"tı.

Yunan kilisesi tarafından kuşaktan kuşağa aktarılan, papazlar tarafından Yunan halkının beynine çivi gibi saplanan "büyük fikir" işte buydu!

Megali İdea'ya göre, Bizans kültüründe sözü edilen toprakların tamamı, Helen uygarlığının mirasıydı, Yunanistan'ın hakkıydı.
İzmir'in işgali sadece başlangıçtı.
İstanbul yetmezdi.
Ege, Trakya, Karadeniz yetmezdi.
Büyük fikir'e göre, Anadolu'nun yarısından fazlası Yunanistan'ındı!

Bugünkü İzmir Palas Oteli'nin önüne seyyar iskeleler bağlamışlardı.
Yunan gemileri bu iskelelere yanaşıyor, işgalciler indiriliyordu.

İzmir bir prensestir
çok güzel küçük şapkasıyla

mutlu ilkbaharlar durmaksızın onun çağrısına yanıt verir
nasıl vazo içindeki çiçekler gülümserse,
o da denizler arasından ışıldar
hatta, Arşipel'in yaratılışından çok daha tutkulu

Victor Hugo'nun bu efsanevi dizelerinde "prenses" olarak nitelendirilen güzel İzmir'in nüfusu, 400 bindi.
Levanten yapısıyla Anadolu'nun en zengin, en canlı şehriydi.
Osmanlı ticaretinin merkeziydi.
İzmir limanı, Avrupa'nın en büyük limanlarından biriydi, her yıl 30 milyon altın liralık ihracat, 40 milyon altın liralık ithalat yapılıyordu.
2 bin 500 mağaza vardı.
57 otel, 30 gazino, dokuz tiyatro salonu vardı.
İtalya'dan, Fransa'dan kumpanyalar gelirdi.
Sırf Kordon'da beş sinema vardı.
35 basımevi bulunuyordu, dört Fransızca, üç Rumca, iki Türkçe, bir İspanyolca, bir Ermenice gazete-dergi yayınlanıyordu.
300'den fazla meyhane vardı.
Bu topraklardaki en eski bira imalathanesi, İzmir'deydi.
Tenis, bisiklet, kürek, kriket, boks kulüpleri vardı.
Osmanlı'da futbol, yelken ve at yarışlarının düzenlendiği ilk şehirdi.
Fuhuş "sektör"dü.
Maison Dorée, Madam Eme gibi, dünyaca ünlü randevuevleri vardı.

Yunan işgal gemileri yalnız değildi.
Amerikan, İngiliz, Fransız donanması refakat ediyordu.

Zaten aslına bakarsanız...
Kilkis muhribi, USS Mississippi'ydi.
Limnos muhribi, USS Idaho'ydu.
ABD tarafından Yunanistan'a verilmişlerdi.

Yunan donanmasının en güçlü gemisi *Averof*'tu.
İtalya'dan almışlardı.

Barbaros döneminde Akdeniz'i "Türk gölü" haline getiren Osmanlı donanmasının ise, maalesef kayığı bile kalmamıştı.

İzmir işgalinin en trajik aktörlerinden biri, *Nusret*'ti.
Çanakkale Savaşı'nın kahraman gemisi *Nusret*...
İngilizlerin emriyle, İstanbul'dan İzmir'e gönderilmişti.
Yunan işgal gemilerinin başına iş açmasınlar diye, nisan ayı boyunca İzmir Körfezi'ndeki mayınları temizlemişti.
İngiliz donanmasını Çanakkale Boğazı'na gömen kahramanımız *Nusret*, Anadolu'nun işgal edilmesi için çalıştırılmıştı!

Bugünkü adı Alsancak olan Punta semtinde bayram vardı.
Yerli Rumlar Kordon'u doldurmuştu.
Sevinçle alkışlıyor, Yunan bayrakları sallıyorlardı.
Genç kızlar mavi-beyaz giyinmişti.
Bando coşkulu marşlar çalıyordu.
"Zitooo!" diye haykırıyorlardı.
Yaşaaa!
Kilise çanları yeri göğü yırtıyordu.

Konak'a doğru yürüyüşe geçtiler.
Önlerine Türk bayrakları fırlatılıyordu.
Çiğneyerek geçiyorlardı.

Sağanak yağmur vardı... İki bin yıllık devlet geleneğine sahip olan Türk milletinin düştüğü bu hale, adeta gökyüzü ağlıyordu.

İzmir Metropoliti Hrisostomos etekleri uçuşa uçuşa koştu.
Altın sırmalı cübbesini giymişti.

Diz çöktü, işgal komutanının çizmesini öptü.
Tuz serpti, haçını havaya kaldırdı...
Askerleri takdis ederek o meşhur vaazını verdi.

"Evlatlarım!
Bugün İsa'nın en büyük mucizesini göstermiş oluyorsunuz.
Bu uğurda ne kadar Türk kanı içerseniz, o kadar sevaba girmiş olacaksınız, ben de bir bardak Türk kanı içmekle, onlara olan kin ve nefretimi teskin etmiş olacağım, azizler arkanızda!"

İşte tam o sırada, Saat Kulesi yakınlarında...
Uzun boylu, siyah takım elbiseli bir delikanlı fırladı ortaya.
Elinde revolver vardı.
"Bu kadar kolay olamaz!" diye bağırıyordu.
"Bu kadar kolay olamaz!"

Bastı tetiğine...
İlk kurşun'du.

İşgal alayının sancaktarı atından düştü.
Hani ölüm sessizliği derler ya, öyle olmuştu.
Keyifleri suratlarında donup kaldı.
Sonra baktılar ki, tek kişi... Sarıverdiler etrafını, ilk süngüyü iman tahtasına sapladılar, sonra neresine denk gelirse, orasına.

Hasan Tahsin'di o.
Henüz 30'undaydı.

Asıl adı Osman Nevres'ti.
1888 yılında Selanik'te dünyaya gelmiş, Mustafa Kemal'in de eğitim gördüğü Şemsi Efendi ilkokulundan mezun olmuştu.
Paris'te Sorbonne Üniversitesi'nde sosyoloji okurken, Teşkilat-ı Mahsusa'ya katılmıştı. 1914 yılında

Bükreş'te İngiliz ajanları Noel ve Charles Buxton kardeşlere suikast düzenlemiş, bu operasyona "Hasan Tahsin" sahte pasaportuyla gitmişti.
O günden itibaren hep o ismi kullanmıştı.

Gerçek Hasan Tahsin, subaylıktan ayrılmış bir gazeteciydi.
Mustafa Kemal'in harp okulundan sınıf arkadaşıydı.
Selanik'te *Silah* ismiyle gazete çıkarıyordu.
İstihbarat teşkilatı içindeki iktidar mücadelesinde boğdurularak öldürülmüş, kimliği Osman Nevres'e monte edilmişti.

Osman Nevres, Buxton kardeşleri vurunca, tutuklanmış, beş yıl hapis cezası almış, iki yıl sonra serbest bırakılmış, İsviçre'ye geçmiş, 1918'de İzmir'e gelmiş, *Hukuk-u Beşer* gazetesini çıkarmıştı.

Hukuk kelimesi, o günkü kullanımda, Arapça hak kelimesinin çoğuluydu, haklar anlamına geliyordu.
Hukuk-u Beşer "insan hakları" demekti.
Logosunun altında "İnsan hukukunun savunucusu, gerçeklerden ayrılmayan, hür, bağımsız gazetedir, genç idealistlere sahifeleri açıktır" yazıyordu.

İlk kurşun'dan itibaren, katliam başladı.
Halka ateş açıldı.
Fes ve başörtüsü hedef olmak için yeterliydi.

İlk üç günde iki binden fazla sivil öldürüldü.
İbreti alem için çoğunun cenazesi denize atıldı.
Güzelyalı, Karşıyaka sahillerine haftalarca ceset vurdu.
Kadınlar, çocuklar günlerce eşlerinin, babalarının cenazelerini aradı. Hastanelerin morgları dolup taşmıştı.
Tabutlar içindeki cenazeler, adeta manav kasaları gibi hastanelerin bodrumlarında, bahçelerinde istifleniyordu.

İngiliz donanmasına ait *Adventure* gemisinin kaptanı, o günkü raporuna şöyle yazmıştı: "Kontrolsüz ve gereksiz zalimlikten tiksindim!"

Bine yakın subay, memur ve sivili tutukladılar.
Patris gemisine götürdüler.
Hayvanların konulduğu ambara tıktılar.
Kimleri tutuklayacaklarını isim isim, adres adres biliyorlardı.
Kilise'nin örgütlediği yerli Rumlar liste hazırlamıştı.
Tutuklananlar arasında, İzmir Atatürk Lisesi öğrencileri de vardı.
Mustafa Necati'nin öğrencileriydi.
Üç gün aç susuz bırakıldılar.
Cüzdanları, saatleri çalındı.
200'den fazlası öldürüldü, denize atılanlar oldu.
Üç gün sonra gemiden indirip, depolara hapsettiler.
İşkenceyle sorguladılar.

İzmir valisi kambur İzzet, o kargaşada kim vurduya gitmemek için, oğluyla birlikte İngiliz elçiliğine sığındı! Görgü tanıklarına göre, elçiliğe doğru koşarken "Seyfi oğlum, zito bağır, zito bağır," diye tembih ediyordu.

Süzme vatan hainiydi.
Hatta, ailece vatan hainiydiler.
Mustafa Kemal hakkında idam kararı verecek olan mahkemenin başkanı, Nemrut Mustafa, bu kambur İzzet'in eniştesiydi.

İşgalin üçüncü günü, İngiliz elçiliğinden çıkacak, Yunan işgal komutanı tarafından yeniden İzmir valiliğine oturtulacaktı.

Geceleri kabustu.
Hava kararınca korkunç bekleyiş başlıyordu.
Kapılar kırılıyor, silah zoruyla evlere giriliyordu.
Kadınların kızların ırzına saldırılıyordu, kocasının gözünün önünde tecavüz edilen kadınlardan intihar edenler vardı.
Çığlıklar yükselirken, kimse kimseye yardım edemiyordu.

Yerli Rumlar rehberlik yapıyordu.
Yükte hafif pahada ağır ne bulurlarsa götürüyorlardı.

Yine böyle bir utanç gecesinde... 15-20 kişiden oluşan Yunan bölüğü, bugün Alsancak Devlet Hastanesi olarak bilinen Fransız Hastanesi'nin kapısını kırarak girdi, hasta olarak yatan, tedavi görmekte olan hristiyan kadınlara tecavüz etti.
İzmir'in işgali sırasında "resmi" olarak kayda geçirilen tek tecavüz vakası, bu oldu. Mağdurlar hristiyan olduğu için "suç" sayılmıştı!
Gerisi kayıt dışı tutuldu.

Rum çeteleri şehre çökmüştü.
Zevk için insan öldürüyorlardı.
Alenen, güpegündüz soygun yapıyorlardı.
Kemeraltı Çarşısı'ndaki Türk dükkanlarının tamamı yağmalandı.
Camilerin halıları çalındı.
Ezan okunurken minarelere ateş ediliyordu.

Saray hükümetinin içişleri bakanı, gazeteci Ali Kemal'di.
"İzmir'de sükunet var, işgal geçici" diyordu!

Tüm resmi binalara Yunan bayrağı çekilmişti.
Körfez vapurlarına Yunan bayrağı çekilmişti.

Yunan mahkemeleri kurulmuştu.
Hukuk artık, Yunan'dı.

Yunanistan'da şenlik vardı.
Zafer mitingi düzenleyen Atina belediye başkanı "İyonya'nın güzel çiçeği İzmir, bugünden itibaren bizimdir" diye müjde veriyordu.

Eleftheros Typos gazetesi ise, başımıza daha neler geleceğini açıkça yazıyordu: "Yunanistan'dan Birleşik Amerika'ya olan göç dalgaları derhal durdurulmalıdır. Bu göç dalgalarının istikameti Anadolu olmalıdır. Bolşevik yayılması sebebiyle Rusya'dan gelecek Rumlar, Anadolu topraklarına yerleştirilmelidir. Öyle bir durum yaratmalıyız ki, Türkler dahi Yunanistan'ı kendi vatanları addetmelidir!"

İzmir'i tamamen kontrol altına alınca, çevreye yayıldılar.
Urla, Torbalı, Ödemiş, Selçuk, Bergama, Menemen, Tire...
10 yaşında kız çocuklarına bile tecavüz ediyorlardı.
Vahşet tarifsizdi.
Mezarlıkları tahrip ediyorlardı. Ölülerimizi bile, ölülerimizin kemiklerini bile bu topraklardan kazımak istiyorlardı.

Barbarlık ayyuka çıkmıştı.
Görmek istemeyen İngiltere bile gözyumamaz hale gelmişti.
Savaş suçlarını soruşturmak üzere uluslararası heyet oluşturuldu.
Amerikalı amiralin başkanlığındaki heyette, İngiliz, Fransız ve İtalyan generalleri vardı, İstanbul hükümetini ve Yunanistan'ı birer albay temsil ediyordu.

İzmir ve çevresinde incelemeler yaptılar.
Görgü tanıklarıyla konuştular, fotoğraflar çektiler.

Hazırladıkları rapora göre...
İzmir'de sadece Türk evleri, Türk dükkanları soyulmuştu.
Sadece Türkler öldürülmüştü.
Irk temelli imha yapılmıştı.
Tutuklananlar arasında 13 yaşından küçük çocuklar bile vardı.
Diri diri kuyulara atılanlar vardı.

Sakız adasından, Sisam adasından kayıklarla gelen Rum çeteleri, akbabalar gibi şehre üşüşmüştü, bağlarda bahçelerde saklanmaya çalışan kadınları yakalayıp, tecavüz ediyor, öldürüyorlardı.
Bu korkunç sahnelere bizzat şahit olan ve uluslararası soruşturma heyetine ifade veren İngiliz tüccarların tabiriyle "masum insanları katledip, hayvan leşleri gibi etrafa atıyorlar"dı.

Memurları silah zoruyla köçek gibi oynatıyorlardı.
Kahkahalarla seyrediyorlardı.
Türk polislerine işkenceyle "hristiyan olduk" dedirtiyorlardı.
Kağıda Yunan isimleri yazıp, sırtlarına takıyorlardı.

Kayıplar vardı.
Akıbeti belirsiz insanlar vardı.
Tabip binbaşı Şükrü bey'in mesela, boynuna taş bağlayıp Kordon'dan denize atmışlardı, cenazesi anca 12 gün sonra bulunabilmişti.

Çevre köylerin neredeyse tamamı yakılmıştı, yangından kaçmaya çalışan kadın ve çocuklar, sebepsizce öldürülmüşlerdi.
Sırf Menemen'de 1.700'den fazla Türk öldürülmüştü.
İlçenin hakim noktalarına makineli tüfekler yerleştirilmiş ve hedef gözetmeksizin insanların üstüne yaylım ateş açılmıştı.

Rum çocukları mavi beyaz rozetler satıyordu.
"Cankurtaran satıyoruz" diye bağırıyorlardı.
Bu rozetlerden satın alıp, göğsüne takan Türkler vardı.
Suratlarına karşı çok ağır hakaretlere uğruyorlardı, küfürlere maruz kalıyorlardı ama, Yunan bayrağını simgeleyen rozeti taktıkları için canlarına ilişilmiyordu.

Ne hazindir ki, rozet takanların sayısı hızla artıyordu.

Ve maalesef, bunlar henüz hiçbir şeydi... Asıl vahşet, Büyük Taarruz'dan sonra İzmir'e doğru kaçarlarken yaşanacaktı.

15 Mayıs 1919...
İzmir'e işgalci postalının bastığı günün akşamıydı.
Neredeyse yatma vaktiydi.
Mustafa Kemal evine geldi.
Kapıyı açan Makbule'ye sıkıntılı bir yüz ifadesiyle baktı.
Şefkatle yanağını okşadı.
"Annemin karyolasının önüne yer sofrası hazırla Makbuş, bu gece sizinle biraz dertleşmek istiyorum," dedi.

Zübeyde'nin odasında yer sofrası hazırladılar.
Minderleri, yastıkları yerleştirdiler.
Patates püreli rosto ve yumurtalı ıspanak yapmışlardı.
Biraz sonra Mustafa Kemal odaya girdi.
Üniformalıydı, üstünü başını değiştirmemişti.
Zübeyde'nin elini öptü, bağdaş kurarak oturdu.

Pat diye, "gidiyorum," dedi!

Odaya adeta bomba düşmüştü.
"Buralarının da Selanik gibi olma ihtimali var, giderken gözüm arkada kalmasın, memleket için uğraşırken sizden yana bir üzüntüye duçar olmak istemem," dedi.

Zübeyde küt diye sırtüstü yığıldı, bayıldı!
Doktor Rasim Ferid'i çağırdılar, yavaş yavaş kendine geldi.
Heyecan, gerginlik, üzüntü, keder...
Yorgun ruhu, bitmek tükenmek bilmeyen ayrılığı taşıyamamıştı.
Sabaha kadar uyumadı, Kuran okudu.

Günün ilk ışıklarıyla, vedalaşmak üzere kapıya geldiler.
Mustafa Kemal'in elinde Kuran'ı Kerim vardı.
Trablusgarp Savaşı'nda Derne komutanıyken, Libyalı mücahit şeyh Ahmet Sunusi tarafından kendisine hediye edilmişti.
Sekiz yıldır nereye gitse, oraya götürüyordu.
Sofya'da, Çanakkale'de, Şam'da, Halep'te, Filistin'de hep yanındaydı.
Annesine bıraktı.

Makbule ağlıyordu.
Zübeyde otoriter ses tonuyla haşladı kızını...
"Sen asker kardeşisin, ayıp, ağlanır mı hiç," dedi.

Sanki dün gece üzüntüsünden bayılan o değilmiş gibi, heykel misali dimdik durmaya çalışıyordu. Kızını teselli ederken aslında kendi duygularını bastırıyordu. "Memleket için giden insan ölse bile ağlanmaz, koş misafirlere şerbet ez!" diye bağırdı.

Hepi topu birkaç altın bileziği vardı.
Selanik'ten elinde avucunda kala kala bunlar kalmıştı.
Oğluna verdi.
"Lazım olur," dedi.

Mustafa Kemal'in üç yıl önce Van'da ordu komutanıyken
evlat edindiği ve annesine emanet ettiği yetim
Abdürrahim'in elinde güğüm vardı, arkasından su döktü.

Galata rıhtımından motora bindi.
Kız Kulesi açığında demirli olan *Bandırma* gemisine geldi.
İstanbul'a son kez baktı...
Kamarasına girdi.

16 Mayıs 1919.
Bandırma gemisinin güvertesinde uçsuz bucaksız
Karadeniz'i seyrederken, dalgın dalgın sigarasını
tüttürüyordu.
Hem geride bıraktığı İstanbul'u...
Hem de son altı ayda yaşadıklarını düşünüyordu.

Altı ay önce, Adana'dan trene binmiş, üç gün üç gece
seyahatten sonra, insanın iliklerine işleyen soğuk bir kasım
gününde, Haydarpaşa garı'na varmıştı.
Doktor Rasim Ferid karşılamıştı.
En güvendiği arkadaşlarından biriydi.
Kucaklaşıp, garın hemen dibindeki çayhaneye oturmuşlardı.
Karşıya geçmek için beklemek zorundaydılar.
Çünkü, deniz ulaşımı durdurulmuştu.
İngiliz, Fransız, İtalyan ve Yunan muhripleri, İstanbul
Boğazı'na giriş yapıyordu... 78 parçaydı, tek sıra halinde
geç geç bitmiyordu.

(Bu kitabın piyasaya çıktığı 2020 yılında, İstanbul'da sadece
30 vapur ve 32 deniz otobüsünün çalıştığını düşünürseniz,
işgal donanmasının hacmi daha iyi hissedilebilir!)

Üç saat boyunca dişlerini sıkarak, çaresizlikle seyretmişti. Gövde gösterisi sona erince, şimdiki adı *Kartal*, o zamanki adı *Enterprise* olan askeri istimbota binmiş, adeta kale duvarları gibi yükselen zırhlıların arasından süzülerek Karaköy'e geçerken, dudaklarından o tarihi kehanet dökülmüştü:

"Geldikleri gibi giderler!"

Macera işte böyle başlamıştı.

Osmanlı son nefesini veriyordu.
Emperyalizm akbaba gibi üşüşmüştü.
Parça parça didikliyorlardı.

Çanakkale geçilmez'di...
Mermi sıkmadan teslim edilmişti.

Kars, Iğdır, Ermeniler tarafından işgal edilmişti.
Yakılmadık yıkılmadık köy bırakmamışlardı.
10 binden fazla insanı katletmişlerdi.
Ardahan'a İngilizler girmişti.

Fransa, Ermeni lejyonu kurmuştu.
Kıbrıs Magosa'daki askeri kampta İngilizler tarafından eğitilen 120 bin Ermeni gönüllüye Fransız üniforması giydirmişler, bunları üstümüze salarak, Adana'yı, Mersin'i işgal etmişlerdi.
Suriye'de esir kampı kurmuşlardı.
Adana civarında tutukladıkları Türkleri buraya gönderiyorlardı.

Antep'e, Urfa'ya, Maraş'a önce İngilizler yerleşmiş, sonra kendi aralarında pazarlık yaparak Fransızlara devretmişlerdi.

Bizim topraklarımızı sanki babalarının tapulu malı gibi birbirleriyle alıp veriyorlardı.
Mersin'i, Antakya'yı, İskenderun'u, Osmaniye'yi Fransızlar işgal etmişti, Zonguldak'a, Ereğli'ye asker çıkarmışlar, kömür işletmelerimize el koymuşlardı.

Muğla, Bodrum, Datça, Marmaris, Fethiye, Köyceğiz, Selçuk ve Kuşadası'na İtalyanlar yerleşmişti, Antalya'da, Konya'da, Burdur'da İtalyan askerleri devriye geziyordu.

İzmit'e, Eskişehir'e, Afyon'a, Samsun'a...
İngiliz kontrol birlikleri yerleştirilmişti.

Türk donanması Haliç'te tutukluydu.
Yavuz zırhlısı İzmit'te gözaltına alınmıştı.
Edirne-İstanbul demiryoluna Fransızlar el koymuştu.
Onlar işletiyordu.
Haydarpaşa Garı'na İngilizler oturmuştu.

Ordu lağvedilmişti.
Asker sayımız 400 binden 40 bine indirilmişti.
Silahları alınmıştı.
Teşkilatı Mahsusa dağıtılmıştı.

Sarayından dışarı adımını bile atamayan Vahdettin hâlâ "millet koyun sürüsü, yönetilmesi için çoban lazım, o da benim" diyordu.

İngilizler Vahdettin'i, Vahdettin de milleti güdüyordu.
Kul'a kulluk edenler gıkını bile çıkarmıyordu.
İngilizler, polis teşkilatı kurmuştu.
Canları kimi isterse, onu tutukluyorlardı.
Fransız atlı polisleri gelmişti.
İstanbul sokaklarında, İngiliz, Fransız, İtalyan, Amerikalı, Yunan, Cezayirli, Faslı, Hintli, hatta Japon askerleri devriye geziyordu.

Kadınlara sarkıntılık başlamıştı.
Ahali evine kapanmıştı.
Mecburen dışarı çıkmak zorunda kalanlar, duvar dibinden, başı öne eğik, kimseyle göz göze gelmeden yürümeye çalışıyordu.
Korku bulaşıcıydı.

İstanbul'u tam ortadan paylaşmışlardı.
Avrupa yakasına Fransız askerleri, Anadolu yakasına İngiliz askerleri hakimdi, şehrin üstünde İngiliz uçakları uçuyordu. İşgali destekleyen Amerikan, İspanyol ve Japon savaş gemileri Marmara'ya demirlemişti. Osmanlı'nın dostu bilinen Japonya bile pastadan pay istiyordu.

Osmanlı'yı Birinci Dünya Savaşı'na sokan ve yenilginin baş sorumlusu olarak görülen Enver, Talat ve Cemal paşalar, gece karanlığında Tarabya'da demirli bulunan Alman torpidosuna binerek, ellerinde küçücük birer valizle, Sivastopol'a kaçmışlardı.

Osmanlı'nın en güçlü üç adamı...
İtibarlarını, şereflerini birer küçük valize sığdırmışlardı.

Penceresinden İstanbul Boğazı'na her baktığında top namlusu gören Vahdettin, Dolmabahçe Sarayı'nın bombalanmasından korkup, Yıldız Sarayı'na taşınmıştı.

İkinci Mehmet'in fethettiği İstanbul'da...
Altıncı Mehmet'in hali buydu.

Vahdettin'in ablasıyla evli olan Damat Ferit, başbakandı.
"Bütün umudum Allah'ta ve İngiltere'de" diyordu.

Allah'tan sonra İngiltere değil...
Allah ve İngiltere.
Eşit derecede medet umuyordu.
Zavallılık bu seviyedeydi.

İngiltere başbakanı Lloyd George, kişisel olarak Türk milletinden nefret ediyordu... "Türklerin nitelikleri arasında yabancı milletleri yönetme vasfı yoktur, Türk kültürünün kurulduğu her yerde refah ve kültür seviyesinin düştüğü kesindir, Türk yönetiminin geri çekildiği her yerde refah ve kültür seviyesi artmıştır, Türkler fethettiği her yeri yıkmıştır," diyordu.

Emperyalizm bize işte böyle bakıyordu.

Vahdettin'in, Damat Ferit'in biat ettiği zihniyet buydu.

ABD alkışlıyordu...
The New York Times gazetesinin manşetinde adeta havai fişekler patlıyordu: "500 yıldan beri katliam ve yağmadan başka bir şey yapmayan Türklerin dünya tarihindeki sayfaları kapanmak üzere!"

Yeni İstanbul adıyla bir gazete piyasaya çıkmıştı.
Sahibi, Sait Molla'ydı.
İngiliz istihbaratının yayın organıydı.
"Osmanlı devleti ancak ve ancak soylu İngiliz milletinin samimi yardımıyla hayatını sağlayabilir" diye manşetler atıyordu.

İngiliz işgal kuvvetleri komutanı hakkında "gayet sevimli bir zat, tavırları İngiliz kibarlığını gösteriyor" diye yazıyordu.

Yurtsever basına kelepçe vurulmuştu.
Saray'ın emriyle sansür uygulanıyordu.
İşgale karşı haber yapılması yasaklanmıştı.
Halkı galeyana getirecek haberler yapılması yasaklanmıştı.
İngiltere aleyhinde cümle kurulması bile yasaktı.
Üç yıl hapis, 100 lira para cezası kesiliyordu.

Gazete fiyatının sadece bir kuruş olduğunu düşünürsek, 100 lira'nın ne anlama geldiği sanırım daha iyi anlaşılır.

İngiliz Muhipleri Cemiyeti kurulmuştu.
Düpedüz casusluk teşkilatıydı.

Muhip, dost anlamına geliyordu.
Aslında İngiliz dostu falan değillerdi.
Kendi çıkarları için İngiliz himayesini isteyen soysuzlardı.
İlk gün, 40 bin kişi imza vererek üye olmuştu.

İngiliz Muhipleri Cemiyeti'nin kurucu başkanı Sait Molla'ydı. Siyah cübbesi, kafasında sarığıyla dolaşıyordu. Kadıydı. Yukarıda bahsettiğimiz *Yeni İstanbul* gazetesinin sahibiydi.
Açık açık "İngiliz taraftarıyım" diye makale yazıyordu.

*

Kurtuluş Savaşı'nın sonunda İngiliz pasaportuyla Romanya'ya kaçacak, yedi yıl boyunca Fransa, İtalya, Mısır ve Kıbrıs'ta yaşayacak, Kıbrıs'ta Yunanistan adına casusluk yaptığı ortaya çıkacak,

Türkiye aleyhindeki faaliyetleri nedeniyle her gittiği ülkeden kovulacak, en son yerleştiği Yunanistan'da ölecekti.

İngiliz Muhipleri Cemiyeti'ne üye olanların en başında, halife-i ruy-i zemin, yani, yeryüzünün halifesi unvanı taşıyan padişah Vahdettin vardı.
Derneğin kurucusu görülen Sait Molla, maşaydı.
Derneğin asıl başkanı, rahip Robert Frew'dü.
Yeryüzünün İslam halifesi, rahibin emri altına girmişti!

*

Robert Frew, Kanada kökenli İngiliz'di.
Beyoğlu'nda Evanjelik Birlik Kilisesi'nin rahibiydi.
Din adamı kimliği kamuflajdı.
İngiliz istihbarat teşkilatının casusuydu.
1902-1922 arasında İstanbul'da görev yaptı.
Yunan işgal bölgelerinde, İzmir ve Ege'de de faaliyet yürüttü. Oralarda rahip olarak değil, "albay Emiling" adıyla tanınıyordu.

Saray şakşakçısı *Alemdar* gazetesi, Vahdettin'le Britanya Kralı'nın fotoğraflarını yan yana basıyor, altına şunu yazıyordu...
"İslam'ın dostu, Türklerin müttefiki, İngilizlerin muazzam kralı, haşmetli beşinci George ve İngilizlerin muhibbi, üç yüz milyon müslümanın halife-i zişanı, kudretli sultan Mehmet Vahideddin Han-ı Sadis hazretleri."

Ali Kemal'in başyazar olduğu *Peyam-ı Sabah* gazetesi ise, İngiliz muhipliğini çok başka bir boyuta taşıyordu...

"Devletimizin yeniden eski kudretine kavuşması, ancak İngiltere'nin sayesinde mümkündür, çünkü İngiltere en büyük İslam devletidir."

Utanmasa... Cahil cühela ahaliyi işgal konusunda ikna edebilmek için "İngilizler aslında müslümandır" diyecekti!

Ve maalesef, mesele sadece İngilizcilerden ibaret değildi.
Amerikancılar da vardı.
Memleketi kime peşkeş çeksek diye yarışıyorlardı!

Halide Edip, Yunus Nadi, Ahmet Emin, Velid Ebüzziya gibi gazeteciler, Robert Kolej'in Amerikalı müdürü Caleb Frank Gates'le birlikte, Wilson Prensipleri Cemiyeti'ni kurmuşlardı.

ABD'nin memlekete el koymasını istiyorlardı.
En az 15 yıl boyunca milleti eğitip, korumasını istiyorlardı.
İstanbul basınında şunu yazan bile vardı:
"Bizi kararlarımızda başıboş bıraksalar bile, biz yine Amerika'nın, Fransa'nın, İngiltere'nin, İtalya'nın siyasi desteğini istirham etmeliyiz.
Bunlardan yalnızca birinin mandası olamayız.
Hiçbirisinden vazgeçemeyiz.
Neden birine razı olalım?"

İslam Teali Cemiyeti kurulmuştu.
Kürdistan Teali Cemiyeti kurulmuştu.
Siyasi partiler gibi, şehir şehir şube açıyorlardı.
İngilizlere karşı olan her şey yasakken...
İngilizlerden yana olan her şey serbestti.

İstanbul'da *Pontus* adıyla gazete çıkmıştı.
İlk sayısındaki başmakalede gayet net ifade etmişlerdi:
"Trabzon ve çevresinde Rum Cumhuriyeti kurulmasına hizmet etmek için çıkıyoruz!"

Osmanlı'nın kaderini Londra'ya teslim ettiği günlerde, Yunanistan propaganda savaşı başlatarak, Londra'yı fethetmeye çabalıyordu.

1912'de Atina'da propaganda teşkilatı kurmuşlardı.
1918'de Londra'da basın bürosu açmışlardı.

Nobel Edebiyat Ödülü sahibi, dünyaca ünlü şair Rudyard Kipling'e Yunan milli marşının İngilizce tercümesini yaptırmışlar, *Daily Telegraph* gazetesinde yayınlatmışlardı.

Parayla entelektüel devşiriyorlardı.
Londra Üniversitesi'nin profesörlerine -elbette yüklü sterlinler karşılığında- Paris'te, New York'ta, Marsilya'da, Yunanistan lehine konferanslar verdiriyorlar, balolar-yemekler organize ediyorlardı.
Yunan diasporasıyla bağışlar yapıyorlar, ABD başkanı Woodrow Wilson'a Atina Üniversitesi tarafından onursal hukuk doktorası takdim ediyorlardı.
Fransa'da Helenizm Hakları Derneği kurmuşlardı.

Sinsi ve zehirli bir algı kampanyası başlatmışlardı.
İngiliz gazetelerine güya okur mektubuymuş gibi mektuplar gönderiyor, "Türklerin vahşi ve barbar olduklarını" yazdırıyorlardı.

"Barbar Türk."
"Uygar Yunan."

Türk kelimesini barbar sıfatını kullanmadan yazmıyorlardı.
Yunan kelimesini ise, mutlaka uygar sıfatıyla yazıyorlardı.

"Barbar Türk" imajını yerleştirmek için "Rum kızlarının silah zoruyla kaçırıldığını, 10 paraya, yani bir kuruşun dörtte birine Konya'da, Balıkesir'de esir pazarlarında satıldığını, alıcı bulamayanların genelevlere verildiğini" anlatıyorlardı!

İngiltere'deki Yunan lobisinin finansörü, Basil Zaharoff'tu.
Muğla doğumlu, Osmanlı vatandaşı Rum'du.

Aslında, Basileios Zacharias'tı.
Fransız vatandaşlığına geçmiş, Legion d'Honneur nişanı almıştı.
İngiltere'de şövalye unvanı almış, "sir" olmuştu.
Oxford Üniversitesi'nden fahri hukuk doktorası bile almıştı!

Silah tüccarıydı.
Monte Carlo'da kumarhaneleri vardı.

Ticari hayatına, İstanbul'a gelen yabancı gemicilere Galata'daki, Kurtuluş'taki genelevlerde rehberlik yaparak başlamıştı.
Bir ara tulumbacılık yapmıştı, zengin evlerinde yangın çıkartıp, komisyon karşılığında söndürdüğü söyleniyordu.
Eli biraz para tutunca, tefeciliğe başlamıştı.
24 yaşında Atina'ya gitmiş, İsveçli silah üreticisinin acentesi olmuş, savaş bölgelerindeki kirli pazarlıklarıyla inanılmaz hızla yükselmiş, Birinci Dünya Savaşı'nda olağanüstü servet yapmıştı.

Elbette sadece ticari zeka değildi.
Politikacılarla rüşvet trafiği vardı, parmağında oynatıyordu.
İngiltere başbakanı Lloyd George'un "yakın dostu"ydu!

İngiltere'de Fransa'da gazeteler satın almıştı.
Fransa'da banka satın almıştı.
İngiltere'de, Fransa'da, Yunanistan'da, desteklediği politikacıların iktidara gelmesi için yayınlar yapıyor, partilerine bağışlarda bulunuyordu.

Yunanistan'a sevgisinin kaynağı sadece etnik kimliği değildi.
Yunanistan'dan beklentisi vardı.
Petrol işine girmişti.
İran'da geniş petrol sahaları olan İngiliz şirketi Anglo-Persian Oil Company'nin ortağı olmuştu, aynı zamanda, Ortadoğu petrolünü Batı'ya taşıyan İngiliz denizcilik şirketinin de ortağıydı.
Yani... İstanbul ve Boğazlar İngiltere'nin, Anadolu komple Yunanistan'ın olunca, Avrupa-Ortadoğu ve Karadeniz-Akdeniz, petrol-silah hattı Zaharoff'un olacaktı!

Bu yüzden kesenin ağzını açmıştı.

Yunanistan "insani yardım" maskesi altında, *Amphitriti* isimli hastane gemisini İzmir'e göndermiş, şehirde üç dispanser açmıştı.
Aslında, beşinci kol faaliyetiydi.
Truva Atı'ydı.
İlaç sandıklarının içinde silah ve cephane getiriliyordu.
Kiliselerin depolarına istifleniyordu.
Yunan subayları Kızılhaç personeliymiş gibi şehre indiriliyor, casusluk ve sabotajlar için yerli Rumları organize ediyorlardı.

İzmir'e habire Yunan gazeteciler geliyordu.
En ünlüsü Kostas Misailidis'ti.
Aslında, casustu.

Köyleri dolaşarak röportajlar yapma görüntüsü altında, yerli Rumlardan haberalma teşkilatı kuruyordu.

İşgal bağıra bağıra geliyor, Osmanlı uyuyordu.

Hrisostomos, İzmir'e dönmüştü.
Sekiz yıldır sürgündeydi.
Türk düşmanıydı.
1910 yılında Fener Patriği tarafından İzmir metropoliti olarak atanmıştı, vaazlarında nefret tohumları ekiyordu, evini ve kiliseyi Rum çetecilere açmış, silah dağıtmış, Aya Yorgi yortusu'nda miting düzenlemeye kalkışınca, bardağı taşırmıştı, Babıali'nin emriyle, polis zoruyla İzmir dışına çıkarılmış, seyahat etmesi bile yasaklanmıştı. Zorunlu olarak İstanbul'da ikamet eden bu fanatik papaz, İngiliz kuklası haline getirilen Vahdettin'in izniyle, sekiz yıldır biriktirdiği kiniyle, eskisinden de zehirli bir halde yeniden İzmir'e çöreklenmişti.

Aya Fotini kilisesinin bodrumunda telgraf merkezi vardı.
İstanbul Patrikhanesi'yle direkt temas kuruyordu.
Atina'yla direkt temas kuruyordu.

*

Hrisostomos'un asıl adı Kalafatis'ti.
Bursa Tirilye doğumluydu.
Heybeliada Ruhban Okulu'nu bitirdikten sonra, Atina'da eğitilmişti,
"Türk kanı içmek istiyorum" diyecek kadar, bizden nefret ediyordu.

Konstantinopolis patriği Hrisostomos'un adını, kendisine lakap olarak almıştı. Aklınca onu yaşatıyordu. "Megalo idea" fanatiğiydi. Metropolitlik merkezi Aya Fotini kilisesiydi.

Kurtuluş Savaşı'nın sonunda ihanetinin bedelini ağır ödedi. 9 Eylül 1922'de linç edilerek öldürüldü. Aya Fotini kilisesi top ateşiyle yerlebir edildi.

Gel gör ki...
"Türk kanı içmeyi sevap" kabul eden Hrisostomos, 1993 yılında Yunanistan kilisesi tarafından "aziz" ilan edildi.
Atina'daki Nea Smyrna semtine, yani Yeni İzmir semtine, İzmir'de yokedilen Aya Fotini'nin birebir kopyası yapıldı. Bahçesine Hrisostomos'un heykeli dikildi, altına "İzmir şehidi" yazıldı.

2004 yılından itibaren, İzmir'de sihirli bir el tarafından Hrisostomos kitapları yayımlanmaya başlandı. Bu kitaplarda, Hrisostomos'un aslında ne kadar iyi yürekli bir insan olduğu, kendisinin Türk toplumuna yanlış tanıtıldığı anlatılıyor!

Alsancak'taki Flaman kilisesi, cemaati kalmadığı gerekçesiyle, 1965 yılında Yunan konsolosluğu tarafından 99 yıllığına kiralandı.
Sivri ve üçgen yapısıyla, adeta "ben protestan kilisesiyim" diye bağırır ama, ortodoks kilisesi haline getirildi.
2013 yılında Aya Fotini adı verildi!

2009 yılında Kıbrıs Rum Kesimi Ortodoks Kilisesi başpiskoposu olan Irodotos, kendisine "İkinci Hrisostomos" lakabını aldı.

94 yıl aradan sonra, 2016 yılında, Fener Rum Patrikhanesi, İzmir'e metropolit atadı. 94 yıl aradan sonra, İzmir Kordon'da denize haç atma töreni yapıldı.
Bu tören en son 1922'de, Yunan işgalinin son yılında yapılmıştı.
Yunan milletvekillerinin de katıldığı tören, Yunan televizyonlarında canlı yayınlandı. Yunanistan açısından tarihi önem taşıyan bu töreni, Aya Fotini kilisesinin başrahibi yönetti!

Özetle... Yunanistan, tee Konstantinopolis'i unutmazken, tee Hrisostomos'u yaşatmaya çalışırken, tee Aya Fotini'yi yeniden diriltirken, bu konularda nesilden nesile çaba harcarken... Türk hükümeti, yardımcı olmak için elinden gelen gayreti gösterdi!

Ermeni patriği, İstanbul'a dönmüştü.
Üç yıldır sürgündeydi.
Anadolu topraklarında Ermenistan hayali kuruyordu.
Bu tür yıkıcı faaliyetleri yüzünden Musul'a sürülmüştü.

İstanbul esir düşünce... Sultan Reşad'ın kapattığı patrikhane, Vahdettin tarafından yeniden açılmıştı, Sultan Reşad'ın kovduğu patrik, Vahdettin'in fermanıyla yeniden makamına oturtulmuştu.

Vatan artık vatan hainlerinindi.

Heyet-i Nasiha kurulmuştu.
Nasihat heyetleri...
Heyet başkanları, şehzadelerdi.

Şehir şehir dolaşıyorlardı. İşgal kuvvetlerine direniş gösterilmemesi ve itaat edilmesi için, ahaliye telkinde bulunuyorlardı.
Aynı zamanda "muhabbeti bozucu, nifak sokucu milli cereyanlara kapılmamaları" konusunda uyarıyorlardı.

Memleket elden gitmiş, padişah hâlâ "sakın sesinizi çıkarmayın, uslu uslu oturun, işgal kuvvetlerine boyun eğin" diyordu.

Binbaşı Noel sahneye çıkmıştı.
İngiliz istihbarat subayıydı.
Fransızca, Rusça, Farsça ve Kürtçe biliyordu.

Kürtçenin lehçelerini bile biliyordu.
Kürt aşiretleriyle ayaklanma organize etmek üzere Van Gölü'nden Süleymaniye'ye kadar olan bölgede faaliyete başlamıştı.
Nusaybin'de konuşlanmıştı. Köy köy dolaşıyordu.
Özellikle Nakşibendi şeyhlerini maşa olarak kullanıyordu.
Mardin-İstanbul-Halep arasında mekik dokuyordu.

İngiltere kesenin ağzını açmıştı, aşiretlere silah veriyorlar, para veriyorlar, bağımsızlık vadediyorlardı. Ama aslında...
Elbette Kürtler umurlarında bile değildi, Musul-Kerkük petrollerinin önünde bariyer olarak, tampon devletçik olarak monte etmek istiyorlardı.
Binbaşı Noel, emrindeki aşiretlerle birlikte Sivas'a baskın yapıp, Mustafa Kemal'e suikast düzenlemeye bile kalkışacaktı.

İşgal edilen İstanbul'un nüfusu 1 milyon 105 bin kişiydi.
Un yoktu, ekmek sıkıntısı başgöstermişti.

Karaborsa başlamıştı.
Şekerin kilosu 10 kuruştan 250 kuruşa fırlamıştı.
Enflasyon uçuyordu.
Düyun-u Umumiye'nin fiyat endeksine göre, son beş yıl içinde... Yumurta 11 kat, patates 15 kat, kömür 20 kat, soğan 25 kat zamlanmıştı.

Birinci Dünya Savaşı'nda 15 liraya aylık geçimini sağlayan dört kişilik aile, şimdi 180 liraya ay sonunu getiremiyordu.

Maaşa zam talepleri, hayatı durduruyordu.
Şirket-i Hayriye işçileri grev yapıyordu.
Tramvay, tütün, elektrik şirketi işçileri grev yapıyordu.
Banka memurları grev yapıyordu.
Hamallar grev yapıyordu.
Vapurlar aksıyordu, nakliyat aksıyordu.

Uyuz hastalığı yayılıyordu.
Bit salgını vardı.

Tarımsal üretim neredeyse sıfıra düşmüştü.
Amerikan unu, Hollanda şekeri, İngiliz pirinci satılıyordu.
Bize ait, bizim ürettiğimiz hiçbir şey yoktu.

İşgalcilerin gözlerine kestirdikleri evlere el koyma yetkisi vardı.
El koyup, kendi subaylarına ücretsiz tahsis ediyorlardı.
Bu yüzden, henüz el konulmayan kiralık evler kıymete binmişti.
Türklerin kiralarına yüzde 300, yüzde 400 zam yapılmıştı.

Yangınlar ayrıca büyük sorundu.
Çünkü, evlerin tamamı ahşaptı. Bir evde yangın çıktığında, mahallenin kaderini rüzgarın merhameti belirliyordu.
Aileler ortada kalakalıyordu.
Konut sayısı azaldığı için, kiralar daha da yükseliyordu.

Oteller, Osmanlı parası kabul etmiyordu.
İngiliz sterliniyle çalışıyorlardı.

Bunca yoksulluğa rağmen, sefaletle safahat içiçeydi.
Kürk ve mücevher piyasası çok canlıydı.

Gümrük kanunu lağvedilmişti.
Yurtdışından getirilen mallara vergi sıfırlanmıştı.
Böylece...
Ekonomik işgalin kapıları da ardına kadar açılmıştı.

Yerli sermayeyi büyütmek amacıyla kurulan İtibar-ı Milli Bankası'nı İngiliz müfettişler yönetmeye başlamıştı.
Artık "milli" demek, İngiliz demekti!

Fuhuş patlamıştı.
Zührevi hastalıklar patlamıştı.
Sadece devlet değil, toplumsal yapı da çökmüştü.
13-14 yaşında kızlar sömürülüyordu.
Resmi kayıtlara göre, Rum, Rus, Alman, Avusturyalı, Fransız, İtalyan, Sırp, Bulgar, Romen, İspanyol, Amerikalı fahişe bile vardı.
Siyah fahişeler bile vardı.

Bir Türk İstanbul vardı.
Bir de böyle "öteki İstanbul" vardı.
Esir şehir... Sadece madden değil, ruhen de perişandı.

500'den fazla kumarhane açılmıştı.
Kahve kahve dolaşıp, tombalacılık yapan Rus kadınlar vardı.
Suç patlamıştı.
Özellikle hırsızlığın önü alınamıyordu.
Esrar kullanımı yaygınlaşmıştı.

İşgal askerlerinin eğlence ihtiyaçlarını karşılamak için, Rumlar tarafından işletilen, yabancı uyruklu kadınların şarkı söylediği, dans ettiği kulüpler açılmıştı.

1919 yılbaşına işte böyle girilmişti.

Sert bir kıştı.
İstanbul'a kar yağıyordu.
Yakacak sorunu başlamıştı, kömür bulunamıyordu.

Fransızlar aniden Zonguldak'ı, Ereğli'yi işgal etti.
Gerekçeleri muhteşemdi...
"İstanbul'un kömür ihtiyacını karşılamak için" diyorlardı.
Aman yanlış anlaşılmasındı yani... Niyetleri kötü değildi!

İstanbul gazetelerini okuyan yurtseverlerin kahırdan gözlerine kan oturuyordu. Çünkü saray gazeteleri, kömür konusundaki bu yardımları için Fransızlara teşekkür ediyordu.

Topraklarımızı öylesine pervasızca, öylesine kapış kapış parselliyorlardı ki, İtalya dışişleri bakanı sitem (!) ediyordu...

"Bize sadece Konya çöllerini bırakıyorlar.
Sadece Toros kayalıklarını vermek istiyorlar.
Verimli bölgeleri kendilerine ayırıyorlar.
Adana'yı, Mersin'i vermek istemiyorlar.
Kömür yatağı Ereğli'den hiç söz etmiyorlar.
Bari Antalya bizim olmalı" diyordu.

Vahdettin'in 58'inci doğumgünü kutlandı!
Padişahımız efendimiz 14 ocak doğumluydu.
Memleket mahvolmuşken bu mutlu gün (!) ihmal edilmedi.
Dünyaya gelmesi şerefine okullar bir gün tatil edildi.
Sarayda kabuller yapıldı.
Aslında padişahların her doğumgününde öğle namazını

müteakip 21 pare top atışı yapılıyordu ama, bu defa yapılmadı, maazallah işgal kuvvetleri top atışlarını yanlış anlar diye korkuldu!

Devletteki otorite boşluğu yüzünden, memleket dingonun ahırına dönmüştü, Anadolu'da Türk, Rum, Ermeni çeteleri cirit atıyordu.
Eşkıyalık almış yürümüştü.
Sınır ötesi eşkıyalık bile yapılıyordu.
Söke'deki çiftlikleri basıp, büyükbaş-küçükbaş hayvanları silah zoruyla toplayıp, teknelerle Sisam adasına kaçıranlar bile vardı.

Çerkez Ethem ismi, ilk kez bu dönemde duyulmuştu.
İzmir eski valisi Rahmi beyin sekiz yaşındaki oğlunu kaçırmıştı.
50 bin lira fidye istemişti.

O dönemde Reşad Altını 472 kuruştu.
50 bin lira işte böylesine büyük paraydı.
Çetebaşı ne kadar büyük ganimet ve ne kadar büyük fidye toplarsa, çetesi de o kadar büyük oluyordu. Adam başı maaş ödüyorlardı.

İzmir eski valisi Rahmi bey, o sırada hapisteydi.
İstanbul'da İngilizler tarafından tutuklanmıştı.

Çerkez Ethem'in Rahmi beye şahsi kini vardı.
Çünkü...
İzmir'de Aarnoud van Heemstra isimli Hollandalı bir levanten vardı, barondu, çok zengindi, Cumaovası'nda devasa çiftliği vardı.
Çerkez Ethem bu çiftliğe göz dikmişti.
Baskın yapıp, malı mülkü yağmalayacaktı.

Çerkez Ethem'in bu planını önceden haber alan Rahmi bey, derhal jandarma gönderdi, baskına engel oldu, Ethem'in çete elemanlarını kıskıvrak yakalattı, hepsini sopadan geçirdi.

Ethem fena madara olmuştu, gururu kırılmıştı.
Bunun intikamını almak istiyor, vaktini kolluyordu.

Rahmi bey tutuklanınca, harekete geçti...
Rahmi beyin Bornova'da İngiliz okuluna giden sekiz yaşındaki oğlu Alpaslan'ı kaçırdı, 50 bin lira fidye istedi.

İstanbul'da demir parmaklıklar arkasında bulunan Rahmi bey çaresizdi, oğlunu kurtarabilmek için fidyeyi ödemek zorundaydı.
Malını mülkünü satışa çıkardı ama, 50 bin lira etmesi imkansızdı.
Arkadaşları devreye girdi, yarısı karşılandı, geriye kalan miktar için İzmir'in önde gelen levanten zenginlerinden yardım istendi.
Fransız levanten Henri Giraud "ben veririm" dedi.
50 bin lira tamamlandı, Çerkez Ethem'e ödendi.
Üç haftadır rehin tutulan Alpaslan, Salihli'de serbest bırakıldı.

*

Çerkez Ethem'in göz koyduğu çiftliğin Hollandalı sahibi baron, Kurtuluş Savaşı'ndan sonra ailesiyle birlikte Belçika'ya taşındı.
Kızını İngiliz bir bankerle evlendirdi. Torunu oldu, ismini Edda koydular. Nazi işgali altında korkunç hadiselere tanıklık eden Edda, İkinci Dünya Savaşı'ndan sonra Londra'ya

gitti, bale okuluna yazıldı, modellik yaptı, Londra müzikallerinde oynadı, 1951 yılında İngiltere'de çevrilen bir komedi filminde küçücük bir rol aldı, güzelliği ve zerafetiyle herkesin dikkatini çekti, Hollywood'a transfer edildi, Gregory Peck, Humphrey Bogart, Gary Cooper, George Peppard gibi devlerle başrol oynadı.
Oscar kazandı, efsane yıldızlardan biri oldu.
Audrey Hepburn'dü.

*

Fidyenin ödenmesi için maddi destek veren Henri Giraud'nun ailesi, hâlâ İzmir'de yaşamaya devam ediyor, Koç Ailesi'yle dünür oldular, Henri Giraud'nun torunu Caroline, rahmetli Mustafa Koç'la evlendi.

Mustafa Kemal'in gerçek niyetleri konusunda ilk alarm veren kişi, İstanbul'daki İngiliz askeri istihbarat subayı, yüzbaşı Hoyland'dı.
Şubat 1919'da hazırladığı raporunda, "Mustafa Kemal gizli faaliyet yürütüyor, derhal İstanbul'dan sürülmeli," diyordu.

Bu rapor yeterince dikkate alınsaydı, mesela, Mustafa Kemal tutuklanıp Malta'ya sürülseydi, tarihin akışı değişebilirdi.

Mustafa Kemal hakkında net karar veremiyorlardı. Tutuklamadılar ama, Anafartalar Kahramanı imajını yıkmak için algı operasyonu yürüttüler, itibarsızlaştırma kampanyası başlattılar. İftira ve karalama haberleri yaptırdılar.

İnkılab-ı Beşer gazetesinde "ordu komutanı denilen sefillere, alçaklara, haydutbaşılarına vagon vagon altın teslim edildiği" yazıldı.
Bu gazetenin sahibi Mevlanzade Rıfat'tı.
Kürt Teali Cemiyeti'nin kurucularındandı.
31 Mart gerici ayaklanmasının elebaşlarındandı.
İngiliz maşasıydı.
Açık açık isim vermeye cesaret edememişti ama,
bu yalan haberde kastedilen ordu komutanlarından biri Mustafa Kemal'di.

Herkes sustu, Mustafa Kemal susmadı.
Harbiye nezaretine başvurdu, "ordu komutanlarına iftira atan bu ahlaksız gazete hakkında kanuni işlem yapılması"nı istedi.
Harbiye nezareti kanuni işlem filan yapmadı, tam tersine, Mustafa Kemal'in mektubunu Mevlanzade Rıfat'a gönderdi... Mevlanzade Rıfat da "bana hakaret etti" diyerek, Mustafa Kemal'i mahkemeye verdi!

Mustafa Kemal acı acı gülümsüyordu.
Bizzat genelkurmay eliyle kumpas kurulmuştu.
Evine mahkeme celbi geldi.
"Sanık" olmuştu!

Samsun'a çıkmak üzere Bandırma gemisine bindiğinde, bu kumpas davası hâlâ devam ediyordu, hâlâ hapis cezası istemiyle "sanık"tı.

İnkılab-ı Beşer'den sonra, *İkdam* gazetesinde haber patlamıştı.
"31 Mart vakasında sultan Abdülhamid tahttan indirilirken, Yıldız Sarayı'nın yağmalandığı, Mustafa Kemal Paşa'nın

sarayı yağmalayanlar arasında bulunduğu ve elmaslı-incili kürdanlık çaldığı" yazıldı!

31 Mart vakası tee Nisan 1909'da yaşanmıştı.
Bu haber tam 10 sene sonra, Nisan 1919'da yazılıyordu!

İkdam gazetesi İngiliz tetikçisiydi.
Cümle alem biliyordu.
Ama buna rağmen, karalama kampanyası amacına ulaşıyordu, insanların zihninde Anafartalar Kahramanı hakkında acabalar oluşuyordu.

İftirayı atan gazeteler kendisine cevap hakkı tanımadığı için, Mustafa Kemal mecburen, yurtsever *İleri* gazetesine röportaj verdi.
"Gülünç ve fecidir" diyordu.
"Namusa saygı kalmadığını görmekle üzüntülüyüm" diyordu.

Basın ahlakı, sterlinle satılıyordu.

İngilizler isim listesi veriyor, saray asıyordu.

Boğazlıyan kaymakamı Kemal bey, Ermeni tehcirindeki ölümlerden sorumlu tutuldu, Beyazıt Meydanı'nda idam edildi.
Sehpaya çıkıp, cesaretle ipin üstüne yürürken "ecnebi devletlere yaranmak için beni asıyorlar, yaşasın millet" diye bağırdı.
Hıçkıra hıçkıra ağlayarak izleyen halk, dipçikle dağıtılıyordu.

Yurtseverler asılırken, vatan hainleri affediliyordu.
Saraydan ferman çıkarıldı... Birinci Dünya Savaşı'nda

"düşman tarafına geçmiş" olan Osmanlı subaylarına ve erlerine af getirildi.

İzmir'in işgalinden bir hafta önce...
Dünya tarihinde görülmemiş bir hadise yaşandı.
İngilizler saray'a talimat verdi.
Saray derhal İzmir valisine talimat verdi.
İzmir hapishanelerinde tutuklu bulunan Rum ve Ermeniler, işledikleri suçlara bakılmaksızın, serbest bırakıldı.

Türk mahkumlar ayaklandı...
Ya bizi de bırakın, ya da kimseyi bırakmayız dediler.
Rum ve Ermeni mahkumları rehin aldılar.

Saray gene İzmir valisine talimat verdi.
Osmanlı garnizonu, hapishanelere baskın yaptı.
Rum-Ermeni mahkumlar, Türk mahkumların elinden kurtarıldı.
Türkler hapiste kaldı.

Ceza hukuku artık buydu.
Artık sadece Türk olmak suçtu!

Hal böyleyken...
İstanbul basınında "şapka" manşetti.

Kadıköy'de yaşayan Nuriye ve Saime isimli iki Türk kadını "şapka giyerek sokakta dolaştıkları" için tutuklanmışlardı!
Bütün gazetelerde birinci sayfadaydılar.
Haklarında makaleler yazılmıştı.
"Açık saçık giyindikleri" için hakaret yağdırılıyordu.

Vatan topraklarını işgalcilere sınırsız şekilde açmakta sakınca görmeyen zihniyet, kadınların saçının telini açmasına deli oluyordu.

Düşman postalı dış tehdit değildi.
Kadın saçı iç tehditti!

Mustafa Kemal, Anadolu'ya geçmek üzere son hazırlıklarını yaparken, İspanyol nezlesine yakalanmıştı, yüksek ateşle yanıyordu.

Nezle denilen, ağır grip salgınıydı.
1918 yılında ilk kez ABD'de görülmüştü.
Aniden dünyayı sarmıştı.
Kitlesel ölümlere yol açıyordu.
Birinci Dünya Savaşı nedeniyle Avrupa'da sansür uygulanıyordu, İspanya dünya savaşına katılmadığı için bu korkunç salgının haberlerini sadece İspanyol basını yazıyordu, bu nedenle "İspanyol nezlesi" diye isimlendirilmişti.
ABD'de 675 bin kişi, İngiltere'de 250 bin kişi, Fransa'da 400 bin kişi, Japonya'da 300 bin kişi, İran'da 2.5 milyon kişi, Hindistan'da 17 milyon kişi... Toplam 100 milyon kadar insan hayatını kaybetmişti.
Bu sayı, dünyada her 100 insandan 15'i öldü anlamına geliyordu.

Demografik yıkımdı.

Osmanlı topraklarını da kasıp kavuruyordu.
İstatistik olarak net rakamı bilmiyoruz ama, ölen öleneydi.

Mustafa Kemal'in bu ölümcül hastalığın pençesinden kurtulabilmesi, yeniden ayağa kalkabilmesi neredeyse bir ay sürmüştü.

Aslına bakarsanız...
İspanyol nezlesi Osmanlı'nın kaderini de etkiledi.

Sultan Reşad bu gribe yakalanarak vefat etti.
Vahdettin bu grip salgını sayesinde tahta oturdu.

*

Vahdettin...
Altıncı Mehmet'ti.
Sultan Abdülmecid'in
43 çocuğundan
23'üncüsüydü.
Tahta geçme ihtimali
neredeyse hiç bulunmadığı
için, gözden ırak münzevi
bir hayat sürmüştü.
Hayatın sürprizleri ve milyonda bir tesadüfleri
neticesinde 57 yaşındayken padişah oldu.
Bu ağır yükün altında ezildiğini hissediyordu.

"Ben bu makam için hazırlanmadım.
Çocukluğumdan beri vücutça rahatsızdım.
Bu yüzden, layıkıyla tahsil edemedim.
Yaşım kemale erdi, dünyada emelim kalmadı.
Bu makamın bekleyişinde değildim.
Fakat takdiri ilahi böyle teveccüh etti.
Şaşmış bir haldeyim, bana dua ediniz" diyordu.

Devleti-milleti, işte bu kişi yönetiyordu.

Mustafa Kemal, İstanbul'da altı ay boyunca örgütleme yaptı.
Direnişin altyapısını oluşturdu.
Askerlerle sivillerle, yerlilerle yabancılarla temas kurdu.
Şişli'deki evini karargah olarak kullanıyordu.
Kiminle görüştüğünü etraftakiler de görsün istiyorsa, Pera Palas Oteli'nde buluşuyordu. Görüşmenin gizli kalmasını istiyorsa, kendisine çok yakın üç kişinin evini kullanıyordu.

Bu evlerden biri, Salih Fansa'nın eviydi.
Beyoğlu, Tepebaşı'daydı.
Halep'ten beri yakın arkadaşıydı.
Tüccardı.
Salih ve eşi Selma hanıma çok güvenirdi.
Suriye'de görev yaptığı dönemde hastalanmıştı, tedavi sürecini Fansalar'ın portakal bahçesi içindeki köşklerinde geçirmişti.

Gizli adreslerinden biri, Mevhibe Celalettin'in eviydi.
Cemile sultan'ın torunuydu.
Cemile sultan, padişah Abdülmecid'in kızıydı, padişah Abdülhamid'in ve padişah Vahdettin'in kızkardeşiydi.
Mevhibe,
Fındıklı Sarayı'nda dünyaya gelmişti.
Üç lisan biliyordu, başına buyruk, özgür ruhlu bir kadındı.
İki defa evlenmiş, iki defa boşanmış, yıllarca Paris'te yaşamış, İstanbul'a dönünce babasından kalan malı mülkü satmış, Nişantaşı'nda bir apartman dairesi kiralamıştı.
Osmanlı gümbür gümbür çöküyordu... Memleket evlatları Çanakkale'de, Galiçya'da, Arabistan çöllerinde tümen tümen şehit düşerken, saray çevrelerinde vur patlasın çal oynasın devam ediyordu. Üstüne, İstanbul işgal edilmişti.
Bu utanç verici durum, Mevhibe'yi büyüdüğü yetiştiği çevreye tahammül edemez hale getirmişti. Akrabalarından, saraylı dostlarından uzaklaşmış, hiçbiriyle görüşmemeye başlamıştı.

İşte tam bu atmosferde, bir davete katıldı.
Mustafa Kemal'le tanıştı.
Saray prensesi, Kuvayı Milliye casusu oldu!

Mustafa Kemal'in talimatıyla İngiliz ve İtalyan işgal kuvvetleri komutanlarının balolarına gidiyor, kulak kabartıyordu, Mim Mim grubunun giremediği çevrelere giriyor, istihbarat topluyordu.

Nişantaşı'daki evinde davet veriyormuş gibi konuklar çağırıyor, Mustafa Kemal'in ikili görüşmelerine ortam sağlıyordu.

Bir başka gizli adresi, Luigi Tergiman'ın konağıydı.
Beyoğlu'nda, bugünkü Sadri Alışık Sokağı'ndaydı.
Dört katlı, 36 odalıydı,
Luigi Tergiman, hekimdi.
İtalyan asıllıydı, üç kuşaktır İstanbul'da yaşıyorlardı.
Osmanlı paşasıydı.
Corinne Lütfü'nün babasıydı.

Corinne Lütfü...
Mustafa Kemal'in Harbiye'den arkadaşı Ömer Lütfü'yle evliydi.
Ömer Lütfü, Birinci Balkan Savaşı'nda şehit düşmüş, Mustafa Kemal'le Corinne'in arkadaşlığı devam etmişti.
Adeta ruh ikiziydi.
Aynı müzikleri dinlerler, aynı yazarları okurlar, hayata dair sohbet etmekten, havadan sudan konuşarak yürüyüş yapmaktan, birlikte vakit geçirmekten büyük keyif alırlardı.

Mustafa Kemal işte bu gizli adreslerinde altı ay boyunca yaptığı örgütlemeyle, aslında dört yıl sürecek satrancın hamlelerini hesaplıyordu.

Moskova'yla daha İstanbul'dayken temasa geçmişti mesela.
Ilyaçev adında bir Sovyet albayıyla görüşüyordu.

Herkesi sabırla dinliyordu. Ama, aslında ne yapmak istediğini sadece üç kişiyle paylaşıyordu.

Ali Fuat Cebesoy.
İsmet İnönü.
Rauf Orbay.
"Şu kararı verdim... Uygun bir zaman ve uygun bir fırsatta İstanbul'dan kaybolacak, basit bir tertiple Anadolu içlerine gidecek, bir müddet isimsiz çalıştıktan sonra, Türk Milleti'ne felaketi açıkça haber vereceğim" diyordu!

B planı hazırdı... Ordu müfettişi olarak resmi görevle Anadolu'ya gönderilmeseydi, Gebze-Kocaeli üzerinden gizlice geçecekti.
Yaveri Cevat Abbas'la birlikte gideceklerdi.
İki tüfek, iki el bombası ve yol haritası bile hazırdı.

Nisan 1919...
Samsun'a çıkmasına sadece bir ay vardı. Şifreli mesaj yazdı, Kuvayı Milliye'nin omurgasını oluşturan çekirdek kadroya gönderdi.
"Bu feci sonuca teşkilatsızlık ve gaflet sebep oluyor.
Birlikte çare yaratmaya mecburuz.
Ümitsizliğe kapılacak zaman değil.
Memleketi muazzam bir teşkilat altına almalıyız."

Ve işte, *Bandırma* gemisinin güvertesindeydi.
Uçsuz bucaksız Karadeniz'i seyrediyor...
Dalgın dalgın sigarasını tüttürüyordu.

*

Cebinde sadece bin lira vardı.
Ordu müfettişi sıfatıyla, içişleri bakanlığından makbuz karşılığında sadece bin lira ödenek tahsis edilmişti.

Gel gör ki... Mustafa Kemal'e verilen bu cüzi ödenek, Mustafa Kemal karşıtları tarafından yıllar sonra kaleme alınan kitaplarda kasıtlı olarak abartıldı, çarpıtıldı.
Kimisi 300 bin lira verildiğini yazdı.
Kimisi 50 bin sterlin verildiğini yazdı.
Kimisi Vahdettin'in şahsi servetinden 40 bin altın verdiğini öne sürdü, kimisi 400 bin altın teslim edildiğini iddia etti.
Adeta açık arttırma gibi yükseltildi.

Elbette hepsi yalandı.
O tarihteki 400 bin altın, bugünkü Cumhuriyet altını hesabıyla kabaca 850 bin altına denk geliyordu, bu ağırlıkta altını Bandırma vapuru'na yükleyip, Anadolu'ya taşıyabilmek için kamyon tutmak gerekirdi!

Üstelik... Mustafa Kemal tarafından imzalanmış bir belge Türkiye Cumhuriyeti Devleti'nin arşivinde duruyor. Bu belgede açık açık "iç asayişte sarf edilmek üzere bin Osmanlı lirasının alındığını gösterir makbuzdur, ordu müfettişi mirliva Mustafa Kemal" yazıyor.

19 Mayıs 1919.
Samsun'a çıktı.
Sabah saat 7'ydi.

Mantika Palas'a yerleşti.
Rum oteliydi.
Jean İoannis Mantika'ya aitti.
Terkedilmişti, kullanılmıyordu, bomboştu.
Mustafa Kemal ve arkadaşları için, askeri hastaneden

karyola, masa, sandalye getirildi, komşulardan yatak yorgan temin edildi.
Bu otelin adı zamanla "Mıntıka Palas"a dönüşecekti.

İngilizler o gün İzmit'i işgal etti.
İlk iş, Çuha Fabrikası'nı havaya uçurdular.

Anadolu'da İzmit Çuha Fabrikası'ndan başka Türk ordusuna üniformalık kumaş üretebilecek fabrika yoktu.
Burayı imha ederek, bir taşla iki kuş vuruyorlardı.
Hem üniforma kumaşlarını İngiltere'den getirip, padişaha yüksek fiyattan satmaya başlıyorlar, hem de Kuvayı Milliye'ye gizli gizli kumaş üretilmesini engellemiş oluyorlardı.

Mustafa Kemal, Samsun'da altı gün kaldı.
Şehir güvenli değildi, İngiliz kaynıyordu.
Karargahını Havza'ya taşıma kararı aldı.

Arkadaşlarıyla birlikte ahı gitmiş vahı kalmış hurda bir Benz otomobile bindi, anca bunu bulabilmişlerdi, yola çıktı.
Asfalt yoktu. Tarladan bozma toprak yol, sağanak yağmurdan iyice balçık haline gelmişti, bata çıka gidiyorlardı.
Arka koltukta değil, önde, şoförün yanında oturuyordu.
Tezcanlıydı, bazen dayanamıyor, çukurlardan kurtulmak için direksiyona müdahale ediyordu, şoför gayrimüslim yaşlı bir adamcağızdı.
Harap otomobil yarım saat bile devam edemedi.
Tık diye arıza yaptı, kaldı.
İnip beklemekten başka çare yoktu.
Yaşlı şoför motoru tamir etmeye çalışırken, yol kenarında

bir ağaç altına çekilip, işi sabırla oluruna bırakacaklardı.
İşte bu davranış biçimi asla O'na göre değildi.
Oturup beklemek karakterine aykırıydı.
Arkadaşlarına baktı, yürüyebilir misiniz dedi.
Soru sormamıştı aslında...
Cevap vermelerini beklemeden, döndü, yürümeye başladı.
Mecburen peşine takıldılar.
Bir saat kadar uzakta Karageçmiş Köyü vardı.
Orada konaklayacaklardı.
Geceyi atlatacak, sonra tekrar Havza'ya doğru yola çıkacaklardı.
Kafalarında geleceğe dair milyon tane endişeyle sessiz sessiz giderlerken, Mustafa Kemal mırıldanmaya başladı...

Dağ başını duman almış
Gümüş dere durmaz akar
Güneş ufuktan şimdi doğar
Yürüyelim arkadaşlar!

"Siz de söyleyin" diye seslendi.
"Yorgunluğunuzu alır, güç verir."

Bu melodiyi ilk kez, beden eğitimi öğretmeni Selim Sırrı Tarcan, yüksek eğitim için gittiği İsveç'te duymuştu.
"Şakıyan üç kız" isimli bir şarkıydı.
Jimnastikte kullanabilirim diye düşünmüştü, notalarını kaydetmiş, Türkçe öğretmeni ve şair Ali Ulvi Elöve'den rica etmiş, söz yazmasını istemişti.
Birinci Dünya Savaşı'nın tamamen aleyhimize döndüğü, milletin derin ümitsizlik yaşadığı günlerdi. Ali Ulvi bey bu duygularla oturmuş, yazmıştı, "dağ başını duman almış..."

Tarihte ilk kez 1916 yılında erkek öğretmen okulunun beden eğitimi gösterileri sırasında söylenmişti. Özellikle gençler tarafından öylesine sevilmiş, öylesine yüreklendirici bulunmuştu ki, kulaktan kulağa tüm yurda yayılmıştı.

Ve, bu marşı ezbere bilenler arasında, bu milletin kaderini ve tarihin akışını değiştirecek olan Mustafa Kemal de vardı.

Havza'da Mesudiye Oteli'ne yerleşti.
İzmir'in işgalini protesto etmek için cuma namazından sonra miting düzenlenmesini, İzmir'de şehit düşenler için mevlit okutulmasını istedi. Tellallar halka duyurdu.

Şeker yoktu.
Helva karılamadı.

Mustafa Kemal'in zekası devreye girdi.
Çok anlamlı bir formül buldu.
Mevlitte "İzmir'in çekirdeksiz kuru üzümü" dağıtıldı.

9 Eylül'ün meyvesini 19 Mayıs'ta yediler.

Anadolu'da matem vardı.

İzmir'in işgalini protesto etmek için İstanbul'da Türklerin işlettiği bütün dükkanlar beş gün süreyle kapatılmıştı.

İlk mitingler Fatih'te, Üsküdar'da, Kadıköy'de yapıldı.
Münevver Saime
Hayriye Melek
Zeliha Osman
Şükufe Nihal
Halide Edip
Meliha, Sabahat, Naciye, Nakiye, Zekiye hanımlar...
Eğitimli kadınlar en öndeydi.

Münevver Saime

Hayriye Melek

Zeliha Osman

Şükufe Nihal

Sabahat Filmer

Çünkü, İzmir'in işgal edilmesinden hemen bir gün sonra,
İstanbul'da Asri Kadınlar Cemiyeti kurulmuştu.
Bu topraklarda kurulan ilk kadın örgütüydü.
Daha ortada TBMM filan yoktu.
Cumhuriyet'in hayali bile yoktu.
Türk kadını cemiyet kurmuştu.
Ve, İzmir'in işgalinden sadece dört gün sonra Üsküdar'da protesto mitingi organize edip, 40 bin kişinin katılmasını sağlamışlardı.

Fatih mitingi daha kalabalıktı...
Burada konuşma yapanlardan biri, Asri Kadınlar Cemiyeti'nin kurucularından olan Sabahat Filmer'di.
Şöyle haykırıyordu...
"Hepimiz aynı elemle, aynı kederle malulüz.
Fakat en çok biz kadınlar, anneler, kızkardeşler bedbahtız.
Sevgili annelerim, babalarım...
Bu zulüm önünde, kadın erkek, genç ihtiyar, hepimiz birleşelim.
Kalplerimizin muhteris milletlerin ayakları altında çiğnendiği, ezanlarımızın sustuğu, sokaklarımızda yabancıların dolaştığı bu zilleti gördükten sonra, susacak mıyız?"

Fatih'ten sonra Sultanahmet mitingi yapıldı.
200 bin kişi katıldı.
"İzmir Türk kalacak" yazılı rozetler dağıtılıyordu.

29 Mayıs 1919.
İstanbul'un fetih yıldönümüydü.
İstanbul'u fethettiğimizden beri...
1453'ten beri ilk kez kutlanmadı!

İşgal kuvvetleri komutanlığı tarafından yasaklanmıştı.
Fatih Sultan Mehmet'in türbesinde sessiz sedasız dua okundu.
Hepsi buydu.

Fener Rum Patrikhanesi'nin kapısına Bizans bayrağı çekilmişti.
Çift başlı kartal armalı Bizans bayrağı...
Patrik efendi, Bizans bayrağı taşıyan otomobille dolaşıyordu.

İstanbul'daki ortodoks kiliseleri cephanelik haline getirilmişti.
Hepsine silah ve mühimmat depolanıyordu.
İstanbul'un Yunan ordusu tarafından fethedileceği günün (!) hayaliyle yaşıyorlardı, Rum milisler oluşturuluyordu.

Manisa işgal edildi.

Manisa'yı bir başka şevkle istila ediyorlardı.
Fethediyorlardı.
Çünkü... Fatih Sultan Mehmet'in şehzade olarak Manisa'da yetiştirildiğini, İstanbul'u fethetmek için, Ayasofya'yı fethetmek için Manisa'dan yola çıktığını asla unutmuyorlardı!

Hatta, Akhisar'ı işgal eden Yunan albayı, yerli Rumlardan özellikle bembeyaz bir at istemişti.
İstasyon Caddesi'ne Fatih'in İstanbul'a girdiği gibi girmişti.

Yunan milletine, Yunan kiliselerinde taa 1453'ten beri işte bu intikamcı ve hastalıklı ruh hali pompalanıyordu.

Alaşehir'e de aynı dini duygularla girmişlerdi.
Alaşehir'in üzerine kurulu olduğu Philadelphia antik kentinin, İncil'de adı geçiyordu, hristiyanlığın Anadolu'daki ilk yedi kilisesinden biriydi. Bizans'ın en önemli dinsel merkezlerinden biriydi.

Alaşehir'i alırken, kendilerini adeta ayinde hissediyorlardı!

Manisa'da kıyım yaptılar.
Şehir merkezine uçaklardan el bombası bile attılar.
Tanıkların ifadesiyle 100'den fazla yanmış ceset tespit edilmişti.
Ekili tarlaları, üzüm bağlarını ateşe verdiler.
Manisa ve çevresinden 4 bin 500 Türk'ü esir alıp götürdüler.

Alaşehir, Salihli, Soma...
Silah arama bahanesiyle evlere giriyor, soyuyorlardı.
Tecavüzlerin haddi hesabı yoktu, Turgutlu'da namusunu korumak için dereye atlayarak intihar eden kadınlar vardı.

Akhisar'da Karaosmanoğlu Halit paşa'yı katlettiler.
Manisa çevresinde direnişi örgütlemeye çalışıyordu.
Yörenin en zengin insanıydı.
İlk onun çiftliğini bastılar.
Kafasını kestiler, sırığa takıp sokaklarda dolaştırdılar.

Manisa ve Akhisar'daki vahşete tanıklık eden Rumlardan biri, dünyanın en şöhretli armatörü Aristotle Onassis'ti.
İzmir doğumluydu.

İşgal sırasında 19 yaşındaydı.
Ailesiyle birlikte Akhisar'da yaşıyordu.
Tütün ticaretiyle uğraşıyorlardı,
zengindiler.

Özellikle amcası fanatik bir Türk düşmanıydı, işgal yıllarında komşularına yaptıkları unutulmadı, Akhisar'ın kurtuluşu sırasında yaşanan kargaşada asıldı. Babası tutuklandı. Aristotle Onassis otomobille İzmir'e ulaşıp, gemiyle Yunanistan'a kaçmayı başardı.

O kaçış telaşında, üç yaşındaki kuzeni kaybolmuştu...
Bir Türk subayı tarafından, yakılmış yıkılmış evlerin enkazı arasında ağlarken bulundu, Akhisarlı bir Türk ailesine emanet edildi.
O küçük kız çocuğu, Makbule adıyla büyütüldü.
Okutuldu, evlendi, İstanbul'a yerleşti.

Onassis ailesi yıllarca o küçük kızı aradı.
1960'da buldular.
Niko, İstanbul'a geldi.
Makbule'nin ağabeyiydi.
Yunanistan'a götürmek istediler...
Makbule kabul etmedi.
Hatta, bir daha görüşmek bile istemediğini söyledi.
Kendisini büyüten Türk aileyi, gerçek ailesine değişmemişti.
Onassis'in hayatı roman oldu, film oldu, şarkılara konu oldu.
Türkiye yıllarından hiç bahseden olmadı!

Aydın işgal edildi.
Mermi bile sıkmadan, ellerini kollarını sallaya sallaya ilerliyorlardı.
Aydın belediye başkanı Çakmarlı Emin bey'di.
Evinin balkonuna dev Yunan bayrağı asmıştı!

İlk toplu katliam Aydın'da yaşandı.

Kızılcaköy'de insanları camiye topladılar, ateşe verdiler.
106 kişi diri diri yanarak can verdi.
Uluslararası soruşturma heyeti tarafından fotoğraflandı...
Pencerelerin demirlerine yapışmış çocuk elleri vardı.

Saatler boyunca, son nefesini verene kadar tecavüz edilen kadınlar vardı. Çocuklarının gözü önünde ırzına geçilen anneler vardı.

Fiziksel tahribatın yanısıra, psikolojik tahribat da korkunçtu.

Kız çocuklarına zorla içki içiriyorlardı. Irzına geçildikten sonra elleri bileklerinden kesilip, cinsel organına sokulan kızlar vardı.
Böylesine vahşet, hayal bile edilemezdi.

Eşlerinin gözü önünde erkeklik uzuvları kesilen erkekler vardı.
Kendi erkeklik uzuvları ağızlarına sokulan erkekler vardı.

Ezan okuduğu için dili kesilen müezzin vardı.
Elleri bağlanıp, kuyuya atılanlar vardı.

(İlçe ve köy isimlerini özellikle vermiyorum.
Ama, bu insanlık dışı suçların hepsinin, devletin arşivlerinde ve Türk Tarih Kurumu'nun belgeli kitaplarında tek tek listesi var.)

Kadınları çırılçıplak sokaklarda gezdiriyorlardı.
Esma isimli kız çocuğuna annesinin gözü önünde tecavüz ettiler.
Esma henüz 10 yaşındaydı.
Anne intihar etti.

Süngüyle öldürülenler arasında altı aylık bebekler vardı.
Gözleri oyulmuş dört aylık bebek vardı.
Kuyuya atılmış yedi aylık bebek vardı.

Gözleri oyulan, kulakları kesilen insanlarımız vardı.
Burunları kesilen, ağaçlara asılan insanlarımız vardı.

Benzer şekillerde katledilenlerin sayısı beş binin üzerindeydi.
Menderes Nehri günlerce ceset aktı.

Germencik'ten Aydın'a giden treni durdurdular.
61 Türk yolcuyu kurşuna dizdiler.

Germencik'te vahşet yaşandı.
921 ev vardı, hepsi kül edildi.
150 kişi kurşuna dizildi.
Topluca çukura gömülmüş 250 kişi bulundu.

Kafaları kesip, sarıkların üstüne oturtuyor, yol kenarlarına bırakıyorlardı. Ağaca bağlanıp, gözleri oyulanlar vardı.

Yeni doğum yapan annelerin meme uçlarını kesiyorlardı.
Bebeklerini emzirmesinler diye.

Tenekelerle gazyağı getirdiler.
Türk mahallelerini ateşe verdiler.
Sipahi Çarşısı'nı komple yaktılar, 300 dükkan kül oldu.
Gasp, yağma... haddi hesabı yoktu.

Nazilli üzerinde dolaşan Yunan uçakları, rastgele bomba atıyordu.

Aydın ve ilçelerinde, ilk işgal sırasında dört binden fazla insan öldürüldü. Bir o kadar kayıp vardı.
Kaç kişi esir olarak götürüldü, belirsizdi.

Üç yıl iki ay sürecek işkence, işte böyle başlamıştı.

Ramazan ayıydı.

İzmir'de sıkıyönetim vardı.
Akşam saat 20'den itibaren sokağa çıkmak yasaktı.
İşgal kuvvetleri komutanı bildiri yayınladı.

"Dininize saygı gösteriyoruz, sokağa çıkma yasağını saat 24'e aldık, yemek saatinde Yunan topçuları gereken top atışını yapacak" dedi.

Yunan iftar topuyla oruç açılıyordu!

Şeyhülislam Mustafa Sabri'ydi.
"Ordumuzun vazifesi oruç tutmaktır" diyordu!

Ordumuzun düşmana direnmesi günah'tı.
Oturup uslu uslu seyretmesi sevap'tı.

Yunanların bu kadar gaddar davranmalarının, dehşet saçmalarının sebebi, sadece Türk nefreti değildi, stratejik bir karardı.
Halkı göçe zorluyorlardı.
Bölgeyi insansızlaştırıyorlardı.

Rum nüfus taşıyarak, demografiyi değiştiriyorlardı.
Bölgeyi Türk kimliğinden arındırıp, Rumlaştırıyorlardı.

Birinci Dünya Savaşı'nda askerlik mecburiydi.
Balkan milliyetçiliğinden etkilenen yerli Rumlar, Osmanlı ordusunda vatani görev yapmak istemiyordu, askere gitmek istemiyordu.
Resmi kayıtlara göre 150 bin kadarı firar etmişti.

Yunanistan'a kaçmış, Yunan ordusuna katılmışlardı.
Ege ve Trakya'da yaşayan Rumların bazıları çeteleşmişti.
İsyan girişimlerinde bulunuyorlardı.
Osmanlı hükümeti, zararlı faaliyet yürüten bu Rumları, Osmanlı sınırları içinde sürgün etmiş, Anadolu içlerine, denize kıyısı olmayan şehirlere göndermişti.
Yunanistan'ın işgaldeki dehşet stratejisinin sebebi işte buydu.
Türklerden boşaltılan kıyı bölgelerine, Yunan ordusuna katılan Rumları ve Anadolu'ya sürülen Rum nüfusu taşıyorlardı.

Yunan ordusu tarafından katliamlarla göçe zorlanan yüzbinlerce Türk, çoluk çocuk, bir gecede evini tarlasını bahçesini, eşyalarını terketti, bir gecede kuru ekmeğe muhtaç hale geldi.

Uşak'tan Antalya'ya, Balıkesir'den Bursa'ya, insan seli akıyordu.
İşgale uğramayan Denizli'nin 200-300 nüfuslu küçücük köyleri mesela, bir gecede 2 bin-3 bin nüfuslu hale gelmişti.

Türkler kendi vatanlarında "mülteci" olmuşlardı.

Ne yardım eli uzatacak bir devlet vardı, ne sığınacak bir ev.
Meçhul adreslere gidiyorlardı.
Ne içine girecekleri çadır vardı, ne üstüne yatacakları hasır.

Yol kenarları, kabristan haline gelmişti.
Son nefesini vereni, oracıkta toprağa veriyorlardı.

Hamam yoktu, tuvalet yoktu.
Sıtma, uyuz, frengi salgını vardı.

*

Yunan işgalinde yaşanan bu zorunlu göç trajedisinin, milli eğitim müfredatında asla yeralmaması, neden yeralmadığı, gerçekten üzerinde düşünülmesi gereken bir hadisedir.

Ermeni tehciri üzerine sayısız film çekilmişken, topluca imha edilmek üzere hedef alınan Türklerin bu zorunlu göçünün bir kez olsun filminin çekilmemiş olması, belgesel haline getirilmemiş olması, gerçekten üzerinde düşünülmesi gereken bir hadisedir.

Türkler mecburen kaçıyor...
Onlardan boşalan, boşaltılan yerlere, Yunanistan'dan getirilen Rumlar taşınıyordu, sadece iki ay içinde 125 binden fazla Rum, İzmir'de iskan edilmişti. Ege, Türk kimliğinden arındırılıyordu.

Yüzbinlerce insan yollara düşmüştü, perişanlıktı.
Bazı kayıtlara göre 400 bin kişiydi.
Bazı kayıtlara göre daha fazla.
Hilal-i Ahmer çırpınıyordu ama, hangi birine yetişsin.
Kış bastırmıştı, felaket büyüyordu.
Yaşlılar, bebeler dayanamıyordu.

Saray gazeteleri hâlâ "metanet" telkin ediyordu.
"İslam ahalisinin hicret etmesini lüzumsuz addediyoruz, metanetle oturun, sabırla yerlerinizi yurtlarınızı terketmeyiniz" diye yazıyorlardı!

İzmir'deki yurtsever subaylar, Ege dağlarına çıkmıştı.
Herkesin görev yeri önceden belirlenmişti.

İlk direniş müfrezesi Ödemiş'te kuruldu.

Yüzbaşı Tahir Fethi komutasındaydı.
120 kişiden oluşuyordu.
"Yiğit Ordusu" deniyordu.

"Kuvayı Milliye" tabiri, tarihte ilk kez burada kullanıldı.

"Kuvayı Milliye" yazısı, tarihte ilk kez Edremit'te kullanıldı.

Edremit'teki milis kuvvetlerinin kollarına pazubant takılmıştı.
Beyaz patiskaydı.
Üzerinde "Kuvayı Milliye" yazıyordu.

Ayvalık'a Yunan askeri çıktı.
"İlk Kurşun Savaşı" başladı.

Kuvayı Milliye'nin çekirdek kadrosunda yeralan yarbay Ali Çetinkaya, saray'dan gelen "sakın direnmeyin" talimatını reddetti. Komutasındaki 172'nci alayı, yöreden topladığı milis kuvvetlerle birleştirdi, İlyas Peygamber Manastırı'nın bulunduğu tepede vuruşmaya başladı.
Milli mücadelenin "askeri açıdan ilk savaşı"ydı.

Kuvayı Milliye'yi Ege bölgesinde, Mustafa Kemal adına örgütleyen en üst düzey komutan, Ali Fuat paşaydı.

Gençlik arkadaşıydılar.
Mustafa Kemal, Harbiye'ye kaydolduğunda İstanbul'da akrabası yoktu, tanıdığı yoktu. Tatil günlerinde yatılı izne çıktığında, sınıf arkadaşı Ali Fuat'ın Kuzguncuk'taki köşkünde kalırdı.
İstanbul'un gece hayatını birlikte keşfederlerdi.
O günlerden beri sırdaşıydı.

Bu silahlı direnişi, Samsun'a çıkmadan taa yedi ay önce, Mustafa Kemal henüz Adana'dayken planlamaya başlamışlardı.

Mustafa Kemal, Samsun'a çıktı.
Bekir Sami, bir gün sonra Bandırma'ya geldi.

Mehmet Şefik (Aker), Kazım (Özalp), Bekir Sami (Günsav) Kuvayı Milliye'nin en kritik üç albayından biriydi.

Vahdettin tarafından iki defa paşalık teklif edilmişti.
Yirmi bin altın teklif edilmişti.
Köşk teklif edilmişti.
Ama, bunların hepsini elinin tersiyle itmişti.
Namuslu yurtseverdi.

"Kurtuluş Savaşı aslında, kendi vatanlarında vatansız kalanların, vatan yapma mücadelesidir" diyordu.

Mustafa Kemal tarafından olağanüstü yetkilerle donatılmıştı.
Kuvayı Milliye'yi köy köy örgütledi.

Bandırma doğumluydu, oradan başladı.
Gözlerine inanamıyordu...

Her yer Yunan bayraklarıyla donatılmıştı.
İlk emri şu oldu...
"Hepsini indirin, yoksa hepinizi o bayrakların yerine asarım!"

Alaşehir'e geçti.
Manzara maalesef aynıydı.
İngiliz maşası imamlar, direnişi engellemeye çalışıyordu.
"Yunan ordusu padişahımız efendimizin emriyle geliyor, sakın saygıda kusur etmeyin" diye propaganda yapıyorlardı.
Bunların dördünü Alaşehir meydanına getirtti.
Kurşuna dizdirdi!

Eşme'ye geçti.
Manzara maalesef aynıydı.
Yunan bayraklarıyla karşılandı.
Çünkü, uzaktan gelen atlıları Yunan ordusu sanmışlardı.
Yunan bayrakları sallayan Rumları yakalattı.
Eşme meydanında astırdı!

Korku bulaşıcıydı.
Cesaret de öyle...
Mecburen "dehşet dengesi" kuruyorlardı.

Her gittiği köyde, her gittiği ilçede, ahaliyi camide topluyordu.
"Silah başına" diyordu.
"Ne hükümet kaldı, ne devlet kaldı.
Devlet de hükümet de sizsiniz.
Sahip çıkın!" diye haykırıyordu.

Yörük Ali efe'yi albay Şefik (Aker) ikna etmişti.
Demirci Mehmet efe'yi de.
Yunan istihbaratı Ege dağlarında eşkıyalık yapan efelerle

çoktan irtibat kurmuştu, kendi saflarına katılmalarını, hiç olmazsa Türk tarafına katılmamalarını istemişlerdi. Para teklif ediyorlardı. Derebeyi gibi bölgesel hakimiyet teklif ediyorlardı.

Albay Şefik bey, bu çok önemli iki efe'yi milli mücadeleye katılmaları konusunda razı edip, Aydın'daki Kuvayı Milliye'nin temelini atmıştı.

Her çetenin başında namlı bir efe vardı.
Ama aslında, her müfrezeyi bir "subay" yönetiyordu.

Efeler mangal yürekliydi, şüphesiz.
Ama maalesef, okuma yazma bile bilmiyorlardı.
Sadece ufak tefek vurkaç'ları başarıyla yapabiliyorlardı.
Düzenli orduya karşı planlı harekat düzenleyebilmeleri imkansızdı.
Subaylar, işte bu harekatları organize ediyordu.

Ordu lağvedilmişti.
Er yoktu.

Ama, dünyanın en tecrübeli subay kadrosu dipdiriydi.
Çanakkale'den Hicaz'a, Galiçya'dan Yemen'e, Libya'dan Sarıkamış'a kadar, üç kıtada vuruşmuş, savaş tecrübesi çok yüksek 15 binden fazla subay, milli mücadeleye katılıp, Anadolu'ya geçmişti.

"Er" ihtiyacını karşılamak için efeleri organize ettiler.
Zeybekleri "er" olarak kullandılar.

Efeler tarafından yönetilen zeybek çetelerinin, Osmanlı ordusunun başına nasıl dert olduğunu gayet iyi biliyorlardı. Yunan ordusunun bu gayrinizami harp'le başa çıkamayacağını hesaplamışlardı.

Düzenli ordu kurulana kadar, zeybekler er olacaktı.
Efeler de komutan sıfatı taşıyacaktı.

Saldırı ve savunmayla alakalı bütün taktik ve stratejik harekat planlarını subaylar yapıyor, işin şanı şöhreti efe'lere bırakılıyordu.

Yörük Ali efe'nin yaveri, yüzbaşı Şükrü Oğuz'du.
Gökçen efe'nin taburunu yüzbaşı Yakup yönetiyordu.

Toplam 20 bin civarında zeybek vardı.
Zeybek taburlarına yüzbaşılar komuta ediyordu.
Top bataryalı zeybek alaylarını binbaşılar yönetiyordu.

Efe'ler Mustafa Kemal'le temas kurabiliyordu.
Ama, telgraf çekeceklerse, kendi bünyelerindeki subayların şifresini kullanmak zorundaydılar, telgraf şifreleri efelere verilmiyordu.
Şifreler sadece kuvvacı subaylarda vardı.
Efelere yüzde yüz güven duyulmuyordu.

Düzenli ordu kurabilmek, hiç kolay değildi.

Ulus bilinci yoktu.
E, ortada devlet de olmayınca, herkes köyüne kaçmıştı.
Birinci Dünya Savaşı'nda Osmanlı ordusundan firar edenlerin sayısı 500 binden fazlaydı. Bunları tek tek toparlayıp, yüreklendirip, milli mücadeleye dahil etmek 1.5 yıl alacaktı.

Yunan ordusu köy köy bildiri dağıtıyordu.
"Askerlik yapmayınız, karşımıza çıkmayınız, cahillik etmeyiniz, sizi toplayıp askere gönderenlere sakın itaat etmeyiniz" deniyordu.

Bu bildirileri uçaklarla atıyorlardı.
Yunan kıyımı arttıkça, firarlar hızlanıyordu.

Zeybek kavramı, Selçuklu'dan beri vardı.
Selçuklu Devleti'nin Bizans ve Moğol saldırılarına karşı, sınırlarını korumak için oluşturduğu askeri birimin adıydı.
Uç beylerinin sınır muhafızlarıydı.

Efe ise, büyük erkek kardeşe saygı ifadesiydi.
Ege bölgesinde, yerel ağızda "ağabey" manasında kullanılıyordu.

Efelik, zeybeklik, Ege bölgesinde yaygındı.
Elbette zaman içinde tarihi kimlikleri değişmişti.
Bildiğin haydutlular.
Zenginleri soyuyorlardı.
Ama, köylüye dokunmuyorlardı.

Osmanlı memurları, köylüye zulmediyordu, zenginlerden rüşvet alıyor, köylüyü zenginin bağında bahçesinde karşılıksız çalıştırıyordu, köylü de intikam aracı olarak efeleri koruyor, yataklık ediyordu.

Yörük Ali efe...
Milli mücadeleye katıldığında 24 yaşındaydı.
19'undan beri dağlardaydı.
Asker kaçağıyken, milis komutanı oldu.
Havaya atılan madeni parayı vuracak kadar silaha hakimdi. Tüfeğinden başka, belinde üç sıra fişeği, üç tabancası vardı.

Efeler şan şöhret peşindeyken, o gayet mütevazıydı.
"*Hey gidinin efesi, efesi, efelerin efesi...*"
Adına türkü yakıldı.

*

Kurtuluş Savaşı'ndan sonra İzmir'e yerleşti.
Ömrü boyunca dağlarda kelle koltukta yaşayan,
cambaz gibi at binen adam, tramvaydan inerken
düştü,
demir tekerleklerin altında kaldı.
Bacaklarını kaybetti.
Tekerlekli sandalyeye mahkum oldu.

Yörük Ali efe'nin ilk başarısı, Malkoç baskınıydı.
100 kişilik Yunan karakolu hedef alınmıştı.
Makineli tüfeklerle güçlendirilmiş kale gibi karakoldu.
Malkoç deresi üzerindeki köprüyü koruyordu.
İzmir-Aydın demiryolu, bu köprüden geçiyordu.
Yunan lojistiği için hayati önemi vardı.

Aslında, harekat planını albay Şefik yapmıştı.
Müfrezelerde altı subay vardı.
Subaylar da mor cepkenli zeybek kıyafeti giymişti.
Demiryolu köprüsünü havaya uçurmak için ayaklarına
dinamit bağlanması gerekiyordu, zeybeklerin patlayıcı
madde bilgisi yoktu, dinamitleri teğmen Zekai yerleştirdi.

Köprü imha edildi.
Yunan karakolu topyekûn imha edildi.
Baskının şanı Yörük Ali'ye bırakıldı.

Malkoç baskını milat'tı.
Kuvayı Milliye'nin ilk yumruğuydu.

İşgal ordusu nerden geldiğini şaşırmıştı.
Bu baskından sonra milis güçlere katılım arttı.
Millete güven geldi.

Demirci Mehmet efe...
Demircilik baba mesleğiydi.
Medrese eğitimi almıştı, imamdı.
34 yaşındaydı.

İzmir'de askerlik yaparken, gayrimüslim bir subaydan tokat yemiş, öfkelenip firar etmiş, asker kaçağıyken Nazilli'de meyhanede bir kavgaya karışmış, cinayet işlemiş, dağa çıkmıştı.

Kendi deyimiyle "Demirci Mehmet efe ağır ceza mahkemesi" kurmuştu... Zenginlerden haraç alır, fidye için adam kaçırır, banka soyar, elde ettiği ganimetle fakir fukaraya bakardı.
Kadınların ırzına musallat olan zeybeklerini affetmezdi.
Bizzat o köyün halkına linç ettirirdi.

Gaddardı.
Öldürmek istediği kişiyi atının arkasına bağlayıp sürüklerdi.
Kulak keserdi.

Denizli müftüsü Hulusi efendi'yle baba-oğul gibiydiler.
Ona büyük saygı gösterir, sadece onu dinlerdi.

Yörük Ali'yle Demirci Mehmet birbirlerini hiç sevmezlerdi.
Aralarında liderlik rekabeti vardı.

Ama, Yörük Ali'nin yeri zeybekler arasında bambaşkaydı.
Çünkü, Demirci Mehmet çatışmalarda geride kalırdı.
Öne atılmazdı.

Yörük Ali ise, her baskında en önde vuruşurdu.
Hem gözü karaydı.
Hem de zeybeklerine öz kardeşi gibi sahip çıkardı.
Demirci'nin zeybekleri bile Yörük'e öykünürdü.

Çete Ayşe...
Efe unvanı almış tarihteki ilk kadındı.
23 yaşındaydı.
Anneydi, iki kızı vardı.
Eşi, Çanakkale'de şehit olmuştu.
Küpelerini satıp tüfek almış,
Yörük Ali efe'ye katılmıştı.
Okuma yazması yoktu ama, yüreği şiir gibiydi...
"Bazı kadınların içinde pehlivan saklıdır.
Bazı erkeklerin içinde korkak bir kadın saklıdır. Kemer belindir, çizme ayağın, börk başındır, mademki burası bizim vatanımız, biz de vatanın olmalıyız" diyordu.

İstiklal Madalyası aldı.
Çete Ayşe'nin Yörük Ali efe'ye katılması, kendisi gibi düşünen yurtsever kadınlara cesaret vermişti.
Ayşe hanım onlardan biriydi.
Duldu, bir oğlu vardı.
Ayşeler birbirine karıştırılmasın diye, sonradan katılan Ayşe'ye Mehmet çavuş diyorlardı!

Yörük Ali efe'nin üçüncü kadın zeybeği, Şerife Ali Kübra'ydı.
Henüz 17 yaşındaydı.
Nişanlıydı.
Rüyasında Çete Ayşe'yi görmüş, bunu bir ilahi işaret olarak kabul etmiş, babasının elbiselerini giymiş, erkek görünümüyle dağa çıkmıştı.

Selanikli Ayşe hanım...
Eşi binbaşıydı, Sarıkamış'ta şehit olmuştu.
Köpekçi Nuri'nin çetesine katıldı.
Eşinin binbaşı üniformasını giyiyordu.
Sakarya Savaşı'nda kasığından mermi yedi, gazi oldu.
9 Eylül'de İzmir'e giren süvariler arasındaydı.

Kıllıoğlu Hüseyin Efe...
Aydın Çine'liydi.
Kolundan yediği mermi nedeniyle çolaktı.
Hatta bu yüzden çürük raporu verilmiş, askere alınmamıştı.
Aslında çobandı.
Ağabeyinin katilini vurduğu için dağa çıkmıştı.
Kendi çetesi vardı ama, Yörük Ali'nin müfrezesine bağlıydı.

Milli mücadele sonunda maalesef yeniden eşkıyalığa döndü.
Omuz omuza çarpıştığı Türk ordusuyla çatışmaya girdi, öldürüldü.

Gökçen efe...
İzmir Ödemişli'ydi.
28 yaşındaydı.
Efsanevi Çakırcalı Mehmet efe'nin akrabasıydı.
Çakırcalı'nın yanında yetişmişti.
Hayat onu çocukken dağlara sürüklemişti ama, şefkatli, merhametli, mert bir insandı, asla çalmazdı, kimseye eziyet etmezdi.
Efeler arasında çok başka yeri vardı.
Milli mücadeleye katılması için "Galip hoca" lakaplı Celal Bayar tarafından ikna edilmişti, gözüpek baskınlara katıldı.
Tire'de göğüs göğüse çatışmada süngülenerek şehit oldu.

Parti Pehlivan...
İsmi Mehmet'ti, pehlivandı, büyük ödül manasına gelen güreş parti'lerini kazandığı için bu lakapla anılıyordu.
1.90 boyunda, dağ gibi adamdı.
Yunanistan sınırları içinde kalan Serez'de doğmuştu.
Teşkilat-ı Mahsusa elemanıydı.
Balkanlar'da, Irak'ta vuruşmuştu.
Manisa cezaevine başgardiyan olarak atanmıştı.
İzmir işgal edilince, cezaevinin kapılarını açtı, içerde ne kadar zeybek varsa hepsini serbest bıraktı, dağa çıktı, Çerkez Ethem'e katıldı. Çatışmalarda sağ gözünü kaybetti.

Mavro Ali efe...
İzmir Bergamalı'ydı.
Siyah'tı.
Afro Türk'tü.
12 kişilik çetesi siyah zeybeklerden oluşuyordu.
Rumlar ona kara manasında "mavro" derdi.

Mestan efe
Kara Durmuş efe
Cafer efe
Salavatlı Halil İbrahim efe
Arslan Yürek İsmail efe
Dokuzun Mehmet efe
Zurnacı Ali efe
Çallı kör Mehmet efe
Köpekçi Nuri efe
Milli mücadeleden sonra köylerine çekildiler.
Suça bulaşmadan sakin hayatlar sürdüler.
Milli mücadelenin isimsiz kahramanlarıydılar.

Genellikle, Martini Henry marka tüfekler kullanıyorlardı.
Osmanlı ordusunun depolarından çalınmış tüfeklerdi.

At Martini debreli Hasan...
Aynalı Martin yaptırdım da narinim...
İşte o Martini Henry'di.

Türkülere konu olan, Anadolu kültürünün parçası haline gelen Martini Henryler tek kurşun atıyordu, kara barutluydu.

Kuvayı Milliye'nin efelere kesin emri vardı.
Yerli Rumlara asla dokunulmayacaktı.
Yunan'ın bize yaptığını, biz Rumlara yapmayacaktık.
Efeler bu emre itaat etti.
Kurtuluş Savaşı'nın sonuna kadar bir tek Rum köyü bile basılmadı.

Kuvayı Milliye müfrezeleri sadece subay, astsubay ve efelerin çetelerinden oluşmuyordu, sivil kahramanlar da vardı.
Celal Bayar mesela...
Albay Kazım Özalp'ın çağrısına uyarak, İzmir'de yaşayan, eli silah tutan her yurtsever erkek gibi şehri terketmiş, Ödemiş'e gelmişti.
Kimliğini kamufle etmek için "Galip hoca" lakabını aldı.
Demirci Mehmet efe'nin müşaviri oldu.
İsteseydi, meşgul olduğu ipek ticaretinden zengin olurdu.
İsteseydi, bir yabancı bankanın tepe yöneticisi olurdu.
Her iki durumda da gayet konforlu, tehlikeden uzak bir hayat sürerdi.
Ama o, beline silah takıp dağa çıkmayı, İzmir ve Aydın köylerini karış karış dolaşarak, direnişe katılmaları için telkinde bulunmayı tercih etti.

Mahmut Esat Bozkurt...
İsviçre'de Fribourg Üniversitesi'ni bitirmişti.
Aynı üniversitede doktora yapıyordu.
İzmir işgal edilince "bana ne" demedi.
İtalyan yük gemisine kaçak olarak bindi, gizlice İzmir'e geldi.
Kuvayı Milliye'ye katıldı.

Şükrü Saracoğlu...
Cenevre Üniversitesi'nden mezun olmuştu.
İsviçre'de sorunsuz bir hayat sürüyordu.
İzmir işgal edilince "aman tehlikeden uzak durayım" demedi.
İtalyan yük gemisine kaçak olarak bindi.
Ege dağlarında efelerle birlikte omuz omuza vuruştu.

Latife...
Göbek adı Fatma Zehra'ydı.

ABD ve İngiltere'nin tütün ve pamuk borsalarında söz sahibi olan, İzmir'de belediye başkanlığı yapan, şehrin en zengin tüccarı Muammer beyin kızıydı.
İlkokul eğitimini, eve getirilen İngiliz ve Alman özel öğretmenlerle tamamlamış, ortaokul ve liseyi İstanbul'da Arnavutköy Amerikan Kız Koleji'nde okumuştu.
İngiltere'de Tudor Hall School'da lisanını ilerletmişti.

Halide Edip Adıvar'ın öğrencisiydi.
Tevfik Fikret'ten Halit Ziya Uşaklıgil'den ders almıştı.
Anadili seviyesinde İngilizce, ileri düzeyde Almanca, Fransızca, Farsça konuşuyordu, Rumca ve İtalyanca biliyordu.
Piyano çalıyordu.
Mükemmel biniciydi, atın eyerine süvari gibi otururdu.
Sorbonne Üniversitesi'nde siyaset ve hukuk okuyordu.

Memleket işgal edildiğinde, ailece Fransa'ya taşınmışlardı. Atlas Okyanusu kıyısında, sahil cenneti Biarritz'de yaşıyorlardı.
Tehlikeden uzaktı ama, vatan toprakları çiğnenirken yurtdışında bulunmak 23 yaşındaki bu özgür kızın yüreğine ıstırap veriyordu.
"Burada daha fazla kalamam" diyerek, babasına rest çekecek, Sakarya Savaşı'nın kazanıldığını öğrenir öğrenmez, üniversite eğitimini yarıda bırakarak, Marsilya üzerinden gemiyle İzmir'e dönecek, dedesi Sadık bey'in yazlık olarak yaptırdığı Göztepe'deki köşke yerleşecekti.

Evet, belki silahını kuşanıp dağa çıkamıyordu ama...
İşgal altındaki vatan toprağına dönerek, Kuvayı Milliye'ye hem madden, hem manen güç veriyordu. Göğsündeki madalyonda Mustafa Kemal'in kalpaklı fotoğrafını taşıyordu.

Vahdettin'in oturduğu Yıldız Sarayı'nda yangın çıktı.
İngiliz askerleri söndürdü.

İngiliz istihbaratının Londra'ya gönderdiği rapora göre...
"Uykuda bulunan padişah alevlerden canını zor kurtarmıştı, yangında bütün giysilerini ve çok önemli miktarda parasını kaybetmişti, çünkü kağıt paralarını bavullar içinde yatak odasında saklıyordu!"

Yangının sebebi anlaşılamamıştı.
Muhtemelen, Karakol Cemiyeti'nin sabotajıydı.

Karakol Cemiyeti, 1918 yılında Enver paşa'nın talimatıyla kurulmuştu, liderleri Kara Kemal ve Kara Vasıf'tı.

Kara'kol adı bu Kara'lardan geliyordu.
Enver paşa yurtdışına kaçınca, milli mücadele için çalışmaya başlamışlardı, Anadolu'ya silah, cephane, bilgi-belge aktarıyorlardı.

Kara Kemal, Mustafa Kemal'in Samsun'a çıkmadan önce Şişli'deki evinde yaptığı örgütleme toplantılarına katılanlardan biriydi.
Ancak... Mustafa Kemal'in güvendiği biri değildi.
Kişisel hırsları olduğu görülüyordu.
Şüpheli bulunan uluslararası bağlantıları vardı.
Mim Mim Grubu oluşturuluncaya kadar Karakol Cemiyeti'ne göz yumulacak, sonra kapılarına kilit vurulacaktı.

İstanbul'da yanan sadece saray değildi...
Kaynağı belirsiz yangınlar başlamıştı.
Karagümrük, Nişantaşı ve Kuruçeşme, üç gün yandı.
Yüzlerce ev kül oldu.

Elbette kurunun yanında yaş da yanıyordu ama...
Çoğunluğu İngiliz yardakçılarının evleriydi.

Kuvayı Milliye'nin, Malkoç Köprüsü'nden sonra ikinci büyük baskını yine Aydın'da, Erbeyli İstasyonu'nda yapıldı.

Teğmen Kadri, İstanbul çocuğuydu.
Henüz 22 yaşındaydı.
Muğla'da görevlendirilmişti, bölgedeki efeleri organize edip Serdengeçtiler Müfrezesi'ni kurmuş, takviye olarak Aydın'a gelmişti.

Coğrafyayı inceledi.
Yumruğu vurmak için Erbeyli'nin çok müsait olduğunu saptadı.

Havanın kararmasını beklediler, bastılar.
İstasyonun hangarını yatakhane olarak kullanan Yunan birliği uykuda yakalanmıştı, 72 Yunan askeri öldürüldü.
Yedi şehit verdik.

Yunan işgal komutanlığı öfkeden adeta deliye döndü.
Öldürülen askerlerini trene yüklediler.
Aydın'a getirip, halka gösterdiler.
Sonra?
Misilleme olarak halktan 72 kişiyi kurşuna dizdiler!

"Bundan sonra böyle" dediler.
Kaç Yunan askeri öldürülürse, o kadar Türk sivil öldürülecekti.

Asker gibi savaşamayanlar...
Kadınları çocukları öldürmeye "zafer" gözüyle bakıyordu.

Her direnişte biraz daha sertleşiyorlardı.
Kuvayı Milliye'nin her baskınına, katliamla cevap veriyorlardı.

Haziran 1919.
Ağır intikam planladılar.

Menemen'i işgal ettiler.
Rumların evlerine beyaz kireçle haç işareti yaptılar.
Haç işareti olmayanlar, müslüman eviydi.
Haçsız evler, kıyımın adresiydi.

O gece...
Üç saatte binden fazla Türk öldürüldü.

National Bank of Greece...
Yunan milli bankası, İzmir'de şube açtı.
Yunanistan'dan İzmir'e taşınan Rumlara, ev, dükkan, arsa, tarla sahibi olmaları için çok çok düşük faizlerle kredi dağıtıyordu.
Böylece, Osmanlı parası yerine drahmi kullanımı yaygınlaştı.
Türk memurların maaşları bile drahmi'yle ödeniyordu.

Yunan bankasının verdiği sudan ucuz krediler sayesinde, İzmir'de Türklere ait olan gayrimenkullerin yüzde 90'ı Rumların eline geçti.

*

National Bank of Greece...
2006 yılında Türk bankasını satın aldı!

Türk medyası, Türk bankasının Yunan milli bankasına satılmasına çok sevinmişti, manşetlerden havai fişekler fırlatılıyordu.
Yunan milli bankası, ekonomi sayfalarını yöneten gazetecileri topladı, Atina'ya gezmeye götürdü, uçak paralarını ödediler, otel paralarını ödediler, yemek paralarını ödediler, iki gün ağırladılar, minibar paralarını bile ödediler.
Yunan milli bankasının merkez binasına götürdüler, koridorları gezdirdiler. Duvarlarda tablolar vardı.
Hep aynı konu resmedilmişti.
Barbar Türk askeri, zavallı Yunan halkını katlediyor, kadınları çocukları kılıçtan geçiriyordu... Kahraman Yunan askeri de, vahşi Türk askerini postalıyla

eziyor, yere yatırıp kafasına basıyordu!
Duvarlar bunlarla kaplıydı.
Aslına bakarsanız, basın gezisinin amacı buydu.
Bunları göstermek için, gözümüze sokmak için,
hem alay etmek, hem hakaret etmek için, Türk
gazetecilerini Atina'ya getirmişlerdi.

Türk basını bu rezaleti sineye çekti.
Hatta...
"Müjde, 50 Yunan şirketi daha geliyor" manşetleri
attı!

Mustafa Kemal genelge yayınladı...
Memleketteki bütün postanelerin işgal edilmesini emretti.

İletişim dehasıydı.
O ilkel şartlarda, telgraf ağını internet ağı gibi kullanıyordu.
Anadolu'nun kılcal damarlarına adeta e-posta gönderir gibi, whatsapp mesajı atar gibi telgraf çekiyordu.
Telefon yokken, uydu yokken, resmi dairelerin çoğunda elektrik bile yokken, isimsiz kahraman telgrafçılarımız sayesinde uçan kuştan haberi oluyordu.

Kurtuluş Savaşı'nın sonunda "zaferi nasıl kazandınız?" diye soran yabancı gazetecilere "telgrafın telleriyle" cevabını verecekti.

Sivas Kongresi'ni takip eden *Chicago Daily News* muhabiri Louis Browe şu haberi yazmıştı: "Bu gece burada gördüğüm kadar iyi işleyen bir telgraf şebekesini ömrümde görmedim. Yarım saat içinde Erzurum, Erzincan, Musul, Diyarbakır, Samsun, Trabzon, Ankara, Malatya, Harput, Konya ve

Bursa'yla irtibat halindeydiler. Telin bu ucunda Mustafa Kemal oturuyor, öbür ucundaki komutanlar, mülki idare amirleri onun emirlerini sorgusuz sualsiz yerine getiriyordu."

İngiliz istihbaratı Londra'ya rapor üstüne rapor yolluyordu: "Mustafa Kemal gittiği yerlerde en önce telgraf merkezlerini ele geçiriyor."

Güya Londra'yı haberdar ediyorlardı ama...
Aslında burunlarının ucundan haberleri yoktu!
Sirkeci'deki Büyük Postane'nin bodrumunda gizli telgraf merkezi kurulmuştu. İkinci kattaki muhabere salonundan çaktırmadan hat çekilmişti.
Vatansever telgrafçılarımız mesai bittikten sonra binaya sızıyor, yeraltındaki odada gaz lambasının ışığında sabaha kadar çalışıyorlardı. Anadolu'ya mesaj gitmesin diye kapıda nöbet tutan süngülü İngiliz askerlerinin ruhu bile duymuyordu.

Silah, cephane sevkiyatı, Anadolu'ya geçecek subayların sahte kimlik belgeleri, İngiliz casusların isim listesi gibi hayati konularda kesintisiz trafik yaşanıyordu.
Direksiyon binası'ndan Mim Mim Grubu'na iletilmek üzere, bazı günler 400'ün üzerinde şifreli telgraf geliyordu.

Manastırlı Hamdi bey...
Büyük Postane'de telgraf memuruydu. 1919'un temmuz ayından itibaren, hayatını ortaya koyarak, İstanbul'da olan biten her şeyi günü gününe Mustafa Kemal'e aktaran kişiydi. 16 Mart 1920'de İstanbul'un resmen işgal edilmesini de ilk aktaran yine o'ydu.

"Mustafa Kemal Paşa hazretlerine özeldir.
Bu sabah Şehzadebaşı'ndaki Mızıka Karakolu'nu
İngilizler bastı.
Oradaki askerlerle çarpışarak İstanbul'u işgal altına alıyorlar.
Bilgi için arz olunur.
Manastırlı Hamdi"

İstanbul işgal edilince, Mim Mim Grubu tarafından Anadolu'ya geçirildi, Ankara'ya geldi, Ziraat Mektebi'nde Mustafa Kemal'in karargahında telgrafın başına geçti.

Bilahare, cepheye gönderildi.
İsmet Paşa'nın yanında, savaş hattında, Batı Cephesi Komutanlığı'nda görev yaptı, Birinci İnönü, İkinci İnönü ve Sakarya Savaşı'nda, can pazarının ortasında, karargahla Ankara arasındaki irtibatı sağladı.

Mustafa Kemal, *Nutuk*'ta bizzat teşekkür etti...
"Bu vatansever ve cesur Manastırlı Hamdi efendi olmasaydı, İstanbul felaketinden haber almak için kimbilir ne kadar beklemek zorunda kalacaktık.
İstanbul'da bulunan nazır, milletvekili, komutan ve teşkilatımızdan bir kimsenin çıkıp da bize vaktinde haber vermeyi düşünememiş olduğu anlaşılıyor.
Demek ki hepsini heyecan ve korku bürümüştü.
Bir ucu Ankara'da bulunan telin İstanbul'da bulunan ucuna yanaşamayacak kadar şaşkın bir duruma gelmiş olduklarına hükmetmek, bilmem ki doğru olur mu?
Telgraf memuru Hamdi efendi, daha sonra Ankara'ya gelerek karargahımız memurluğunu yapmıştır. Kendisine borçlu olduğum teşekkürü burada açıkça ifade etmeyi, milli ve vatani görevlerimden sayarım."

Manastırlı Hamdi bey, Cumhuriyet'in ilanından sonra Ankara'da Yenişehir Postanesi'nde müdür oldu. Soyadı kanunu çıkınca, İstanbul'un işgal günü çektiği telgrafın hatırası olarak, bizzat Mustafa Kemal Atatürk tarafından "Martonaltı" soyadı verildi.

Ankara-İstanbul arasında vızır vızır kurye dolaşıyordu.
Adeta mekik dokuyorlardı.
Telgraf hatları kesildiğinde, şifreli mesajlar elden ele ulaştırılıyordu.

Mustafa Kemal'in kod adı "Nuh"tu.
Mesajlarının altına imza olarak "Nuh" yazıyordu.

İstanbul kelimenin tam manasıyla karman çormandı.
İngiliz, Fransız, İtalyan, Hintli, Senegalli, ne ararsan vardı.
Ve, Beyaz Rus kaynıyordu.
Ekim Devrimi'nden kaçanlardı.
Sovyet ordusuna Kızıl Ordu deniyordu.
Çar'ın ordusuna Beyaz Ordu deniyordu.
Bu yüzden, İstanbul'a gelenlere Beyaz Rus deniyordu.
Yoksa, Beyaz Rusya'yla, bugünkü Belarus'la alakaları yoktu.

1919 yılında İstanbul'a sığınmış olan Rus sayısı 170 bindi.
Bunların 70 bin kadarı, Beyaz Ordu'ya mensup askerlerdi.
Çatalca ve Gelibolu'da oluşturulan kamplara yerleştirilmişlerdi.
Geriye kalanlar, subaylar, aileleri ve sivillerdi.
Onlar şehre dağılmıştı.

Bir yıl içinde 100 binden fazlası ABD'ye, Avrupa'ya gitti.
Gerisi İstanbul'a yerleşti.

İstanbul'un sosyokültürel belleğine damga vurdular.

Prens, baron, kontes gibi türlü türlü asalet unvanlarına sahip hanımlar beyler, beş parasızdı... Sovyet rejimi tarafından el konulan mallarını mülklerini mecburen bırakmışlar, ellerinde sadece birer bavulla, tıka basa dolu gemilerle, adeta salkım saçak gelmişlerdi.

Bizim, kaybettiğimiz, esir şehrimiz İstanbul...
Onlar için, sığındıkları özgürlük limanıydı.

Trajediler yaşandı.
Başlarını sokacak bir ev bile kiralayamayanlar oldu.
Sokaklarda yatanlar oldu.
Çiçek sattılar, gazete sattılar, garsonluk, hizmetçilik, şoförlük, bahçıvanlık, terzilik, mürebbiyelik, ne iş bulurlarsa yaptılar.
Hizmetçilik yapan prenses vardı.
Tablayla dolaşıp sigara satan profesör vardı.
Lokantacılık yapan büyükelçi vardı.
Bazıları vücutlarını satmak zorunda kaldı.

41 parça savaş gemisinden oluşan filonun komutanı, amiral Ivan Petrospesioty, şehir hatları vapurunda kaptanlık yapıyordu!

Hiç olmazsa yükte hafif pahada ağır mücevherlerini kaçırmayı başaranlar, Beyoğlu civarındaki otellere yerleştiler.
Restoran, bar, gece kulübü piyasasına hakim oldular.
Pastaneler açtılar.

Kokain, Ruslarla geldi.

Belçikalı aşçı Lucien Olivier taa 1860'larda Moskova'da Hermitage adında bir restoranın sahibiydi, mayonezli bir salata türevi icat etmişti, müşterilerine parmaklarını

yediriyordu, öylesine lezzetliydi ki, şöhreti sınırları aştı, Olivier Salatası adıyla dünyaya yayıldı.
İşte bu salata, Beyaz Ruslarla birlikte İstanbul'a geldi, ilk defa Rus restoranlarında tattığımız için, bizdeki adı Rus salatası oldu!

Rejans, Splendid, Karpiç...
Restoranlarıyla yemek kültürümüze kalıcı etki yaptılar.

Kollarına sepet takıp çiçek satan Rus kızlarının, sarkıntılığa uğradıklarında kaçarak sığındıkları bir pasaj vardı...
O pasajın adı Çiçek Pasajı olarak kaldı.

Opera sanatçısı Vladimir Smirnoff da Rus göçmenlerden biriydi.
Dedesi, Çar Nikolay'ın çeşnicibaşıydı.
Dedesinden bir votka formülü öğrenmişti.
Nesilden nesile 800 yıldır gizli tuttukları bir formüldü.
İstanbul'da opera sanatçısı olarak iş bulabilmesi imkansızdı, ailesini geçindirebilmek için dedesinden öğrendiği votkayı üretti, sattı.
Sonra Fransa'ya göçetti.
İstanbul'da kirasını ödeyebilmek için ürettiği "Smirnoff"u, dünyanın en ünlü votka markalarından biri haline getirdi!

Plaj kavramını Rus göçmenler getirmişti.
Yüzyıllardır deniz kenarında oturmasına rağmen denize girmeyen, hatta denize sırtı dönük oturan Türk halkı, Rus göçmenlerden görerek plajlara gitmeye başladı...
Adalar'da, Florya sahillerinde denize girme alışkanlığı, Ruslar sayesinde gelişti.

Anadolu canıyla cebelleşirken, İstanbul'da gece hayatının merkezi Beyoğlu'ydu, Beyoğlu'nun en popüler adresi Maksim'di.

Frederick Bruce Thomas tarafından işletiliyordu.
Amerikan kökenli "siyah" Rus vatandaşıydı!
Mississippi'de dünyaya gelmişti.
Annesi-babası köleydi.
18 yaşındayken gemiye atlamış, Avrupa'ya geçmişti.
İngiltere, Almanya, İtalya, Fransa...
Hem gezdi dolaştı, hem otellerde garson olarak çalıştı.
Rusya'ya gitti.
Moskova'da da otellerde garson olarak çalıştı.
Üç defa evlendi, üç oğlu oldu.
Rus vatandaşlığına geçti.
Adını değiştirdi, Fyodor Fyodoroviç Tomas yaptı.
Sermaye koyacak ortaklar buldu, Aquarium adıyla gece kulübü açtı, Amerikalı boks şampiyonlarını Moskova'ya getirdi, gösteri maçları yaptırdı, işi büyüttü, Maksim'i açtı, Moskova'nın en ünlü eğlence mekanı haline getirdi.
Zengin oldu.
Bolşevik devrimi patlayınca, hayatı allak bullak oldu.
Amerikan büyükelçiliğine sığınmak istedi, "hem Rus vatandaşısın, hem zencisin" dediler, kapıdan içeri bile sokmadılar.
Üçüncü eşi ve üç oğluyla birlikte Odesa'dan gemiye atladı.
1919 yılı nisan ayında İstanbul'a geldi.
Beş parasızdı... Çünkü, sahibi olduğu gece kulüplerine, apartmanlarına ve milyonlarca rublelik servetine Sovyet yönetimi tarafından el konmuştu.
İstanbul'da yine sıfırdan başladı, yine garsonluk yaptı.
Sermaye koyacak İngiliz ve İsviçreli ortaklar buldu.
Şişli'de Stella adında bahçe-restoran açtı.
İstanbul'u caz'la tanıştırdı.
ABD'den caz orkestraları getirdi, müthiş beğenildi.
Müthiş para kazandı.
1921 yılında Taksim'de Maksim'i açtı.

Siyah müzisyenler caz yapıyor, Avrupalı revü kızları dans ediyordu, birbirinden güzel Rus kızları garsonluk yapıyordu, dolup taşıyordu.
En önemli müşterileri, işgal subayları ve savaş vurguncusu tüccarlardı. Elçilik görevlisi veya gazeteci maskesiyle İstanbul'a üşüşen casusların uğrak yeriydi.
Fransız ve Rus mutfağından oluşan muhteşem menüsü vardı.
Şampanya, şarap, viski listesi çok zengindi.
Dekorasyonda masraftan kaçınılmamıştı.
Gösterişli sütunlar, pahalı mobilyalarla kaplıydı.
Öylesine popülerdi ki, en başta Amerikan elçisi, İstanbul'daki bütün diplomatlar resmi davetlerini Maksim'de vermeye başlamıştı.
Kurtuluş Savaşı kazanıldı, işgal sona erdi.
Cumhuriyet ilan edildi.
Thomas'a dokunulmadı.
Hatta, İstanbul'da eğlenceli gece hayatını yaşattığı için, halkın moralini yükselttiği için teşvik bile edildi.
Bebek'te deniz kenarında La Potinière adıyla yeni bir mekan açtı.
Tarabya'da Villa Tom adıyla yeni bir mekan açtı.
İtalyan mutfağı, İtalyan müziği vardı.
Gecenin sonunda havai fişek gösterisi yapılıyordu.
Boğaz'daki mekanlarına müşteri taşıyan özel teknesi bile vardı.
Ankara'ya açıldı, Çankaya'da Villa Can adıyla gece kulübü açtı.
Har vurup harman savuran bir karakterdi.
Mekanları gibi yaşıyordu.
Müthiş kazancına rağmen, gırtlağına kadar borca battı.
Maksim'i devretti.
Ama, borçlarını kapatmaya yetmedi.
Alacaklılar şikayet etti, tutuklandı.
Sultanahmet Cezaevi'ne konuldu.
Zatürre oldu.

Taksim'deki Pastör Hastanesi'ne kaldırıldı.
Oradayken öldü, 55 yaşındaydı.
Feriköy'deki Latin mezarlığına gömüldü.

Muhteşem maceraperest Frederick Bruce Thomas'ın hayatı, aslen Rus kökenli olan Amerikalı profesör Vladimir Alexandov tarafından "Siyah Rus" adıyla kitap haline getirildi.

Romanlara, filmlere, belgesellere konu olması gereken rengarenk bir hayat yaşayan Siyah Rus... İşgal altındaki İstanbul'un nasıl bir karmaşa içine yuvarlandığının da kanıtıydı.

İngiliz istihbaratı, İstanbul'a yerleşen Beyaz Rus subaylarını gözüne kestirmişti, Kuvayı Milliye'ye karşı kullanmayı denediler.
Ancak, bu teklifi kabul eden Rus bulamadılar.

İstanbul halkı, mülteci Ruslara kucak açmıştı.
İki millet arasında hiç sorun yaşanmıyordu.
İşgal askerlerine karşı büyük bir nefret varken, Rus mültecilerin kılına bile zarar verilmiyordu, mülteci Ruslar işte bu yüzden Türklere büyük sempati duyuyordu.
İngiliz istihbaratını reddetmelerinin temel duygusu, buydu.

Ama...
Sovyet istihbaratı Rus mültecilerin arasına sızmayı başarmıştı.
İstanbul'da rahatça faaliyet gösteriyorlardı.
İstanbul'daki Sovyet casus şefi "Kasım" adını kullanıyordu.

Petersburg'ta sahte sterlin basıyorlar...
Bu sahte banknotları İstanbul'da piyasaya sürüyorlardı.
Beykoz'da Sovyet istihbaratının hücreevi vardı.

Mim Mim Grubu'yla eşgüdümlü çalışıyorlardı.
Çok kaliteli baskı makinelerine sahiptiler, Anadolu'ya geçmeye çalışan Türk subaylarına sahte pasaport, sahte vize hazırlıyorlardı.

Memleketin Batı'sı bu haldeyken...
Doğu'da Ali Batı ayaklanması başladı.

Midyatlı aşiret reisiydi.
Bin kadar silahlı eşkıyası vardı.
Bütün Mardin'e hakim olmak istiyordu.
Halktan haraç topluyor, askere pusu kuruyordu.
İki ayda bastırıldı, öldürüldü.
Çapsız bir vatan hainiydi.

Ama, İngiliz istihbaratının ilk başarısıydı... Milli mücadele sırasında Kürt isyanlarıyla karşılaşacağımızın işaret fişeğiydi.

Ermenistan Cumhuriyeti ilan edildi.

Harita bastırmışlardı.
Van, Bitlis, Diyarbakır, Sivas, Erzurum ve Trabzon...
Ermenistan Cumhuriyeti'ne ait gösteriliyordu.
Mütevazı davranıp, İstanbul'u istememişlerdi!

Mustafa Kemal, Amasya'ya geçti.
Yavuz Sultan Selim'in dünyaya geldiği saraya, halk arasında "saraydüzü" denilen askeri kışlaya yerleşti.

Güya saraydı ama, demeye bin şahit isterdi.
Asma gaz lambasının cılız ışığıyla aydınlanıyordu.

Gazyağı bile yoktu, lambada haşhaş yağı kullanılıyordu.
Pencerelerinde perde bile yoktu.
Karyolası bile yoktu, bütün eşyası üçlü kanepe, ikili koltuk, eski püskü halı ve bir masadan ibaret olan odada kalıyordu.

Masasının üstü telgraflarla doluydu.
Times, Le Temps gazeteleri yığılıydı.

Tarihte ilk kez "ulusal egemenlik"ten bahsedilen, "tam bağımsız Türkiye Cumhuriyeti"nin temelini atan Amasya Genelgesi, işte bu mütevazı odada yazıldı.

Ali Kemal, içişleri bakanlığından istifa etti.
Sahibi olduğu *Peyam-ı Sabah* gazetesine döndü.
Başyazar oldu.

Asıl adı Ali Rıza'ydı.
Vatan şairi Namık Kemal'e hayrandı.
Bu nedenle Ali Kemal adıyla yazıyordu.
Kadere bakın ki... Vatan şairi'nin adını taşıyan Ali Kemal, Türk basın tarihine, gelmiş geçmiş en şöhretli vatan haini gazeteci olarak geçecekti.

İngiliz Muhipleri Cemiyeti'nin kurucularındandı.
Milli mücadeleye düşmandı.
Anadolu'yu küçümsüyor, aşağılıyordu, "Avrupa ile başa çıkmayı hangi Asya kavimi başardı ki, biz başarabilelim" diye makaleler yazıyordu.

Mustafa Kemal'den kişisel olarak nefret ediyordu.
Mustafa Kemal'i saplantı haline getirmişti.
"Onunla tokalaşmak, eşkıyaya el uzatmaktır" diyordu.
"Berduş" diyordu.

"Derme çatma bir ordu kurmuşlar, dövüşüp duruyorlar, zırzoplar, tam istiklal isteriz diye tutturmuşlar, halbuki ne demiş Arap, elhekmü limen galebe, galibin dediği olur, işte bu kadar" diyordu.

Kuvvacıları şöyle tarif ediyordu...
"Çanlarına ot tıkanıyor, moralleri pek düşük, çoğu yalınayak, teçhizatları noksan, gerçi birkaç kamyonları var ama, hepsi kullanılmaz halde, motorları bozuldu mu tamir edemiyorlar, benzinleri yok, yedek parçaları yok, taşıma için ancak mandaları var, Mustafa Kemaller faydalı hiçbir işe yaramazlar, hamdolsun sayıları azdır, bunları hastalanmış uzuv gibi kesip atmalı!"

"Mustafa Kemal medeniyet dünyasını aleyhimize çevirmek için Anadolu'da havsalaya sığmaz delilikler yapıyor, cinayetler işliyor" diyordu.

"Eyy müslüman kardeşlerimiz, teşkilat-ı milliyeye aldanmayınız, bolşevik kafası taşıyan yurtsuz serserilerdir bunlar" diyordu.

"Kuvayı Milliye şaklabanlıktır. Bunlar Afyon'u, Eskişehir'i, Kütahya'yı, Bursa vesaireyi kurtarsalar bile görüşümüzü değiştirmeyiz" diyordu.

TBMM açıldığı gün şunu yazacaktı...
"Bu millici mahluklar kadar, başları ezilmek ister yılanlar hayal edilemez, düşmanlar onlardan bin kere iyidir!"
Büyük Taarruz başladığı gün şunu yazacaktı...
"Kuvayı Milliye bugüne kadar yaptıklarıyla asla kazanmamış, daima kaybetmiştir. Ankara bizi doğru yola girmekten alıkoyuyor. Ankara başımızda oldukça bu keşmekeşten hayır doğmaz. Bu düşüncelerim hakkında yanılırsam, yalnız kalemimi kırmam, insanlığımdan bile istifa ederim. Fakat olaylar gösterecektir ki, yanılmış olmayacağım."

Mustafa Kemal milli mücadeleyi sadece emperyalist ülkelere karşı değil, işte bu tür işbirlikçi tiplere karşı da veriyordu.

*

Ali Kemal, Kurtuluş Savaşı'nın sonunda gözaltına alındı, yargılanmak üzere Ankara'ya götürülürken, linç edilerek öldürüldü.

2000 yılında...
Türkiye Gazeteciler Cemiyeti tarafından "basın şehidi" ilan edildi!
Mustafa Kemal ve Kuvayı Milliye'ye "hastalıklı uzuv, berduş, katil, başı ezilmesi gereken yılan, düşmanlar bile onlardan iyidir" diyen Ali Kemal, ilk kurşunu sıkan Hasan Tahsin'le aynı listeye konuldu.

*

Ali Kemal'in ilk eşi İngiliz'di.
Kilisede evlenmişlerdi.
Oğulları oldu, Wilfred adını koydular. Wilfred, İngiltere'de büyüdü, subay oldu, pilot oldu, İkinci Dünya Savaşı'nda gösterdiği cesaret nedeniyle İngiltere Üstün Liyakat Madalyası aldı, evlendi, oğlu oldu, torunu Boris doğdu.
Alexander Boris de Pfeffel Johnson...
Büyük dedesi Ali Kemal gibi gazeteci oldu.
Muhafazakar Parti'den milletvekili oldu.
Londra belediye başkanı oldu.
İngiltere dışişleri bakanı oldu.
İngiltere başbakanı oldu.

Ali Kemal yalnız değildi.
Mesela, *Alemdar* gazetesinin yazarı Refi Cevad adeta İngilizlere yalvarıyordu, "İngilizleri özlemle bekliyoruz" diyordu.
"Türkler kendi güçleriyle adam olamaz" diyordu.
"İngilizler elimizden tutarak bizi kurtaracak" diye yazıyordu.

Mustafa Kemal hakkında "deli değil, zırdeli" diyordu.

İngiltere'nin himayesini savunan gazetecilerde Mustafa Kemal'e "deli" diye hakaret etmek moda haline gelmişti...
Refik Halid Karay, *Aydede* dergisinde şunları yazıyordu:
"Anadolu'da bir patırtı bir gürültü, kongreler, beyannameler filan, sanki bir şey yapabilecekler, hangi kuvvetin var, bu nasıl hayal, kuzum Mustafa Kemal, sen deli misin?"

"Deli" denilen Mustafa Kemal, o sırada Amasya, Tokat, Sivas üzerinden birer gece konaklayarak Erzurum'a gidiyordu.
Sivas sokaklarına yaftalar asılmıştı...
"Mustafa Kemal'in görevden alındığı" yazıyordu.

Çerkez Ethem, Kuvayı Milliye'ye katıldı.

Osmanlı'da astsubaydı.
Teşkilat-ı Mahsusa'da görev yapmıştı.
İzmir işgal edildiğinde Bandırma'da çeteciydi.

33 yaşındaydı.
İki metreye yakın boyu vardı.

Klasik manada efe-zeybek ilişkisi yoktu.
Çetesi, bildiğin paralı askerlerden oluşuyordu.
Soygunlarla fidyelerle para topluyor, maaş ödüyordu.

Müfreze komutanlarına aylık 50-100 lira veriyordu.
Erlerine aylık 15-20 lira veriyordu.

Emrinde bin kişi vardı, hepsi süvariydi.
Çoğu ipten kazıktan kurtulmuş tiplerdi.
Hapishanelerden kurtarıp kurduğu "katiller taburu" vardı.
Kadın askerleri de vardı.

Teşkilat-ı Mahsusa, Birinci Dünya Savaşı'nın kaybedileceğini anlayınca, yeraltı mücadelesinde kullanmak üzere, memleketin çeşitli yerlerine silah, cephane ve para stoklamıştı... Bu depolardan biri, Teşkilat-ı Mahsusa'nın başkanı Eşref bey'in Salihli'deki çiftliğiydi.

Bu çiftlikte depolanan silah ve cephane, Çerkez Ethem'e verildi.
Afyon ve Kütahya'daki mühimmat depoları, emrine verildi.
Subaylar ve efelerle takviye edildi.
Çetesindeki savaşçı sayısı beş bine çıkarıldı.

Daha ilk günlerden sorun çıkarmaya başlamıştı...
Ankara Hükümeti kendisine tahsis edilen paraların nerelere harcandığını gösteren makbuz istiyordu, asla vermiyordu.

Askerlerimi besliyorum diyerek, köyleri haraca bağlamıştı.
Yağma yaptırıyordu, zenginlerden haraç alıyordu.
Halktan gasbedilen koyunları inekleri, pazarlarda sattırıyordu.
Hepsi biliniyor, duyuluyordu ama, mecburen göz yumuluyordu.

Gittiği yerlerde bandoyla karşılama istemeye başlamıştı.
Keyfi hareket ediyordu.
Milli mücadeleye zenginleşmek için girdiği anlaşılıyordu.

Adeta derebeyiydi.
Kafasına göre yargılama yapıyor, canını sıkanları asıyordu.

Bu kişisel şöhret hırsıyla, kendi kendisini imha edecek, vatan kahramanlığından vatan hainliğine sürüklenmesine sebep olacaktı.

Mustafa Kemal, Erzurum'a geldi.

İlk iş telgrafhaneye gitti.
Makine başına oturdu.
Kelime kelime bizzat yazdırdı.
"Askerlikten istifa etti"ğini Padişah'a bildirdi.

Sonra oturdu, elyazısıyla istifa dilekçesini kaleme aldı.
Kolordu matbaasında çoğaltarak, dağıttı.

"Mübarek vatan ve milleti parçalanmak tehlikesinden kurtarmak, Yunan ve Ermeni isteklerine kurban etmemek için açılan mücahede-i milliye uğrunda, milletle beraber serbest surette çalışmaya, askeri ve resmi sıfatım artık mani olmaya başladı. Bu gaye-i mukaddese (kutsal amaç) için milletle beraber nihayete kadar çalışmaya, mukaddesatım (kutsallarım) namına söz vermiş olduğum cihetle, pek aşıkı bulunduğum yüce askerlik mesleğine bugün veda ve istifa ettim. Bundan sonra milli ve mukaddes gayemiz için, her türlü fedakarlıkla çalışmak üzere, sine-i millette (milletin bağrında) bir ferd-i mücahit (savaşçı kişi) suretiyle bulunmakta olduğumu, tamimen arz ve ilan eylerim."

12 yaşında giydiği üniformayı 26 yıl sonra çıkarmıştı.
Bundan böyle sivil'di.

Saray tarafından "asi" ilan edildi.
Görüldüğü yerde tutuklanması emri verildi.

Mustafa Kemal'in askerlikten istifa edip, görüldüğü yerde tutuklanmasının istendiği gün, padişah Vahdettin, İngiliz gazetesi *The Morning Post* muhabirine röportaj veriyor, adeta yalvarıyordu.
"Ben de babam Abdülmecid gibi İngiltere'nin dostuyum" diyordu.
"İngiltere'ye daima hayranlık besliyorum" diyordu.
"İngiltere'nin insaf ve adaleti sağlayacağına eminim" diyordu.

Mustafa Kemal'in yanında sivil kıyafeti yoktu.
Emir eri Ali çavuşu çağırdı, bir zarf verdi.
"Bunu vali beye götür" dedi.

Ali çavuş valinin evine gitti, zarfı uzattı.
Vali açtı baktı, küçük bir not ve 50 lira vardı.
"Bekle" dedi.
İşlemeli beyaz bir bohça getirdi.
İçinde siyah ceket ve fes vardı.

Erzurum valisi Münir beyin ısrarına rağmen, parasını ödemeden ceketi kabul etmemişti. Fesi kullanmayacak, kalpak takacaktı.

Madalyalarına uzuuun uzun baktı.
Mendile sardı, "sandığa kaldır" dedi.

Tüm askerlik hayatı boyunca biriktirebildiği 800 lirası vardı.
Sadece 800 lira.
Samsun, Havza, Amasya, Erzurum, sıfırı tüketmişti.
İstese elini cebine atmaz, hiç para harcamazdı.
Ama, parasını ödemeden hiçbir şey istemiyordu.
Gecelemek için birinin evinde misafir edildiğinde bile, evden ayrılırken hizmet edenlere mutlaka harçlık veriyordu.

Bütün ömründen geriye bir ceketle kalakalmıştı.

Zübeyde Hanım'a mektup yazdı.
"Saygıdeğer anneciğim, merak içinde kaldığınızı tahmin ediyorum, bu mektubumu size getirecek olan kişi, benim hakkımda istediğiniz kadar bilgi verecektir, kendisiyle bana elbiselerimi gönderiniz."

Ana bu, boş gönderir mi...
Elbiselerle birlikte iki torba kuru incir gelecekti.
Adam başı anca bir-iki tek düşşe de, hayatlarına renk katacaktı.

Erzurum'da İngiliz işgal kuvvetlerini temsilen albay Rawlinson bulunuyordu. Yakında İngiltere dışişleri bakanlığı koltuğuna oturacak olan Lord Curzon'un yeğeniydi. Torpilli ve pek havalı bir subaydı.

Mustafa Kemal'i ziyarete geldi.
Küstah bir ifadeyle tehdit etti.
"İşittiğime göre yarın kongre açacakmışsınız, açılmaması daha münasip olur, hükümetim bu kongrenin toplanmasına müsaade etmez, kongreden vazgeçmezseniz kuvvet kullanarak dağıtılmasına mecbur kalırız" dedi.

Mustafa Kemal gayet sakin bir ifadeyle cevap verdi.
"Kongre toplamak için ne hükümetinizden, ne de sizden müsaade istemedik ki, böyle bir müsaade bahis mevzusu olsun" dedi.

Sonra da ayağa kalkıp kapıyı gösterdi:
"Mülakatımız bitmiştir!"

İngiliz'in bu tehdidinden sadece 24 saat sonra...
Trabzon'da cephanelik havaya uçtu.
38 kişi hayatını kaybetti.

Şehirde hasar görmeyen bina kalmamıştı.
Gürcistan'dan bile duyulmuştu.
Öylesine şiddetliydi.

Rus ordusu 1916 yılında Trabzon'u işgal etmiş, 1917 yılında terketmişti, bu cephanelik giderken bıraktıkları mühimmatla doluydu.

Kaza değildi.
Elbette sabotajdı.
İngiliz istihbaratı organize etmiş, yerli Rumlar patlatmıştı.

İki amacı vardı...
Hem Erzurum Kongresi'nin toplanmasını önlemeye çalışıyorlar, gözdağı veriyorlar, hem de bu cephanenin Kuvayı Milliye'nin eline geçmesini engellemiş oluyorlardı.

Amerikan raporlarına göre, cephane 15 milyon dolar değerindeydi.
O günkü parayla servetti.
3 bin 570 sandık dinamit
3 bin top mermisi
71 sandık barut yok olmuştu.

Ve, aslında patlayan sadece cephanelik değildi.
Pontus meselesi patlamıştı!

Ama önleyemediler...
Erzurum Kongresi toplandı.

23 Temmuz'du.
Tesadüf değildi, bu tarih özellikle seçilmişti.
İkinci Meşrutiyet'in yıldönümüydü.

Yani... Abdülhamid'in anayasaya mecbur bırakıldığı, Osmanlı'da meclisin yeniden açıldığı, Hürriyet Bayramı'ydı.

Mustafa Kemal'in önerisiyle, milli mücadeleye katılan tüm sivil oluşumlara "Müdafaa-i Hukuk Cemiyeti" ismi verildi.

İlk resmi örgütsel çekirdekti.
Birbirinden bağımsız, hatta birbirini hiç tanımayan, ama milli vicdanla aynı ideal etrafında toplanan gönüllü yurtseverlerdi.
Bundan böyle senkronize hareket edeceklerdi.

Dünyada örneği yoktu.
Tarihte ilk'ti.

Fevzi Çakmak yıllar sonra şöyle tarif edecekti...
"Eğer o günlerde bir tayyareden memlekete bakarsanız, yer yer yanan ateşler görürdünüz, bunlar ışıldayan çoban ateşleriydi, hepsini birleştirecek alev lazımdı, işte o da Mustafa Kemal'in meşalesiydi!"

Gerçekten muhteşem bir benzetmeydi.
Çoban ateşleri artık meşaleydi.

Erzurum Kongresi'nin toplandığı gün, İstanbul'un adeta içi içine sığmıyordu, Sultanahmet Camisi'nde onbinlerce insan toplanmıştı.
"Hürriyet Bayramı'nı kutlayacağız" diyorlardı.

Ama, Vahdettin aslında neyin kutlandığını gayet iyi biliyordu!
Kalabalık polis zoruyla dağıtıldı.
Kutlama yasaklandı.

Erzurum Kongresi'nin toplandığı gün, *Vakit* gazetesinde geleceğe yönelik bir tartışmanın manşeti vardı, "Aya seyahat kabil midir?" diye başlık atmışlardı... Başlığın hemen altında "değildir" diye cevabı da vardı!

Yaşadığı dönemi bile kavrayamayan saray basınının, elbette yarın'lara dair sağlıklı öngörüde bulunabilmesi imkansızdı.

Amerikan mandası...
Erzurum Kongresi'nin en önemli meselesiydi.

Washington "manda"yı şöyle tarif ediyordu:
"Türkler ne kendilerini yönetebilir, ne başkalarını yönetebilir.
Islah edilmelidirler.
Ahlaki ve maddi yönden en uygun olanı, ABD mandasıdır.
İyi sonuç almak için Kürdistan'a kadar bütün bölge gereklidir.
Savaşa milyarlarca dolar harcamak yerine, mandaya milyonlar harcamak daha akıllıcadır!"

Amerikan senatosunun manda planına göre, Türkiye'ye beş yıl içinde 757 milyon dolar verilecek, 60 bin Amerikan askeri gelecek, ihtiyaca göre asker sayısı 200 bine çıkarılacaktı.

Veliaht Abdülmecid, Amerikancı'ydı. Kendisini ziyaret eden İngilizlere açıkça söylüyordu.

"Politikadan tamamen uzağım. Sanat ve edebiyatla uğraşıyorum. Kuvayı Milliye'yle hiçbir alakam yok. Anadolu'da giriştikleri hareket hainice, delice ve gaddarcadır. Türkiye Amerikalılara bırakılmalıdır" diyordu!

Karakol Cemiyeti'nin lideri Kara Vasıf bey de öyleydi. Amerikancılıktan başka yol göremiyordu!

"Mandayı kabul edelim, koşullarını sonra konuşuruz. 500 milyon lira borcumuz var, tek kuruş paramız yok. Ordumuz yok. Amerikan muavenetine mecburuz," diyordu.

Ahalinin "manda" kelimesinden rahatsız olduğunu bildikleri için, akıllarınca algıyı yönlendiriyor, "manda" kelimesinden uzak duruyor, "muavenet" kelimesini kullanıyorlardı.

Bağımsızlığımızdan vazgeçmiyoruz, sadece "yardım" alacağız demeye getiriyorlardı!

Manda'nın en ateşli savunucularından biri Halide Edip'ti. Hatta başı çekiyordu.

"Milli onurumuzdan taviz versek bile Amerikan mandasını kabul etmekten başka hal çaremiz olmadığını" savunuyordu!

*

Halide Edip, 37 yaşındaydı.
İstanbul'da doğmuştu.
Üsküdar Amerikan Lisesi'nden mezun olmuştu.Öğretmenlik, çevirmenlik yapıyordu.
Gazetelerde makale yazıyordu.
Kadın hakları mücadelesi nedeniyle yobaz çevrelerin hedefi olmuş, 31 Mart dinci ayaklanması sırasında Mısır'a kaçmak zorunda kalmış, bir süre İngiltere'de yaşamıştı.

İki oğlunun babası olan ilk eşinden boşanmış, doktor Adnan Adıvar'la nikahlanmıştı, Karakol Cemiyeti'nin gizli üyelerinden biriydi.
İzmir'in işgalini protesto mitinglerinde öne çıkmış, Anadolu'ya geçerek, milli mücadeleye katılmış, sembolik onbaşı rütbesiyle, Mustafa Kemal'in karargahında yeralmıştı.

Mustafa Kemal'le birlikte hakkında "idam" fermanı çıkarıldı.
İstiklal Madalyası aldı.

Ancak, Cumhuriyet'in ilanından sonra fikir ayrılığına düştü. 1926 yılında Türkiye'den ayrıldı.
İngiltere'ye gitti, dört yıl İngiltere'de, 10 yıl Fransa'da, toplam 14 yıl yurtdışında yaşadı, Oxford, Cambridge, Sorbonne üniversitelerinde konferanslar verdi, ABD'ye gitti, Columbia, Yale, Illinois, Michigan üniversitelerinde konferanslar verdi.

Mustafa Kemal vefat edene kadar Türkiye'ye dönmedi.

1939 yılında geldi.
İstanbul Üniversitesi'nde İngiliz Filolojisi bölümünü kurdu.
10 yıl kürsü başkanlığını yürüttü.
1950 seçimlerinde Demokrat Parti'den aday oldu.
İzmir milletvekili oldu.

1962 yılında...
"*Türk'ün Ateşle İmtihanı*"nı yayınladı.
Kurtuluş Savaşı'nda yaşadıklarını anlattı.

Aslında bu kitabını ilk kez 1928 yılında Amerikan dergisi *Asia*'da "Türk'ün Sıkıntılı Mücadelesindeki Payım" adıyla, İngilizce olarak, dizi yazı şeklinde yayınlatmıştı.
1962 yılında Türkiye'de kitap olarak yayınladı.
"*Türk'ün Ateşle İmtihanı*" adını kullandı.

Türk edebiyatının efsane yazar ve çevirmenlerinden Vedat Günyol, Halide Edip'in asistanıydı... 2002 yılında verdiği röportajında, "*Türk'ün Ateşle İmtihanı*" hakkında şunları söyledi...

"Paris'te doktoramı yaparken tanıştık. Türkiye'ye döndükten sonra Halide Edip'in asistanlığını yaptım. *Türk'ün Ateşle İmtihanı*'nın İngilizceden Türkçeye çevirisini beraber yaptık. O dikte ediyor, ben yazıyordum. Hastalandı, 'Vedat sen tercüme edip bana getir' dedi. O günden itibaren ben tercüme ettim. Bölüm bölüm tercüme edip getiriyordum, Halide Edip son düzeltmeleri yapıyordu. Kitabın İngilizce baskısında Atatürk aleyhinde yazdığı yerler vardı, Türkçeye çevirirken o bölümleri almadı, yani o bölümleri kendisi sansürledi."

Bu enteresan iddianın bugüne kadar hiç tartışılmamış olması, bence daha da enteresan...

Halide Edip Adıvar, *Türk'ün Ateşle İmtihanı*'nın İngilizce orijinal metninde Atatürk aleyhine neler yazmıştı? Türkçeye çevirirken hangi bölümleri sansürledi? Neden?

Ben gazetecilik görevimi yaptım, Vedat Günyol'un iddiasını gündeme getirdim, bundan sonrasına cevaplar bulmak tarihçilerin görevi...

İsmet İnönü'ye göre "manda" kavramı "yaldızlı hap"tı. Yaldızlarla süsleyip, hapı yutmamızı istiyorlardı.

Amerikancılar Erzurum Kongresi'ne bütün güçleriyle abandılar ama, netice alamadılar, son umutları Sivas Kongresi'ydi.

Mustafa Kemal kestirdi attı...
"Tutturmuşlar bir Amerikan mandası gidiyor.
Bu asla olmayacak.
Amerikalılar bizim kara gözlerimize mi aşık?
Amerikan mandası diye çırpınanlar, bu millete inanmayanlardır.
Tek tepe, tek kurşun kalıncaya kadar mücadele edeceğiz" dedi.

"Ya istiklal ya ölüm" dedi!

İstanbul'un fethi törenleri yasaklanırken...
İstanbul'da Fransız devriminin yıldönümü kutlandı.

Türk milleti katledilirken, İstanbul'daki Fransız askerleri "Liberté, Egalité, Fraternité", yani "özgürlük, eşitlik, kardeşlik" sloganlarıyla Taksim'de resmi geçit yapıyordu.

Topraklarımızı işgal ederek, özgürlüklerini kutluyorlardı!

Turquoise adındaki Fransız denizaltısı, Çanakkale Savaşı sırasında Kilitbahir'de su yüzüne çıkmış, Müstecip onbaşı tarafından farkedilerek, top atışıyla kulesinden vurulmuş, periskobu parçalanmış, karaya oturmuş, mecburen teslim olmuştu.

Müstecip onbaşı, dünya savaş tarihinde karadan atılan top'la denizaltı esir alan ilk ve tek kişiydi.

Komutanı ve 28 mürettebatıyla birlikte savaş ganimeti olarak ele geçirilen bu denizaltı, Haliç Tersanesi'ne getirilmiş, Fransızca ismi silinmiş, Müstecip Onbaşı adı verilmişti.

İşte bu manevi değeri çok yüksek olan ganimet denizaltı, Fransız devriminin yıldönümü vesilesiyle, jest olarak, Fransa'ya törenle geri verildi!

Top mermisi bile atmaya gerek duymamışlardı.
Saray tam teslimdi.

Mustafa Kemal henüz Havza'dayken, İngiliz istihbaratı İstanbul'da sürpriz operasyon düzenledi, Rumelifeneri Camisi basıldı.
Teravih namazı kılan Hacı Şakir kaptan tutuklandı.

Ahali ne olduğuna anlam verememişti...
Halbuki anlamı açıktı.

İstanbul'dan Anadolu'ya silah kaçırılmaya başlanmıştı.
Bunu organize edenlerden biri Hacı Şakir'di.

İnebolu trafiği devreye girmişti.

İtalyanlar, Muğla'yı işgal etti.

Halka şirin görünmeye çalışıyorlardı.
Milas yolunu, Marmaris yolunu tamir ediyorlardı.
Köylere doktorlar gönderiyor, ilaç veriyorlardı.
Banca di Roma şube açmıştı...
Köylüye uygun şartlarda kredi sağlıyorlardı.
Gemilerle un, şeker, yağ getirmişlerdi.
Yoksullara ücretsiz gıda kolisi dağıtıyorlardı.
İşgalciden ziyade "koruyucu" gibi görünmeye çalışıyorlardı.

Bu taktikleriyle Kuvayı Milliye'yi kendilerinden uzak tutuyorlardı.
Vuruşmuyor, kayıp vermiyorlardı.

Yunan hakimiyetindeki bölgede ise kan gövdeyi götürüyordu.

Kınık'ta çarpışma oldu, Yunan püskürtüldü.
Akhisar'da çarpışma oldu, Yunan ağır kayıp verdi.
Birgi'deki çatışma aralıksız dokuz saat sürdü.
Kuvayı Milliye'nin vur kaç yapmak yerine, böylesine uzun süreli çatışmaya girebilmesi, Yunan ordusunda panik yaratıyordu.
Söke'de, Ödemiş'te, Tire'de Yunan karakolları basıldı.

Anadolu topraklarında güle oynaya yürüyeceklerini zannedenler, sert kayaya çarpmıştı, Yunanistan'dan acilen takviye birlikler getirmeye başladılar.

Atina'da suçlu arama krizleri yaşanıyordu...
Yunan işgal kuvvetleri komutanı habire değiştiriliyordu.

Ege'de santim santim toprak mücadelesi verilirken...
Saray emlak fermanı çıkardı.
Boğaziçi kıyılarında yabancıların arazi almalarına izin verdi.

Silaha, cephaneye gerek yoktu.
Parayı bastıran, toprağı alıyordu!

Mustafa Kemal, Diyarbakır ve Bitlis'teki bazı aşiret reislerine mektuplar gönderdi, milli mücadeleye katılmaya davet etti.

35 yaşındayken Diyarbakır'a atanmış, paşa olmuştu.
Bitlis'i, Muş'u düşman işgalinden kurtarmıştı.
Bölgeyi çok iyi tanıyordu.
Van Gölü'nden başlamış, Sason, Mutki, Silvan, Garzan, Malabadi, Kulp, Dargeçit, Midyat, Palu, Hizan, Savur, Mardin, Siirt, Bingöl, Elazığ, Diyarbakır... Bölgede basmadık yer bırakmamıştı.
Aşiret reisleriyle kişisel dostluğu vardı.

Sivas'a gitmek üzere yola çıktı.
Gene hurda bir otomobil bulabilmişlerdi.
Tavanı örten körükleri yırtıktı.
Yağmur yağarsa, fenaydı...
Yağmasın diye dua ediyorlardı.

Bir pınar başında mola verdiler.
Acıkmışlardı.

Mazhar Müfit o an'ı yıllar sonra bile iştahla anlatacaktı:
"Kut-u layemut (ölmeyecek kadar yiyerek) yaşıyorduk.
Nevalemiz peynir, zeytin, kuru ekmekten ibaret azıktı.
Subaşında köylülere rastladık.
Torbalarından çıkarıp kuru soğan ikram ettiler.
Öyle lezzetliydi ki..."

Suşehri yakınlarına geldiklerinde hava karardı.
Geceyi ormanda geçirdiler.
Kafileye nöbet taksimi yapıldı.
Ayrıcalıktan hoşlanmıyordu...
Geceyarısı 3-5 nöbetini bizzat Mustafa Kemal tuttu.

Dürzi isyanı, 31 Mart vakası, Arnavutluk isyanı, Trablusgarp savaşı, ikinci Balkan savaşı, Çanakkale savaşı, Doğu cephesi çarpışmaları, Suriye-Filistin cephesi vuruşmaları...
23 yaşından beri bunca badireyi atlatan milli mücadele lideri, işte şimdi "vatan" için nöbetteydi.

Sivas Kongresi toplandı.
Kurban bayramıydı.

Sivas'ta az daha suikasta uğrayacaktı.

Malatya'dan gönderilen şifreli telgrafla farkettiler.
Takibe başladılar.
Şehre otomobille üç kişi gelmişti.
Afyon Oteli'ne yerleşmişlerdi.
Ellerinde ağır bir bavul vardı, itinayla taşıyorlardı.
Lobide durduruldular.
Kimlikleri soruldu.
Önce mırın kırın ettiler...

Kuvvacılar elini beline atınca, mecburen kimliklerini çıkardılar.
Biri heyecandan iki kimlik çıkarıverdi.
Hem memur, hem tüccar görünüyordu.
Kuvvacılar tabancaları çekti...
Ağır bavul, kenarından bıçakla kesildi.
18 adet el bombası çıktı!

Sorguda itiraf ettiler.
Kongre binasında patlatacaklardı.

Her şey Sivas'ta bitebilirdi.

İngiliz casusu binbaşı Noel, Malatya'ya geldi.
Kazım Karabekir "derhal tutuklayın" emri gönderdi.
Ama, Malatya'daki askeri yetkililer cesaret edemedi.
Kazım Karabekir'in emrine rağmen tutuklayamadılar.

İstanbul hükümeti, binbaşı Noel'e postanelerde kullanması için özel şifre vermişti. Türk subayların bile şifreyle mesajlaşması yasakken, İngiliz casusu şifreli telgraf çekebiliyordu.

Padişahın sarayı, casusun mesajlarını koruyordu.

Mustafa Kemal, telgraf başındaydı.
Malatya'dan gelen haberleri anbean takip ediyordu.

Noel'in organize ettiği Kürt aşiretler, Raka Köyü'nde toplanmıştı.
Aşiretlere bu iş için 20 bin lira dağıtılmıştı.
Önce topluca Malatya'ya saldırıp yağmalayacaklar...
Sonra Sivas'a yürüyüp, Mustafa Kemal'i öldüreceklerdi.

Elebaşı Noel'di ama, aslında sarayın komplosu'ydu.

Sadrazam Damat Ferit, Elazığ valisi Ali Galip'i görevlendirmişti.
Noel, aşiretleri organize edecek...
Başlarına Ali Galip geçecekti.
Sivas'ın üstüne yürüyüp, Mustafa Kemal'i öldürdüklerinde, Noel'in adı geçmeyecek, Elazığ valisi halletmiş gibi görünecekti.
İşin sonunda ödül olarak "paşa" yapılacaktı.

Para karşılığında İngiliz tetikçisi olan aşiretler de, güya padişahına, devletine bağlı, yurtseverler olarak gösterilecekti.

Damat Ferit'le Kürt Teali Cemiyeti arasında anlaşma yapılmıştı.
Mustafa Kemal ortadan kaldırılınca, saltanata ve halifeye bağlı kalmaları koşuluyla "özerk Kürdistan"a izin verilecekti.

Tüm bunlardan haberi olan Mustafa Kemal, pozisyon almıştı.
Sivas'ı basmaya hazırlanan aşiretler, Malatya'da basıldı.
Çil yavrusu gibi dağıtıldılar.

Casus Noel ve Ali Galip son saniyede Halep'e kaçmayı başardı.

*

Binbaşı Noel'in maşa olarak kullandığı Kürt aşiretler, efsane İngiliz casus Gertrude Bell'in ektiği tohumlardı.
Gertrude Bell, Oxford mezunuydu.

Türkçe, Arapça, Farsça, Kürtçe dahil,
yedi lisan biliyordu.
Çok güzel bir kadındı.
Kızıl saçlı, yeşil gözlü, narin yapılıydı.

Arkeolog kimliğiyle Mezopotamya'yı karış karış gezdi.
Aşiretleri örgütledi.
1919'da Paris Konferansı'na delege olarak katıldı.
Haritaladı...
Kürt, Arap, Türkmen bölgelerine ayırdı.
Bugünkü Irak'ın sınırlarını elleriyle çizdi.
Bir de kukla kral buldu...
Faysal'ı Irak tahtına oturttu.

Araplar ona "çöl kraliçesi" diyordu.
Hiç evlenmedi.
Aşıktı aslında... Binbaşı Charles Doughty-Wylie'ye aşıktı.
Talihsizliğe bakın ki, binbaşı evliydi.
Gizli gizli mektuplaşıyorlardı.
Gizli gizli buluşuyorlardı.
Ama, binbaşı eşinden boşanmıyordu.
Gertrude bunalıma giriyordu.

Binbaşı Wylie, Çanakkale Savaşı'nda öldü.
Gertrude'un kişisel Türk nefreti işte böyle başladı.
Sevgilisi ölünce kendini Kahire'ye attı.
İngiliz gizli servisinin Arap bürosuna katıldı.

1926 yılında intihar etti.
58 yaşındayken aşırı dozda uyku hapı alarak,
kendi canına kıydı.
Bağdat'ta İngiliz mezarlığına gömüldü.

Kendini öldürmeden önce, gene arkeolog kimliğiyle
defalarca Anadolu'ya geldi. Memlekette adeta cirit

attı. Diyarbakır, Adana, Konya, Kayseri, Kapadokya... Cudi'ye bile tırmandı. Kürt köylerini listeledi, hangi aşiret devletten yanadır, hangi aşiret ihanete müsaittir, şeceresini çıkardı, haritalar çıkardı.
Antakya'ya gitti. Karkamış'ta kazı yaptı.
Ahalinin etnik kökenini, mezheplerini raporladı.
Elyazısıyla 16 günlük, iki bin mektup, yedi bin fotoğraf bıraktı.
"Manevi oğlum" dediği biri vardı.
Yarbay Thomas Edward Lawrence...
Namı diğer, Arabistanlı Lawrence!

Lawrence'i evlat yetiştirir gibi yetiştirmiş, yol yordam göstermiş, akıl hocalığını yapmış, nüfuzlu kişilerle tanıştırmıştı.
Arabistanlı Lawrence, kendisinden 20 yaş büyük olan bu kadın için "annemden farksız, bildiğim her şeyi ondan öğrendim" diyordu.

Binbaşı Noel'in kullandığı aşiretler, işte bu Gertrude'un yıllarca parayla, vaatle, dantel gibi işlediği vatan hainleriydi.

Sivas Kongresi bunca badireye rağmen sağ salim tamamlandı.
Tam Ankara'ya gitmek üzere yola çıkacaklardı ki...
Mustafa Kemal'in karşısına bir kadın dikildi.

Esmerdi.
Kara kaşlı kara gözlüydü.
Simsiyah elbise giymişti.
Simsiyah pantolon giymişti.
Çizmeleri simsiyahtı.
Tüfeği simsiyahtı.
Kemerinde simsiyah kama vardı.

Kamçısı simsiyahtı.
Atı bile simsiyahtı.

34 yaşındaydı.
Erzurumlu'ydu.
Binbaşı eşini Sarıkamış'ta kaybetmişti.

Erzurum Kongresi'nde denk getirememiş, üç gün at sürerek Sivas Kongresi'ne gelmiş, yolunu gözleyip Mustafa Kemal'in karşısına dikilmişti.
"At binerim, silah atarım, bana iş ver" demişti.

Fatma Seher'di.

Tarihi sıfatını Mustafa Kemal taktı.
"Keşke bütün kadınlar senin gibi olsa Kara Fatma" dedi.

Elinin hamuruyla erkek işine karışmasın filan gibi cinsiyetçi yaklaşımlar, Mustafa Kemal'in ciddiye bile almadığı kavramlardı.
Kadının insandan bile sayılmadığı dönemlerdi ama, Mustafa Kemal için kadın veya erkek ayrımı yoktu. Yürek var mı, ona bakıyordu.

Kendi el yazısıyla görev pusulası yazdı, imzaladı.
"İstanbul'a git, Üsküdar'da kuvvacı albay Neşet bey'i bul, bu pusulayı ona ver, ne yapman gerektiğini sana söyler" dedi.

Gitti İstanbul'a Kara Fatma...
Neşet bey'i buldu.
İzmit bölgesinde görevlendirildi.

Aralarında kendi kızının da bulunduğu 15 yurtsever kadınla milis müfrezesi kurdu. İki ay geçti... Emrindeki milislerin sayısı 700'e yaklaşmıştı. 43 kadın, 600 küsur erkeğin komutanıydı.

Sadece kara gözlü değildi.
Gözükara'ydı.

İnönü'de, Sakarya'da çarpıştı.
Yanındaki kadınların 28'i şehit düştü.
Kızı elinden vuruldu, iki parmağı koptu.
Kendisi de sağ kolundan yaralandı.

Bir ara cephane sandıklarını naklederken yakalandı,
esir düştü.
19 gün işkence gördü, kaçmayı başardı.

Büyük Taarruza katıldı.
9 Eylül'de İzmir'e giren süvarilerin arasındaydı.

Milis çavuşu rütbesiyle başladı.
Üsteğmen olarak emekliye ayrıldı.
İstiklal Madalyası aldı.

Maaş bağlanmasını kabul etmedi.
Emekli maaşını Kızılay'a bağışladı.

Herhangi bir kişisel menfaat peşinde koşmadı, köşesine
çekildi.
İzi kayboldu.
Yıllar içinde dara düştüğü, kimseye haber vermediği,
evsizlere yardım eden Galata'daki Rus manastırına sığındığı
ortaya çıktı.
Yalvar yakar zorla ikna edildi, Darülaceze'ye alındı.

Bu kahraman kadın Amerikalı veya İngiliz olsaydı,
yaptıklarının yüzde birini bile yapsaydı, eminim
Hollywood'da yüz tane filmi çekilirdi, bütün dünya tanırdı,
örnek olurdu, rol model olurdu, hakkında kitaplar yazılır,
okullarda ders olarak okutulurdu.

Türkiye'de bu yönde çaba harcayan kişi veya kurum olmadığı için, maalesef, uğruna hayatını ortaya koyduğu kendi milleti bile tanımadı.

1955'te vefat etti.
Bir küçücük mendil bohçasından başka eşyası yoktu.
Açtılar...
İstiklal Madalyası ve Mustafa Kemal'in kendisine hediye ettiği gümüş sigara tabakası çıktı. Sadece onları saklamıştı.

Sivas'tan yola çıktılar.
Artık Ankara'ya gidilecekti.
Ama gene para yoktu.

Osmanlı Bankası'ndan bin lira borç aldılar.
Bankanın adı Osmanlı'ydı, müdür Alman'dı.
Borca karşılık senet imzaladılar.

Benzin yoktu, lastik yoktu.
Sivas'ta sadece Amerikan Kızlar Koleji'nde otomobil vardı.
Bizimkilerin kendi memleketinde yiyecek ekmeği bile yokken, Amerikalılar Anadolu'nun göbeğinde her türlü imkana sahipti.
Ermeni tehcirinde sahipsiz kalan kız çocuklarını okutuyorlardı.

Okulun müdiresi Mary Louise Graffam'a başvurdular.
"Elbette, ne lazımsa derhal veririz, lütfen bunları hediye olarak kabul ediniz, ısrar etmeyiniz, asla para kabul etmeyiz," dedi.
Altı teneke benzin, iki çift lastik aldılar.

"Hediye"yi öğrenen Mustafa Kemal itiraz etti.
"Şimdi para almıyorlar ama sonra arkamızdan konuşurlar,

cebren aldı derler, vesika tanzim edin, alınan malzemelerin listesini yazın, ısrarımıza rağmen para almadıklarına dair elimizde vesika bulunsun, ne olur ne olmaz, imzalayalım, müdire hanım da imzalasın" dedi.

Mazhar Müfit tekrar okula gitti.
Bu belge iki taraflı imzalandı.

*

Mary Louise Graffam...
48 yaşındaydı.
Massachusetts'te din eğitimi almıştı.
1901 yılında Osmanlı'ya misyoner olarak gönderilmişti.
18 yıldır Sivas'taydı.

Sivas Amerikan Kızlar Koleji'nde müdürdü.
Aynı zamanda matematik öğretmeniydi.
Türkçe, Ermenice ve Fransızcayı akıcı konuşurdu.
Bağımsız Ermenistan'ın en ateşli savunucularından biriydi.

1915'te Ermeni tehciri sırasında sınırdışı edildi.
Sadece bir ay sonra Sivas'a geri döndü.
Ortada kalan Ermeni çocuklarına sahip çıktı.
Okulunda barındırdı, eğitti.
Tehcir sırasında hastalıktan veya Kürt aşiretlerin saldırısı sonucu hayatını kaybeden Ermenilerin öykülerini kaleme aldı.
Soykırım iddiasına kaynak oluşturan mektuplar bıraktı.

1921'de kanserden öldü, Sivas'ta toprağa verildi.
Ermeni diasporası tarafından "soykırım kurbanı" ilan edildi.

Anzavur Ahmet ortaya çıktı.
Kuvayı Milliye'ye karşı icat etmişlerdi.

Osmanlı ordusunda jandarmaydı, alaylı subaydı.
Okuma yazması bile yoktu.
Güya dindardı. Ama, paraya tapıyordu.
Yolsuzluktan Konya'ya sürülmüş, emekli edilmişti.
Anzavur, lakabıydı.
Kinci, gaddar manasına geliyordu.
Çevresinde korkulan biriydi.

Damat Ferit'in önerisiyle, topraklarımızı işgal eden İngilizler tarafından parayla kiralandı, Vahdettin tarafından "paşa" yapıldı.
Kuvayı Milliye'nin üstüne salındı.

İngilizler kesenin ağzını açmıştı.
Anzavur'a top verdiler, makineli tüfek verdiler.
Cephane verdiler, at verdiler.
Piyade yazılana 15 lira, süvari yazılana 30 lira, teğmen yazılana 60 lira, alay komutanı yazılana 150 lira aylık maaş ödüyorlardı.

Vatana ihanet tarifesi buydu!
İki yıl boyunca 1 milyon 250 bin liradan fazla para ödediler.

Anzavur aldığı paranın hakkını verdi.
Kuvayı Milliye'ye vahşice saldırdı.
Çatışmalarda yaralanarak esir düşen kuvvacıları idam ediyordu, kafalarını kestiriyordu, cenazeleri ayaklarından atların arkasına bağlatarak, sokaklarda gezdirtiyor, parçalatıyordu.

Bu vahşeti din-iman'a bağlıyordu.
"Göğsümde iman, başımda Kuran, Kuvayı Milliyecilerin hepsini keseceğim, bunları öldürmek farz ve vaciptir" diyordu.

İngilizlerin ödediği parayla kesesini doldururken, "Kuvayı Milliye sırf kendi keselerini doldurmak için yapılan eşkıya hareketidir" diyordu.

"Kuvayı Milliyeciler ırz düşmanıdır, bastıkları yerlerde kadınları, kızları çırılçıplak hamamlara dolduruyorlar, namusumuz tehlikede" diyordu.

Yunan ordusuyla ortak harekat düzenliyordu.
Her girdiği köyde işgalci propagandası yapıyor, "Yunanlılar bizim dostumuzdur, onlara silah çekmek küfürdür, isyandır" diyordu.

Sıkıştığında, ya Yunan bölgesine, ya İngiliz bölgesine kaçıyordu.
1921'e kadar bu ihanetini sürdürecekti.

İran şahı Muhammed Ali Kaçar, İstanbul'a geldi.

İngiltere'yle kredi anlaşması imzalamıştı.
Parayı almış, kelimenin tam manasıyla "kukla" haline gelmişti.
Bu anlaşmayı kutlamak (!) üzere Londra'ya davet edilmişti.
Geçerken İstanbul'a uğramıştı.
Kendisi gibi "kukla" durumundaki Vahdettin tarafından ağırlandı.

Birbirlerine şeref (!) madalyaları takdim ettiler.
Vahdettin, İran heyetindeki bakanlara nişanlar taktı.
Şah da bizim saray memurlarına nişanlar taktı.
Hem gülünç, hem acıklı bir tabloydu.

Bu ruhen zavallı Padişah ve Şah...
Bir dahaki sefere, Sanremo'da buluşacaklardı!

Vahdettin, İngiliz gemisiyle kaçacak...
Şah, sürgüne gönderilecekti.

Ve kadere bakın ki...
İkisi de Sanremo'da vefat edeceklerdi.

Ahmet Sunusi, İstanbul üzerinden Anadolu'ya geçti.
Libyalı mücahitti.
Sunusiye tarikatının şeyhiydi.
İtalyan işgali sırasında Osmanlı saflarında vuruşmuştu.
Mustafa Kemal'le Derne'de tanışıp, dost olmuşlardı.
Ömrü boyunca para yerine daima insan biriktirmeyi tercih eden Mustafa Kemal'in, gönül kumbarasındaki isimlerden biriydi.
Vefa borcunu ödemeye gelmişti.

"Genel vaiz" olarak görevlendirildi.
Diyarbakır, Urfa, Elazığ, Mardin, karış karış dolaştı.
İngiliz etkisindeki Kürt aşiretlerine karşı faaliyet gösterdi.
Kuvayı Milliye'nin "cihat" olduğunu anlattı.
Saray'ın hilafet propagandasını kırdı.
Sivas'a gitti, Konya'ya gitti.
İngiliz maşası tarikatlara karşı mücadele etti.

Şeyh Eşref ayaklanması patladı.

Bayburt'ta yaşayan, kerameti kendinden menkul bir yobazdı.
Kendisinin kutsal bir varlık olduğunu iddia ediyordu.
Vücuduna kurşun işlemediğini iddia ediyordu.
Kendisine biat etmeyen herkesin kafir olduğunu söylüyordu.

400 kadar silahlı müridi vardı.
Askerleri pusuya düşürüyor, katlediyordu.
Erzurum'un üzerine yürümeye kalkıştı.

Bastırılması için yarbay deli Halit görevlendirildi.
Bana kurşun işlemez diyen meczup, ilk top atışında öldü.

Mustafa Kemal, yüzünü Fransız işgal bölgesine döndü.
Urfa, Antep ve Maraş'ı örgütlemeye başladı.

Dantel gibi işliyordu.
Güney direnişini isim isim, bizzat belirledi.

Kılıç Ali (Üsteğmen Asaf) Antep'e
Yörük Selim (Yüzbaşı Salim) Maraş'a
Kozanoğlu Doğan (Binbaşı Doğan) Adana'ya
Aydınoğlu Tufan (Yüzbaşı Osman Nuri) Adana'ya
Polat Paşa (Yüzbaşı Kamil) Antep'e
Tekelioğlu Sinan (Yüzbaşı Ratip) Adana'ya gönderildi.

Konya'dan havalanan bir haberleşme uçağımız, Fransız işgal bölgesinin üzerinde uçarak, halkı ayaklanmaya çağıran bildiriler attı.

Maraş'ta ilk kıvılcımı çakmakçı çaktı.

Fransız üniforması altındaki Ermeni askerlerden biri, hamamdan çıkan Türk kadınlarına sarkıntılık etti, peçelerini yırttı.
"Çakmakçı" lakaplı Sait, yumruğuyla saldırdı.

Çakmakçılık mesleğiydi. Sigara çakmağı değil... Çakmaklı tüfeklerin mekanizmasını tamir eden kişilere "çakmakçı" deniyordu.

Göğsüne ateş ederek öldürdüler.
Henüz 22 yaşındaydı.

Çakmakçı'yla birlikte saldıran Gaffar Osman'ı yaraladılar.

Sütçü İmam, süt satan, 40 yaşlarında bir adamdı.
Lakabı mesleğiydi, ismi İmam'dı.
Tabancası vardı.
Çekti belinden...
Sait'i vuran Ermeni askerini öldürdü.
Kaçtı.

*

Çakmakçı Sait, Sütçü İmam... 1950'den itibaren Türk siyasetine hakim olan muhafazakar iklim nedeniyle, bu iki cesur yürekli vatan evladından, maalesef sadece biri kahramanlaştırıldı.

Aynı direnişi göstermelerine rağmen, çakmakçı Sait unutuldu.
Din adamı kimliğine vurgu yapılarak, sütçü İmam yüceltildi.

Halbuki... İmam elbette namazında niyazında dinibütün bir insanımızdı ama, mesleği imamlık değildi, sütçüydü.
Maraş'ın kurtuluşundan sonra belediyede odacı olarak işe alındı, ramazanda ve milli günlerde Maraş Kalesi'ndeki topu kullanıyordu.

Abdülmecid efendi halife ilan edilince, 101 pare top atışına karar verildi, bu atışlar sırasında topun namlusu fazla ısınmaktan havaya uçtu, sütçü İmam ağır yaralandı, altı gün sonra hastanede vefat etti.

Milli mücadelenin bu yiğit insanı, sırf ismi İmam olduğu için, sırf dini figür çağrıştırdığı için, hem şehit olan çakmakçı Sait'in önüne geçirildi, hem de şehit gazeteci Hasan Tahsin'in yerine ilk kurşun'u atan kişi gibi gösterilmeye çalışıldı.

Sütçü İmam'ın fotoğrafı da yoktur.
Sütçü İmam haberlerinde kullanılan "sarıklı" fotoğraf, aslında Sütçü İmam'ı hiç görmeyen bir ressam tarafından yıllar yıllar sonra yapılmış hayali-temsili resimdir.

Maraş'ta bu ilk kıvılcım çakılınca...
Fransız işgal komutanlığı frene bastı.
Ermeni askerleri derhal kışlaya geri çekildi.
Onların yerine iki bölük Cezayirli sömürge askeri getirildi.

Akılları sıra, Ermeni askerleri yerine Müslüman askerler devriye gezince, Maraş'taki direnişin ortadan kalkacağını düşünüyorlardı!

Agop Hırlakyan...
Maraş'ın en zengin tüccarıydı.
Ermeni milliyetçisiydi.
Fransız işgal kuvvetleri komutanını şehrin girişinde davul zurna çaldırarak karşılamış, yerlere kadar eğilerek malikanesine davet etmişti.
İşgal şerefine (!) müzikli-danslı balo tertiplemişti.

İçkinin su gibi aktığı baloda, Fransız işgal kuvvetleri komutanı, Hırlakyan'ın torunu Helena'yı dansa kaldırmak istedi.

Helena reddetti... "Beni mazur görün lütfen, şehrimizin kalesinde Türk bayrağı dalgalandığı sürece, sizinle dans edemem" dedi.

Fransız komutan, mahzun (!) Helena'yı mutlu etmek için derhal emir verdi... Maraş Kalesi'ndeki Türk bayrağı sökülürcesine indirildi.

Ertesi gün, cuma'ydı.
Ulu Cami'nin yurtsever imamı Rıdvan hocaydı.
"Kalesinde kendi milletinin bayrağı dalgalanmayan, hürriyeti olmayan memlekette cuma namazı kılınmaz" dedi.

Ezan okundu...
Halk kaleye saldırdı.

Fransız askerleri şaşkınlıktan tepki bile gösteremedi.
Halkla bir anda yüzyüze geliverince, donup kalmışlardı.
Fransız bayrağı indirildi.
Türk bayrağı yerine dikildi.

Cuma namazı, kalede kılındı.

Kahraman Maraş halkının yüreği hazırdı...
Organize direniş için Kuvayı Milliye'yi bekliyordu.

Agop Hırlakyan...
Maraş'ın kurtulduğu gün kaçmaya çalışırken, öldürülecekti.

Antep'te de trajik olaylar yaşanıyordu.
İşgal askerleri sokakta gördükleri kadınlara bulaşıyordu.
Elle sarkıntılık ediyorlardı.

Mehmet Kamil henüz yedi yaşındaydı.
Annesine musallat oldular.
Kaptı yerden taşı, Fransız askerinin suratına patlattı.

Önce kısa süre şaşkınlık yaşadılar...
Sonra süngüyle delik deşik ettiler Mehmet Kamil'i.

İnfial çıktı.
Fransız işgal komutanı, ortalığı yatıştırmak istedi.
"Çocuğun babasını bulun bana" dedi.
Ökkeş'i bulup getirdiler. Az önce evladını toprağa vermişti.
Fransız komutan "sana söz veriyorum, bu cinayeti işleyen disiplinsiz askerler her kimse mutlaka bulup cezalandıracağım" dedi.
Kan parası teklif etti.

Ökkeş'in cevabı, Kuvayı Milliye'nin cevabıydı...
"Oğlumun cenazesi satılık değil. Oğlumu öldürdünüz, intikamını milletim alacak" dedi.

İhanet moda'ydı.
İngiliz'den parayı kapan, cemiyet kuruyordu!

İstanbul'da Askeri Nigehban Cemiyeti türemişti.
Askeri gözcü, vatanın bekçisi manasına geliyordu.
Hırsızlık gibi, ahlaksızlık gibi adi suçlardan veya yeteneksizlik yüzünden ordudan atılmış olan yaşlı subaylar tarafından kurulmuştu.

Yani...
Hırsızlar ahlaksızlar "vatanın bekçisiyiz" diyorlardı!

Padişah yanlısıydılar.
Elbette Kuvayı Milliye'ye karşıydılar.
"Kızıl Hançerler" imzalı bildiriler dağıtıyorlardı.

E, bu kadar çok sayıda satılık-kiralık tiplerin varlığını görünce, Osmanlı İmparatorluğu'nun çökmesine hayret edilmemeliydi.

İstanbul'a Türk savaş esiri taşıyan gemiler gelmeye başlamıştı.

Rusya'dan, Hindistan'dan, Mısır'dan, Romanya'dan...
Binlerce esirimiz geri dönüyordu.

Gelir gelmez, önce evlerine gidiyorlar, eşleriyle çocuklarına sarılıp hasret gideriyorlar, hemen ertesi sabah vedalaşıp, Anadolu'ya geçiyorlardı.

Kimdi bu insanlar?

Birinci Dünya Savaşı'nda esir düşen askerlerimizdi.

Sina'dan Galiçya'ya, Kafkasya'dan Yemen'e, aynı anda on cephede birden savaşan Osmanlı İmparatorluğu, vatan evlatlarını dünyanın dört bir yanında kaderine terketmişti.

950 bin evladımız hayatını kaybetmiş, bir milyon evladımız yaralanmış, 360 bin evladımız esir düşmüştü.

Arap çöllerine yolladığımız evlatlarımız esir alınmış, haritadaki yerini bile bilmediğimiz Asya ücralarına gönderilmişti.
Kuzey Buz Denizi'nde bile esir Türk vardı.

*

En çok esiri İngiltere'ye vermiştik.
135 bin evladımız İngiltere'nin elindeydi.

Bağdat'taki kamplarda toplayıp, trenle veya gemiyle Hindistan'a Burma'ya, bugünkü adıyla Myanmar'a göndermişlerdi.
Demiryolu inşaatında çalıştırıyorlardı.

400'er kişilik ilkel barakalarda kalıyorlardı.
Sıtma ve ishal en sık görülen hastalıklardı.
Koleradan ölen öleneydi.

Ama en ciddi rahatsızlık, sinirsel ve zihinsel hastalıklardı.
Katlanması çok güçtü, çıldıranlar vardı.
İntiharlar yaşanıyordu.

Mektup serbestti.
Ama sadece subaylar okur yazardı.
Türk erlerin okuma yazma oranı yüzde bir'in altındaydı.
Üstelik, mektubun gelmesi üç ay, gitmesi üç ay sürüyordu.
Kamptaki bir esirin yazdığı mektup, önce Londra Savaş Bakanlığı'na gidiyor, kelime kelime inceleniyor, Hilal-i Ahmer'e iletiliyor, Hilal-i Ahmer ailelere ulaştırıyordu.
Dört satır sınırı vardı.
Dört satırdan uzun mektuplar teslim edilmiyordu.
Mektupların yarısından fazlası "alıcı kişi gönderilen adreste bulunamadı" ibaresiyle geri geliyordu...
Kahır, esaretten büyüktü.

*

Mısır'daki esir kampları Kahire ve İskenderiye'deydi.
Nispeten rahattı.
Verem, sıtma ve dizanteri yaygındı. Uzun süre çöl ortamında tutuldukları için, her beş esirden biri göz iltihabına yakalanmıştı.

Kolunu, bacağını, gözlerini kaybetmiş esirler vardı.
Genelkurmay'ın ve TBMM'nin kayıtlarına göre, 15 binden fazla Türk askeri, esir kamplarındaki ameliyatlar sonrasında engelli kalmıştı.

*

Kadın ve çocuk esirlerimiz de vardı.
Hicaz bölgesinde görevli subayların aileleriydi.
229 kadın, 207 çocuktu.

Yedi çocuğumuz, esir kampında dünyaya gelmişti.

Kadın ve çocuklar, Kahire Kalesi'nde tutuluyorlardı.
Ayda bir gün, öbür kamplardaki eşlerini görmeye gidebiliyorlardı.

Aslına bakarsanız, İngiliz hükümeti kadın esirlere "sizi memleketinize gönderelim" teklifinde bulunmuştu... Ama, hiç olmazsa ayda bir gün eşlerini ziyaret edebildikleri için, "memlekete gönderilme" teklifini kabul etmemişlerdi.

Kendilerini kurtarıp, Türkiye'ye dönmediler.
Eşleri serbest bırakılana kadar orada kaldılar.

*

Kıbrıs'ta esir kampı vardı.
Magosa'daydı.
Şartları çok kötüydü.
Maden ocaklarında çalıştırıyor, kereste taşıtıyorlardı.
Sadece kabak ve arpa ekmeği veriliyordu.

Ölüm oranı çok yüksekti.
Menenjit yaygındı.
Firar etmeye kalkışanlar vuruluyordu.

*

Malta'da esir kampı vardı.

*

Irak'ta esir kampları vardı.
Bağdat'ta, Basra'daydı.

Türk esirleri "amele taburları"ydı.
Yol inşaatlarında, taş ocaklarında çalıştırılıyorlardı.

*

İngiltere'den sonra en çok esir verdiğimiz ülke,
Rusya'ydı.
Kafkas cephesi ve Galiçya'da 70 bin esir almışlardı.

Rus ordusunda üniforma giyen Ermeni askerleri,
sırf zevk için, hiç sebepsiz, Türk esirleri kurşuna
diziyordu.

Sarıkamış'ı karantina merkezi yapmışlardı.
Çadırlarda barakalarda tutulan Türk esirleri,
Rus kamplarına dağıtılmadan önce burada
listeleniyordu.

Kuru tahta üzerinde, yataksız, örtüsüz yatıyorlardı.
Tifüs ve dizanteri salgını vardı, müthiş kayıp vardı.
Karantinaya giren esirlerin en az yüzde 10'u
ölüyordu.
Orman kenarına çukurlar kazılıyordu, topluca oraya
atılıyorlardı.

Tiflis kampı, ikinci nakil noktasıydı.
Kuru tahtada yatıyorlardı.
Yatak yok, battaniye yoktu.
10 gün kadar burada kalıyorlardı.

Hazar Denizi'ndeki Nargin adası, sevkiyattan önce
son duraktı.

Adada su kaynağı yoktu.
Bitki örtüsü yoktu.
Sadece yılanlar vardı.
Türk esirler buraya "cehennem adası" diyordu.

Ahşap barakalarda 10 bin esir kalıyordu.
Bit istilası vardı.
Tuvaletler deniz kenarında, açık alandaydı.
Taşımayla getirilen içme suyu hem berbattı,
hem azdı.

Azerbaycan halkı, kamptan esir kaçırıyordu.
Kurtarılanlar, İran üzerinden Anadolu'ya
geçiriliyordu.

Ayşe hanım adında bir Azeri Türk kadın, efsaneydi.
Esirlerimizin meleğiydi.
Çok zengindi.
Kampları ziyaret eder, para dağıtır, kıyafet dağıtırdı.
Rus yöneticilere rüşvet vererek, çok sayıda esiri
kurtardı.

Ermenistan'da Erivan...
Ukrayna'da Kiev, Krasnodar, Donetsk...
Rusya'da Moskova, Petrograd, Kazan...
Türk esirler 30'dan fazla şehre dağıtılmıştı.
Vladivostok, Krasnoyarsk, Ekaterinburg,
Berezovka...
Adresini bilmediğimiz ücralara atılmışlardı.
Osmanlı çökmüştü, sahip çıkanları yoktu.
Allah'la başbaşa kalmışlardı, hayata tutunmaya
çalışıyorlardı.

Sibirya'ya bile gönderilmişlerdi.
En çok ölüm orada yaşandı.

Sibirya kamplarında tuvalet yoktu.
Koğuşların kapısına fıçılar bırakılıyordu...
Esirlerimiz bu fıçıların üstüne çıkarak ihtiyaçlarını gideriyordu.
Kuru ot doldurulmuş çuvallarda yatanlar, şanslıydı.

Mançurya'da Türk esir kampı vardı.

*

Türk esirler hakkında kitap yazsak en az 10 cilt olur.
Ama maalesef bu konuda yazılmış kitap bile yok.
Belgesel yok.
Film yok.
Dizi yok.
Okullarımızda anlatılmıyor.
Ders müfredatımızda yok.
Kaç kişi hayatını kaybetti, bilmiyoruz.
İsim listesi yarım yamalak.

Maalesef, Türk halkının kendi esirlerinden bile haberi yok.

*

Kuzey Buz Denizi'nde Türk esirlerin tıkıldığı kamp vardı.
Arhanjelsk kampı...
Buzdan ibaret liman şehriydi.
Eksi kırk derece oluyordu.

O haldeyken bile ramazan ayında oruç tutmaya çalışıyorlardı.
Kutup'a çok yakın oldukları için gündüzler çoook uzundu.
İftar'la sahur arası sadece iki saatti.
22 saat oruç tutuyorlardı.

Cami filan orada ne arasın... Vefat eden arkadaşlarının cenaze namazını, mecburen kilise'de kılıyorlardı.

Zemin buzla kaplıydı.
Toprağı kazmak mümkün olmuyordu.
Kışın vefat edenler depoya konuyordu.
İlkbaharda toprağa veriliyordu.

İsimsiz şehitlerimizin, esirlerimizin çektikleri...
İnsanın yazarken bile tüyleri diken diken oluyor.

*

Moskova-Kiev demiryolu hattını Türk esirler yaptı desek, pek yanlış olmaz... İki bin Türk esirini amele taburu olarak çalıştırmışlardı.

Fabrikalarda, tarlalarda çalıştırıyorlardı.

*

Haberleşme güya yasak değildi.
Ama mümkün de değildi.
Altı yıl kampta kalıp, ailesinden bir mektup bile alamayanlar vardı.
Altı yıl.

*

Kaç tane Rus şehrinin, hangi kuytu şehir mezarlıklarında, kaç talihsiz Türk şehidi yatıyor, bugün bile net olarak bilinmiyor.

Kayıp kuşak'tı.

*

İhsan Latif paşa...
Türkiye'de Hollywood olsa,
bin kere filmi çekilirdi.
Bütün dünya tanırdı.
Sarıkamış'ta esir düştü.
Sibirya'ya götürüldü.
Kampa gidiş yolculuğu bile bir
ay sürmüştü.
Çita kampına tıkıldı.
Altı ay sonra kaçmayı başardı.
Önce Çin'e, oradan Japonya'ya, oradan ABD'ye
geçti.
Avrupa'yı boydan boya katetti.
Yunanistan üzerinden İstanbul'a ulaştı.

Dünya etrafında bir tur atmıştı.
Kaçtıktan beş ay sonra evindeydi!

Milli mücadeleye katıldı.
İstanbul'dan silah ve cephane kaçırılmasını
organize etti.

Esir kamplarında aylarca, yıllarca yaşam mücadelesi
veren Türk askerlerinin, yurda gelir gelmez
Kuvayı Milliye'ye koşmaları, İstanbul'daki İngiliz
istihbaratını dehşete düşürüyordu.

*

Elsa Brändström...
"Sibirya meleği" diye tanınıyordu.
İsveçli'ydi.
Kızılhaç'ta hemşireydi.
Babası generaldi, Petersburg
büyükelçisiydi.

Babasının imkanlarını kullanarak,
Kızılhaç kimliğiyle Sibirya'daki kampları ziyaret eder,
Türk esirlerine sahip çıkar, hediyeler dağıtırdı.

Aslında bu hediye dağıtımı bir vesileydi...
Gizli kurtarma teşkilatı kurmuştu.

200'den fazla Türk esirini kaçırdı.
Trenle, gemilerle İsveç'in Haparanda şehrine
göndermeyi başardı.

Bu firar operasyonlarında bazı Türkler şehit oldu.
Cenazeleri Ruslara bırakılmadı.
Haparanda şehrinde kilise bahçesinde toprağa
verildiler.
Anıtları yapıldı.

Elsa Brändström...
Birinci Dünya Savaşı ve İkinci Dünya Savaşı'nda
insanlık adına yaptıkları nedeniyle, tam beş defa
Nobel Barış Ödülü'ne aday gösterildi.
Almanya'da, Avusturya'da, İngiltere'de
onurlandırıldı.
Madalyalar verildi.
Caddelere, okullara ismi verildi.
Viyana'da anıtı dikildi.
Pullara fotoğrafları basıldı.
Belgeselleri yapıldı.

En çok bize faydası oldu ama...
Türkiye'de maalesef adı bile bilinmiyor.
Adı bile geçmiyor.

*

Bazı esirler, memlekete dönerken esir düştü!

Sibirya'daki bin kadar Türk esir, Viladivostok limanından Japonya'ya ait bir gemiyle İstanbul'a gönderildi. Bu gemi Midilli adasının yanından geçerken Yunan savaş gemisi tarafından durduruldu. Altı yıldır esir olan Türk askerleri, yine esir alındı, Pire'ye götürüldü.

Enteresan ötesi hadise şöyle gelişmişti...

Sarıkamış'ta Ruslara esir düşen ve Sibirya'ya götürülen askerlerimiz, Japon hükümetinin aracılığıyla geri gönderilecekti.
Hint Okyanusu üzerinden İstanbul'a seferler düzenlenecek, Japon gemi şirketinin parasını İstanbul hükümeti ödeyecekti.

Heymeymoro adındaki Japon gemisi, Türk esirlerini Viladivostok limanından aldı, geminin ambarına üç katlı ranzalar kurulmuştu, yatak olarak otla doldurulmuş çuvallar konulmuştu.

Geminin kaptanı yarbay Çomora'ydı.
Yardımcısı yüzbaşıydı.
Ayrıca bir tabip binbaşı vardı.
200 kadar Japon askeri eşlik ediyordu.
Viladivostok'tan 23 Şubat 1921'de hareket ettiler.

Hiçbir limana uğramadan Süveyş kanalı'ndan Akdeniz'e çıkacak, 20 bin kilometre yol katedecek, 45 günde İstanbul'a geleceklerdi.
Esirlere sadece ekmek, pirinç lapası, balık ve su veriliyordu.

Midilli adasının yanından geçerken Yunan savaş gemisi tarafından durduruldular. Türk esirlerin Yunan hükümetine teslim edilmesi istendi.

Japon kaptan namuslu bir askere yakışır şekilde, reddetti.

"Bu gemi bir Japon gemisi, ben bir Japon subayıyım,
Türk esirler şu anda benim sorumluluğumda,
Türk esirlerini İstanbul'da Türk hükümetine teslim etmek üzere emir aldım, elimde Japon hükümetinin protokolü var, size kimseyi teslim etmem" dedi.

Gemi, Pire limanına çekildi.
Japon elçiliği devreye girdi, mesele kilitlendi.
Sinir harbi başladı...
Yunan hükümeti, Japon kaptana geri adım attırmak için, gemiye erzak verilmesini yasakladı, "aç kalırlar, teslim olurlar" diye düşünüyorlardı.
Ama yanlış düşünüyorlardı... Japon kaptan "elimizdeki erzağı daha idareli kullanırız, gerekirse esirlerle beraber burada açlıktan ölürüz, gene de kimseyi vermeyiz" dedi.

Beş ay...
Dile kolay, tam beş ay böyle beklendi.

Ambarda, aç biilaç.
Sıkış tepiş, hareketsiz, havasız.
Hastalıklarla boğuşa boğuşa.
Beş ay beklendi.

Japon kaptan çelik gibi durdu, direndi.
Üç ay daha böyle geçti.

Kızılhaç bastırdı.
Uluslararası kamuoyu bastırdı.
Neticede, Yunanistan geri adım atmak zorunda kaldı.

İstanbul'a gider gitmez milli mücadeleye katılmasınlar diye, Japon gemisindeki Türk esirlerin tarafsız bir ülkeye gönderilmelerine karar verildi.
"Türk-Yunan savaşı bitene kadar, İtalya'nın Asinara adası'nda misafir edilsinler" denildi.

Japon gemisi Pire limanından ayrıldı, Asinara adası'na ulaştı.
Türk esirler, İtalyan makamlarına teslim edildi.

Ayrılık vakti gelmişti...
Kaptan Çomora hüzünlü bir veda konuşması yaptı.
"Kader arkadaşlarım," dedi...
"Siz Türkleri tanımış olmak, hayatım boyunca taşıyacağım bir şeref ve iftihar vesilesidir, siz Türkleri tanıdığım için bahtiyarım, sizlerde üstün bir ahlak, karakter ve fazilet gördüm, sizler insanlığın övüneceği üstün insanlarsınız, sizler şayanı hürmet bir milletin çocukları olduğunuzu ispat ettiniz, bu gerçeğin şahidiyim, bugün memleketinizin giriştiği mücadele, zaferle sona erecektir, parlak yarınlar sizindir, sizleri sevdiğiniz vatanınıza götüremediğim için çok üzgünüm, sizi en iyi dileklerimle selamlarım."

Japon kaptan, esirlerin tek tek elini sıktı.
Gözleri dolmuştu.
Gerçekten mert bir askerdi.
Savaş şartları gereği Türk esirlerini İstanbul'a getirememişti ama, kendisine emanet edilenlerin hepsinin hayatını kurtarmıştı.

Asinara adası'na bırakılan Türk esirlerin çilesi henüz dolmamıştı.
Hastalık, açlık, susuzluk, sıcakla boğuştular.
Yılanlar çok büyük tehditti.

Çok sayıda Türk esir yılan sokması neticesinde
hayatını kaybetti.
Asinara'da toprağa verildi.

25 Haziran 1922'de...
Nihayet vatan toprağına geri döndüler.
7.5 yıl esaret yaşamışlardı.

Bu 7.5 yıllık esaretten sonra İstanbul'a geldiler.
Hemen ertesi gün gruplar halinde Anadolu'ya
geçtiler.
Büyük Taarruz'a katıldılar.
9 Eylül'de İzmir'e girenler arasındaydılar!

*

Fransızların elinde Çanakkale'den bin civarında
Türk esir vardı.
Bir yıl kadar Korsika adasında tutmuşlardı.
Sonra, Güney Fransa'daki kamplara dağıtılmışlardı.
Nispeten rahat kamplardı.
Çiftliklerde, bağlarda çalıştırılıyorlardı.

*

Romanya'nın elinde 500 kadar Türk esir vardı.
Kamplar, o zamanlar Romanya toprağı olan
Moldova'daydı.
Şartlar çok kötüydü, ölüm oranı hayli yüksekti.

*

İtalya'nın elinde 100 civarında Türk esir vardı.
Libya'da esir düşmüşlerdi.

*

Dünyanın dört bir köşesinde Türk esirlerin
mezarları var!

Rusya'da Krosnoyarsk, Vladivostok, Proriçka,
Nikolsky, Irkutsk, Krasnoparks, Irkutak, Tomsk,
Tiflis, Azorketi, Anapa, Omsk, Çoklamya, Pirvariçka,
Daurya, Venonikolaysk, Yensesky, Habursuki'de
Türk esirler yatıyor.

Suriye'de, Şam ve Zahle'de...
Filistin'de, Kudüs'te...
Mısır'da Seydibeşir, Remle, Zekazik Kosta, Kodesna,
Abbassiah, Tura, Tellükebir, Kunaytıra'da...
Irak'ta Kut'ül Amare, Bağdat, Revandis'te...
Libya'da Aceylat, Zanzur, Zivare, Binayşe, Humus,
Kırkkarış, Tacura'da Türk esirler yatıyor.

Hindistan'da Bellari, Tugon, Sumerpur,
Nikadalay'da...
Myanmar'da Thayetmyo, Meiktila, Shwebo,
Pancio'da...
Güney Çin'de Yankong'da...
Kıbrıs'ta...
Man Adası'nda...
Türk esirler yatıyor.

*

Osmanlı öylesine çökmüştü ki, Türk çocuklarının
nerede şehit düştüğü, nerede toprağa verildiği,
nerede esir olduğu bile bilinmiyordu.

Mesela Myanmar...
1961 yılına kadar kimsenin haberi yoktu.

Efsane diplomatlarımızdan Necdet Kent, 1958-1960
yılları arasında Bangkok büyükelçimizdi. Myanmar'ın

o zamanki adı Burma'ydı. Burma'da elçiliğimiz yoktu, Bangkok büyükelçimiz oraya da vaziyet ediyordu.
İlk o zaman duydu...
Türkiye'den tee 10 bin kilometre uzakta olan, Türkiye'yle hiç alakası olmayan, diplomatik ilişkisi bile olmayan Burma'da Osmanlıca mezar taşları vardı!

1960'ta Tayland'dan Hindistan'a atandı, Yeni Delhi büyükelçimiz oldu, mezar taşlarının peşini bırakmadı, Burma'ya resmi olarak başvurdu, ziyaret izni istedi.
Thayet şehrine gitti, ot bürümüş bir tarlada harabe halindeki kabirleri buldu, mezar taşları kırık döküktü, tek tek inceledi.
173 Türk'ün ismini tespit etti.
Ölüm tarihleri 1915'le 1920 arasındaydı.
Detaylı rapor yazdı, Ankara'ya gönderdi... Böylece, o güne kadar Türkiye'de kimsenin ruhunun bile duymadığı hazin gerçek ortaya çıktı.

*

Birinci Dünya Savaşı'nda Sina-Filistin cephesinde İngilizlere esir düşerek Burma'ya götürülen askerlerimiz, beş yıl boyunca orada kalmışlardı. Ağır çalışma şartları, alışık olmadıkları tropik iklim ve salgın hastalıklar nedeniyle, çoğu can vermişti.

Toplam kaç şehit olduğu bugün bile hâlâ net olarak bilinmiyor ama, sırf Myanmar'da beş bine yakın şehit mezarı olduğu net olarak biliniyor.

*

'Ano Yemen'dir, gülü çemendir...
Giden gelmiyor, acep nedendir'in sebebi, işte buydu.

Gidenlerin nerede olduğu bile bilinmiyordu.

Arap çöllerine yollanan evlatlarımız haritadaki yerini bilmediğimiz Asya ücralarında, İngiliz esaretinde şehit düşerken... Padişahımız halifemiz Vahdettin efendimiz, milli mücadeleyi engellemek için İngiliz Muhipleri Cemiyeti'nin kurucu üyesi oluyordu!

Mustafa Kemal hakkındaki idam fetvasını kaleme alan şeyhülislam Mustafa Sabri de, İngiliz Muhipleri Cemiyeti'nin şeref üyesiydi!

*

Necdet Kent'ten sonra Yeni Delhi büyükelçimiz olan Seyfullah Esin, şehitlerimizin izini sürmek için 1964'te Burma'ya gitti... Meiktila, Shewobo, Aunglan, Kyaukse şehirlerinde kabirler tespit etti, İngilizler nereye esir kampı kurduysa, orada şehit kabirleri bulunuyordu.

Talihsiz askerlerimiz birer birer hayatını kaybediyor, ölüm sırasını bekleyen talihsiz arkadaşları da başlarına mezar taşı dikiyordu.

*

Kwai Köprüsü...
Hollywood'da film yapıldı, İkinci Dünya Savaşı'nda Japonlara esir düşen İngiliz askerlerinin hikayesiydi, Myanmar'da geçiyordu.

Yedi dalda Oscar kazandı.
Bütün dünya seyretti, adeta ezberledi.

Aynı Myanmar'da en az beş bin Türk evladı hayatını kaybetti...
Dünyanın bilmesinden vazgeçtik, Türkiye'nin bile haberi yok!

*

İngilizler tarafından esir alınan 110 Türk evladı da, İrlanda Denizi'ndeki Man Adası'na götürülmüştü, Knockaloe kampına tıkılmıştı.

Aslında Man Adası'na Alman esirler getiriliyordu.
Bizimkiler sivil'di.
İngiltere'de yaşayan Osmanlı vatandaşlarıydı.
Savaş patlak verince tutuklanmışlardı.
Hiçbir suçları olmadığı halde, sırf Türk oldukları için "düşman" sıfatıyla, potansiyel "casus" muamelesi görmüşlerdi.

Barındıkları ahşap kulübeler sardalya konservesi gibiydi.
Ranza yoktu.
Saman doldurulmuş döşeklerde, yerde yatıyorlardı.
Hastalandılar...
Hemen hepsi zatürre oldu, romatizma oldu.
Dayanabilen dayandı.
Dört yıldan fazla bu şekilde yaşadılar.

Ramazan Mehmet
Hüseyin Halid İbrahim
Hüseyin Ali
Hasan Derviş
Mehmet Ali
Kalan Yeğen
Ahmed Hasan
Vefat ettiler... Knockaloe esir kampının hemen yanındaki Aziz Patrick Kilisesi'nin bahçesinde toprağa verildiler.

*

Man Adası'nda kaç can verdik, savaştan sonra
kaçı sağ salim memlekete dönebildi, muamma
olarak kaldı.

1972 yılına kadar ne arayan oldu, ne soran oldu.
1972 yılında Birleşik Krallık Savaş Mezarları
Komisyonu tarafından tespit edildi, Londra
Büyükelçiliğimiz tarafından sembolik mezar taşları
yaptırıldı, sembolik kabir alanı zincirle çevrildi.
Türk Bayrağı işlenmiş mermer levha konuldu,
"Burada Birinci Dünya Harbi'nde şehid olan yedi
Türk yatıyor, ruhlarına fatiha" yazıldı.
2002 yılında Türkiye tarafından "şehitlik" statüsü
verildi.

*

Kader böyle istemişti...
Kilisenin bahçesi şehitliğimiz olmuştu.

18 Kasım 1919...
Felaket üstüne felaket geldi.
Soma'da deprem oldu.

Yedi büyüklüğündeydi.
Bu topraklarda son 150 yıldır yaşanan en şiddetli depremdi.

Kara kışın ortası, geceyarısıydı.
Bütün Ege sallandı, herkes uykuda yakalandı.
Özellikle köylerde çok ağır hasar vardı.
İzmir'den Balıkesir'e kadar yıkım oldu.

Üç bin civarında insanımız hayatını kaybetti.
10 binden fazla insan evsiz kaldı.

Tarihimiz boyunca en az bilgi sahibi olduğumuz deprem, bu depremdir... Resmi olarak hasar tespiti bile yapılamadı. İşgal ortamında kimsenin kimseye yardım edecek hali yoktu.

Ege'de çarpışmalar kıyasıya sürüyordu.
Ödemiş'te şiddetli vuruşma oldu.
Yunan 50'den fazla ölü verdi.
Bizim kaybımız 300'ün üzerindeydi.

Gökçen Efe şehit düştü.

Çerkez Ethem, Balıkesir'e geldi.
Yarbay Rahmi bey'in kuvvetleriyle birleştiler.
Anzavur'un üstüne yürüdüler.

Günlerdir atıp tutan, sivillere eziyet eden Anzavur, mermi bile sıkmadan kaçtı. Birinci Anzavur ayaklanması bastırılmış oldu.

Karakol Cemiyeti'nin lideri Kara Vasıf bey, Mustafa Kemal'e telgraf gönderdi, Yahya kaptan'ı şikayet etti, Kuvayı Milliye görüntüsü altında eşkıyalık yaptığını öne sürdü.
Mustafa Kemal bu şikayeti elinin tersiyle itti.
"İftiradır" dedi.

Yahya kaptan, 29 yaşındaydı.
İzmit-Gebze bölgesini örgütlüyordu.
İstanbul'dan Anadolu'ya silah-cephane kaçırıyordu.
Bölgede Rumlara göz açtırmıyordu.
Bu iş için bizzat Mustafa Kemal tarafından görevlendirilmişti.

Başka hiç kimseyi otorite olarak kabul etmiyordu.
Karakol Cemiyeti bu yüzden diş biliyordu.

Demeye kalmadı... Padişaha bağlı bin kişilik kuvvet aniden Gebze'yi bastı, Yahya kaptan tutuklandı, ertesi sabah ensesinden sekiz kurşunla vurulmuş ve başı kesilmiş halde bulundu.

Gayet açıktı...
Karakol Cemiyeti tarafından ihbar edilmişti.

Bu olay üzerine, Karakol Cemiyeti'yle ipler koptu.
Mustafa Kemal, Karakol Cemiyeti'yle temasını kesti.
Onun yerine Mim Mim Grubu'nu kuracaktı.

Fransızlar Mersin'de bayrak dağıttı.
"Herkes dükkanına Fransız bayrağı asacak" emri verildi.
Akıllarınca bütün şehri mavi-kırmızı-beyaz donatacaklardı.

Pratik Türk zekası devreye girdi...
Mersin esnafı, Fransız bayrağının mavi kısmını alta doğru katlıyor, kırmızı-beyaz kısımları görülecek şekilde asıyordu.
Her yer kırmızı-beyaz oldu!

Fransızlar pişman oldu.
Bayrak dağıtmaktan vazgeçtiler.
Sadece devlet binalarına bayrak astılar.

Fransa'nın doğu orduları başkomutanı Henri Gouraud, gemiyle Beyrut'tan Mersin'e geldi, Çanakkale Savaşı'nda sağ kolunu kaybetmişti, milli kahramandı.

Görkemli bir karşılama töreni hazırlandı.
Türkleri karşılamaya mecbur ettiler.
Çoluk çocuk bütün Mersinlileri yol kenarlarına dizdiler.
Sepet sepet çiçek dağıttılar.

Akılları sıra, general Henri Gouraud atıyla geçerken Türkler yoluna çiçekler atacaktı, böylece Fransa'nın işgalci olmadığını, yerli halk tarafından ne kadar sevildiklerini göstereceklerdi.

Gerçekten çiçek yağmuru oldu...
Ama, çiçeklerin arasında taş yağıyordu!

Kalabalık arasında kimin çiçek kimin taş fırlattığı belli olmuyordu.
Generali zor kaçırdılar.

İstanbul'da Fransız Muhipleri Cemiyeti kuruldu.
Memleketi kim işgal ederse, onu sevenler cemiyeti kuruluyordu.

Aynı gün...
Beyoğlu'ndaki Fransız konsolosluğunda yangın çıktı.

Elbette sabotajdı.
İstanbul halkı "işgalci muhipleri"nden ibaret değildi.

Mustafa Kemal, Hacıbektaş'a geldi.
Bir gece konakladı.
Cemalettin Çelebi tarafından ağırlandı.
Cem töreni izledi.
Dedebaba postunda oturan Salih Niyazi Baba'yla sohbet etti.

Böylece, Osmanlı'nın yüzyıllardır Alevilere karşı yürüttüğü yok sayma, baskı ve kırım politikasını tarihe gömmüştü.

Mustafa Kemal, Ankara'ya geldi.

Kayseri, Mucur, Hacıbektaş, Kırşehir, Kaman...
Sivas'tan Ankara'ya dokuz günde ulaşabilmişti.

Ankara'nın nüfusu 20 bin kadardı.
Kerpiç duvarlı veya köhne ahşap evlerden kuruluydu.
Çorak, çıplak bozkır, tipik Osmanlı kasabasıydı.
En ufak rüzgarda toz bulutu içinde kalıyordu.
Yağmurda çamur deryasıydı.
Ne otel, ne lokanta vardı.
Evlerde elektrik yoktu.
Su, kuyudandı.
Dar sokaklarında gıcırtılı kağnılardan başka araç yoktu.

(İnanılması çok güç ama, sadece 12 yıl sonra bu ilkel kasabadan İstanbul'a tarifeli uçak seferleri başlayacaktı.)

Kiralık ev yoktu.
Keçiören'de Ziraat Mektebi'ne yerleşti.
İki katlı taş binaydı, etrafında ahırlar vardı.
118 gün burada kalacaktı.

Ziraat Mektebi günlerinin tek eğlencesi, Kadife Hanım'dı.
Doktor Refik Saydam'ın kedisiydi.
Kelle koltukta yaşayan komutanların neşe kaynağıydı.
Yavruladığı zaman tüm karargaha şerbet ikram edilirdi.

Elde avuçta ne varsa tükenmişti.
Ekmek almak için fırına ödeyecek paraları bile yoktu.
Sofraya bulgurdan başka konacak yemek kalmamıştı.

Mustafa Kemal bankalara borçlanmayı reddediyordu.
Özel kalem müdürü Mazhar Müfit bey kürklü paltosunu sattı.
Satılabilecek bi o kalmıştı.
Anca birkaç gün daha idare edebileceklerdi.
Kara kara düşünüyorlardı ki, kapı çalındı...
İçeri giren asker, müftü efendi'nin geldiğini söyledi.
"Eyvah" dedi Mazhar Müfit... Çekmecesini açtı, kahve vardı ama, sadece iki tek kesme şeker kalmıştı, sigara bitmişti, misafir ağırlayabilecek durumda değildi.
Çaresiz, üzüntülü bir ifadeyle "buyursunlar" dedi.

Börekçizade Rıfat efendi odaya girdi.
Masanın kenarındaki iskemleye iliști.
Mazhar Müfit, Mustafa Kemal için sakladığı iki tek kesme şekere kıyamadı, "zannedersem sade kahve içersiniz değil mi" diye sordu.
Müftü efendi tebessüm etti...
"Zahmet etmeyin, kahve içmiyorum" dedi.
Sigara da kullanmazsınız değil mi?
Onu da kullanmam.
Halbuki, hem kahve içtiğini, hem sigara içtiğini, elbette herkes gibi Mazhar Müfit de biliyordu.

Müftü efendi "fazla vaktinizi almayayım" diyerek söze girdi.
"Biraz sıkıntıda olduğunuzu duyduk" dedi.
Demesine kalmadan, Mazhar Müfit gayet ters bir el işaretiyle müftünün sözünü kesti, "paramız var" diyerek, masanın arkasındaki küçük kasayı gösterdi.

Bozuntuya vermek istemiyordu ama, kasada sadece 48 kuruş vardı.
Paltodan geriye o kadarı kalmıştı.

Müftü efendi, cami dışında sarıkla-cübbeyle gezmiyordu.
Bildiğin ceket giyiyordu.
Elini sol iç cebine soktu, mendil çıkardı.
Katlanmış, minik bir çıkın haline getirilmişti.
Masaya koydu. Açtı.
Bin 200 lira vardı.
Kendi çocuklarına bile yük olmamak için, eşi Samiye hanım'la birlikte biriktirdikleri cenaze parasıydı.

Mübarek memleket... Kuvayı Milliyecinin sırtından çıkarıp sattığı paltosuyla, yurtsever müftünün kefen parasıyla kuruluyordu.
30 Aralık...
İstanbul'da Osmanlı İstiklal Günü kutlandı.
Osmanlı Devleti'nin kuruluşunun 621'inci yıldönümüydü.

Osmanlı son nefesini veriyordu ama...
Hâlâ törenle kutlama yapıyorlardı.

İşgalin yedinci ayıydı.
Yunan işgal kuvvetleri komutanı yine değişti.
General Zafiru gitmiş, general Nider gelmişti, o gitmiş, general Miliotis-Komninos gelmişti, o da gitmiş, general Papulas gelmişti.

Kuvayı Milliye vuruyor...
Yunan'a komutan dayanmıyordu.
1920 yılbaşına böyle girildi.

Coca Cola krizi çıktı!

İzmir'de bir İngiliz şirketi vardı.
McAndrews & Forbes Company...
Meyan kökünde dünya tekeliydi.
1850'li yıllarda bizim topraklara gelmiş, Saray'dan imtiyaz koparmıştı, Ege bölgesinde meyan kökü topluyordu.
Aydın, Nazilli ve Söke'deki fabrikalarında endüstriyel olarak işliyor, sonra da ABD'ye ihraç ediyordu.

Kilosunu 20 paraya alıyor, işliyor, 6 kuruşa satıyordu.
Kilo başına 12 kat kazanç sağlıyordu.
Yılda 50 bin ton ihraç ediyordu.

En büyük alıcısı Coca Cola'ydı.
Hammaddesiydi.
Ayrıca, sakız, şurup, bira yapımında kullanılıyordu.

Osmanlı'nın meyan kökünün değerinden filan haberi yoktu.
Hüdayınabit, yani doğada kendi kendine yetişen, ticari açıdan işe yaramayan bitkilerden sayılıyordu.

Yunan işgali McAndrews & Forbes Company'nin faaliyetlerini durdurmamıştı, Ege bölgesinde kan gövdeyi götürürken ticarete şakır şakır devam ediyorlardı.

1920 Ocak ayında...
Şirketin Aydın'daki fabrikasından yüklenen ve limana giden deve kervanları, İzmir'e girerken Kuvayı Milliye tarafından durduruldu.
Malın tamamına el konuldu.

Sonra bir daha...
Sonra bir daha...
Meyan kökü trafiği durdurulmuştu.

İngiliz şirketi olmasına rağmen, en büyük alıcı ABD olduğu için, İngiliz elçisinden önce ABD'nin İstanbul'daki temsilcisi amiral Bristol devreye girdi, Vahdettin'in dışişleri bakanını çağırdı, "başıbozuk çetelerle temas kurun, meyan kökü sorununu halledin" diye fırçaladı!

İşgalcilerin şımarıklığı işte bu seviyedeydi.
Hem bizim memleketimizi soyuyorlar, sömürüyorlar...
Hem de bize "başıbozuk çete" diyorlardı.

Bizim topraklarımızı kendilerine hak görüyorlardı.

Vahdettin hükümeti hukuka ne kadar saygılı (!) olduğunu göstermek için, İngiliz, Fransız ve İtalyan uyruklulara tanınan "yargılama ayrıcalığı"nı Amerikan uyruklulara da getirdi.

Buna göre, Osmanlı topraklarında herhangi bir Amerikan vatandaşı hakkında dava açılması gerekirse, Amerikan konsolosluğuna haber vermeden yargılama başlamayacaktı. Açılmış dava varsa, derhal durdurulacak ve ertelenecekti.

Hukuki terimlerle süslenmiş, gayet açık bir karardı...
Amerikalılar da artık yargılanmayacaktı!

Bir İngiliz şirketine "petrol" ruhsatı verildi.
Aydın'da petrol arama çalışması yapabilecekti.

Bir İngiliz şirketine "petrol" ruhsatı verildi.
Muğla'da petrol arama çalışması yapabilecekti.

Bir Fransız şirketine "petrol" ruhsatı verildi.
Manisa'da petrol arama çalışması yapabilecekti.

Bir Amerikan şirketine "petrol" ruhsatı verildi.
Amerikan şirketi Manisa'da çoktaaan petrol kuyusu açmıştı.

Vahdettin hükümetinin kapısında kuyruk olmuşlardı,
adeta yangından mal kaçırır gibi ruhsat üstüne ruhsat
koparıyorlardı.

Aydın'da Kuyucak...
Muğla'da Dalaman...
Manisa'da Alaşehir'in peşindeydiler.
Ruhsatları köy isimlerini vererek istiyorlardı.

Kesin olarak anlaşılıyor ki...
Ege topraklarında petrol vardı.
Nokta atışı, yerini bile biliyorlardı.

Mustafa Kemal şifreli emir gönderdi...
İstanbul'daki askeri hekimler Anadolu'ya geçmeye başladı.

Aslında istense İstanbul'daki bütün yurtseverleri bir gecede
Anadolu'ya geçirmek mümkündü.
Ama, barınacak yer sıkıntısı nedeniyle İstanbul'da
beklemeleri, peyderpey gelmeleri daha mantıklıydı.

Eşiyle çocuklarıyla vedalaşıp, gidiyorlardı.

Hakimiyet-i Milliye gazetesi yayın hayatına başladı.
Mustafa Kemal "benim gazetem" diyordu.
Tasarımını, Ziraat Mektebi'nde bizzat yapmıştı.
İlk başyazısını yazmıştı.

Logosunun altında şu ibare vardı:
"Mesleği, milletin iradesini hakim kılmaktır."

İki sayfaydı.
Kağıt sıkıntısı nedeniyle tabloid boy basılıyordu.
Bu gazete 1934'ten itibaren *Ulus* adını alacaktı.

Sivas Kongresi sırasında *İrade-i Milliye* gazetesi çıkmıştı.
Milli mücadelenin ilk yayın organıydı.
Kongre zabıtları ve bildiriler yayınlanıyordu.
Logosunun altında şu ibare vardı:
"Milletin arzu ve isteklerinin savunucusudur."
Dört sayfaydı, tirajı beş bindi.

Anadolu Ajansı kuruldu.
Yunus Nadi ve Halide Edip tarafından hayata geçirildi.
İlk yazıhanesi, milli mücadelenin ilk karargahı olan Ziraat Mektebi'nde, küçücük bir odaydı, iki masa, iki sandalye, bir daktilodan ibaretti.

İlk bülteni şuydu...
"Devlet merkezimizin düşman işgali altına geçmesi üzerine Anadolu ve Rumeli'nin Müdafaa-i Hukuk azim ve kararlılığı içinde yiğitçe harekete geçtiği şu sıralarda din ve vatan kardeşlerimizin en doğru haber ve bilgiler alabilmelerini sağlamak için kurulan Anadolu Ajansı bugünden itibaren göreve başlıyor. Bugün alınan haber ve bilgilerin oralarda da mümkün olduğu kadar fazla kimse tarafından okunup bilinmesi gereğini arz ve açıklamaya yer yoktur. Bu amaçla oralarda dahi özel örgütler meydana getirerek her gün vereceğimiz bilgilerin telgrafhane kapılarında siyah levhalar üzerine yazılması ve yeterli araç olan yerlerde basılması, yayınlanması ve dağıtılması, nahiyelere ve hatta köylere kadar gönderilmesi hususlarının yerine getirilmesini hepinizin vatan ve millet sevgisinden ve yardımlarından rica ederiz."

Kuvayı Milliye'nin en etkili yayın organlarından biri, *İzmir'e Doğru* gazetesiydi, Balıkesir'de basılıyordu, Mustafa Necati bey yönetiyordu.
Tek yaprak, iki sayfaydı.
Haftada üç gün yayınlanıyordu.
Tirajı üç bindi.
İşgal bölgesinde el altından dağıtılıyordu.

Künyesinde açık açık şu yazıyordu:
"Balıkesir Kuvayı Milliye karargahında hazırlanmaktadır"!

Balıkesir Kuvayı Milliyesi, aydınların önderliğinde kurulmuştu.
Subay-efe yapılanması yoktu.
Müfrezeleri bile sivillerden oluşuyordu.

Yeni Adana gazetesi, gerçek bir milli kahramandı.
Sahibi, öğretmen Ahmet Remzi beydi.

Mustafa Kemal'le Yıldırım Orduları Komutanlığı döneminden beri tanışıyorlardı, taa en başından beri Kuvayı Milliye'nin çekirdek kadrosundaydı.

1918 yılında, Fransızların Adana'yı işgal etmesinden beş gün sonra *Adana* adıyla yayın hayatına başladı.
Sadece üç sayı basıldı...
Fransız işgal komutanlığı tarafından yasaklandı.
Adını değiştirdiler.
Yeni Adana olarak yeniden başladılar.
Sadece beş sayı basıldı...
Matbaayı basıp, tüm çalışanları tutukladılar.
Ahmet Remzi bey kaçmayı başardı.
Hakkında idam kararı çıkarıldı.
1920 yılında, Karaisalı'da tren istasyonunda kullanılmayan eski bir vagonu matbaaya çevirdiler, yeniden yayına

başladılar, Toroslarda saklanıyorlar, haftada iki gün şehre inip gazeteyi basıyorlar, katır sırtında köy köy dolaşıp dağıtıyorlardı.

Gazete kağıdı yoktu, Niğde'den kaçak yollarla getiriliyordu. Mürekkep yoktu, soba borularında biriken kurumları topluyorlar, bezir yağıyla karıştırıp boya haline getiriyorlardı.

Logosunun altında "Adana, Türk ülkesidir" yazıyordu.

*

> *Yeni Adana* gazetesi, Ahmet Remzi beyden oğluna, oğlundan torununa geçti, bugün hâlâ yayın hayatına devam ediyor.
> 1965 yılında Amerikan Gazete Sahipleri Vakfı tarafından "Dünya Basın Başarı Ödülü"ne layık görüldü. Bu ödülü almaya hak kazanan ilk ve tek Türk gazetesi oldu.

İstanbul basınının yurtsever kanadında, 1920 yılından itibaren Mustafa Kemal karikatürleri çıkmaya başladı.
Sadece silahla değil...
Mizah'la da milli mücadele veriliyordu.
Dönemin ilkel şartlarında savaş fotoğrafları çekip gazetelerde yayınlama imkanı olmadığı için "çizgi"yle anlatma yolu seçilmişti.

Mustafa Kemal, karikatürlerin kimisinde düşmanı tuş eden güçlü kuvvetli bir güreşçi, kimisinde tek yumrukta rakibini ringten dışarı fırlatan bir boksör, kimisinde engelli koşuda en önde giden atlet'ti.
Bazen teşhis koyan doktor, bazen çürükleri çeken diş hekimi, bazen mezurayla düşmanın boyunun ölçüsünü alan terzi, bazen aşçı'ydı.
Mustafa Kemal'in aşçı olduğu mutfakta "Sevr" yazılı kase kırılıyor, "Misak-ı Milli tenceresi"nde barış çorbası kaynıyordu.
Bazen de kaleci'ydi... Yunan işgal kuvvetleri komutanlarını top haline getirip, Ege Denizi'ne doğru degaj yapıyordu!

Padişah taraftarları "gülünç" durumda resmediliyordu. Kalpaklı Mustafa Kemal etrafına parlak ışınlar saçan güneş gibi gösterilirken, fesli damat Ferid kurukafa olarak çiziliyordu.
Vahdettin'in tetikçi gazetecisi Ali Kemal "lazımlık" şeklinde tasvir ediliyordu, "Artin Kemalidis" lakabıyla anılıyordu.
Yunan kralı komik komik kıyafetlerle çarpık çurpuk karikatürize ediliyordu, burnu kırılmış, dişleri dökülmüş haldeydi.

Hiciv edebiyatının efsanelerinden Aka Gündüz'ün hayata geçirdiği "Con Kikirik" tiplemesi vardı, İngilizlerle kafa yapıyordu.

Gazeteleri sansürle kontrol altında tutmaya çalışan işgal kuvvetleri "espri"yle başa çıkamıyordu. Karikatüristler hapse tıkılmamak için kimliklerini gizliyorlardı, "karga, torik, kertenkele, muallim, aşık, hamal, zınk, karakulak, düldül, küheylan" gibi müstear isimler kullanıyorlardı.

Karikatürlerle "zafer" müjdeleniyordu, umutsuzluğa düşen yurttaşlara o kapkara günlerde kahkahayla moral veriliyordu.

İşgal altındaki İzmir, kurtarıcısı Mustafa Kemal'i bekleyen güzeller güzeli peri kızı olarak tarif ediliyordu.

İstanbul'da ve İzmir'de elden ele Mustafa Kemal kartpostalları dağıtılıyordu. Bu çizgi resimli kartpostalları taşımak, kalpak takmak gibi "milli mücadele modası" haline gelmişti.

Propaganda savaşının karşı hamlesiydi.

Çünkü... İngiliz istihbaratı, kafasında kalpak yerine afilli fes bulunan, subay tıraşı yerine pofidik pofidik uzun saçlara sahip olan, fırfırlı papyon takan, tombul yanaklı, esmer birinin vesikalık fotoğrafını "Mustafa Kemal fotoğrafı" diye Anadolu'da dağıtıyordu.

Köylere uçaklarla atıyordu.
Bu fotoğraftaki kişi, Anafartalar Kahramanı'ndan çok, padişah etrafında pervane olan saray soytarılarına benziyordu.
Anadolu'da gazete olmadığı için, bu kara propaganda yöntemiyle zihinleri bulandırmak, insanların aklını karıştırmak mümkündü.
Yurttaşlar Mustafa Kemal'in sadece ismini biliyordu.
Gerçek fotoğrafını gören yoktu.
Bu nedenle İngilizlerin dağıttığı fotoğrafa inananlar oluyordu.

Sahte fotoğrafla birlikte sahte biyografi hazırlamışlardı, yalanlarla doluydu. Direnişi zayıflatmak için ahaliyi kandırmaya çalışıyorlardı, "peşinden gitmeye değmeyecek biri" olarak tanıtıyorlardı. Bir kişi bile bu palavralara inansa, bir kişi bile tereddüte kapılsa, kârdı.

Kuvayı Milliye işte bu İngiliz tezgahını bozmak için, yurtsever matbaacılar ve yurtsever karikatüristlerle karşılık veriyordu.

Mustafa Kemal'in kalpaklı vesikalık fotoğrafları, çizgi resimlerle kartpostal haline getirilmişti. Kartpostalların arka yüzünde Kurtuluş Savaşı enstantaneleri adeta resimli roman gibi tasvir ediliyordu.
Ayrıca, vatansever şiirler yer alıyordu.

İstanbul'da İzmir'de dağıtılıyordu.
Kimlik belgesi gibi ceket cebinde taşınıyordu.
İngiliz ve Yunan subayların gittiği restoranlarda kafelerde önceden masalara bırakılıyor, bardakların tabakların altına iliştiriliyor, camlara duvarlara yapıştırılıyor, sökülenlerin yerine hemen yeni ve farklı olanları yapıştırılıyor, işgalciler bu "milli moda"yla delirtiliyordu.

İngiliz istihbaratı, Mustafa Kemal kartpostallarını taaa Mısır'da, Libya'da, Cezayir'de, Yemen'de, Hindistan'da bile elden ele dolaşırken yakalayacaktı.

Kara propagandayla filan durdurulamıyordu.
Mustafa Kemal umudu memleket sınırlarını aşmıştı.
Küresel kahraman haline gelmişti.

O günlerde "Kemalizm" kavramı ortaya çıktı.

İlk kez, Beyoğlu'nda yayınlanan *Le Bosphore* gazetesinin başyazarı Michel Paillarès tarafından kullanıldı. Türk aleyhtarı, Fransız gazeteciydi. Güya bağımsız gazete gibi görünüyordu ama, Yunan bankaları tarafından finanse ediliyordu.

İngiliz istihbaratı "Kemalistler" tanımını kullanıyordu.
Amerikan basını "Kemalist hareket" adını vermişti.

İstanbul hükümeti, Kuvayı Milliye'yi Osmanlı'ya karşı ayaklanan Celali isyanına benzeterek, "Kemali" diyordu.

İstanbul basınında sarayın tarafını tutanlar "Kemali" tabirini kullanırken, Ankara'nın tarafını tutanlar "Kemalci" diye yazıyordu.

İstanbul Sultanahmet'te miting yapıldı.
200 binden fazla insan katıldı.
Görülmemiş kalabalıktı.
Kuvayı Milliye güçlendikçe, İstanbul'un morali yükseliyordu.
Direniş için sokağa çıkan insan sayısı artıyordu.

Korku bulaşıcıydı ama, cesaret de öyleydi.

Öğretmen Nakiye hanım'ın haykırırcasına konuşması tarihiydi...
"Ne İzmir bizden koparılabilir, ne Edirne, ne İstanbul...
Fatih'in, Süleyman'ın, Osman'ın mezarını bırakıp kaçacak bir erkek var mı içinizde?"

Maraş'ta Fransızlara ilk vuruş yapıldı.
Şehre takviye kuvvet olarak gelen Fransız süvarilerinin önü kesildi.
7'si öldürüldü, 25'ten fazla yaralı vardı.

Fransızlar buna karşılık olarak Ceceli köyünü yaktı.

Kılıç Ali, karargahını Arapkirli çiftliğine kurmuştu.
Fransız işgal kuvvetleri komutanına kuryeyle mesaj gönderdi.
Küçücük pusula kağıdında devasa mesaj yazıyordu:
"Mert ol, sivillere dokunma, kadınlara çocuklara dokunma, yoksa köylere saldıran askerlerini köpek süngüler gibi süngülerim!"

Fransız cephaneliği basıldı.
Binlerce tüfek ve yüzbinlerce mermi ele geçirildi.
Fransızlar darmadağın olmuştu.
Kafasını çıkaran ölüyordu.

Çok soğuk bir kıştı.
Hava kararınca, Maraş kırsalında eksi 20'ler görülüyordu.

Ermeni mahallelerinden ateş açılıyordu.
Ermeni kilisesinden bile ateş açılıyordu.

Bitlis defterdarının eşi Maraş'ta oturuyordu.
Kuvayı Milliye müfrezelerine katılmıştı.
Kocasının elbiselerini giyiyordu.
Evinin duvarına mazgal açmış, sekiz Fransız askerini vurmuştu.

Maalesef ismi bilinmeyen bu kahraman kadın, milli mücadele tarihimize "Bitlis defterdarının eşi" olarak geçecekti.

Fransızlar, Tekke Kilisesi'ni cephanelik olarak kullanıyordu.
Adeta kale gibi koruyorlardı.
Burasını imha edebilmek için kendisini feda edecek, tereddüt etmeden ölümün üstüne yürüyecek bir gönüllüye ihtiyaç vardı.

Yusuf çavuş "ben giderim" dedi.

Kapı gibi pehlivandı.
Beline dinamit lokumlarını sardı.
Havanın kararmasını bekledi...
Zifiri karanlıkta binanın arkasına yaklaştı.
Ön kapıda nöbet tutanlara görünmeden tırmanmayı başardı.
Çatıya çıktı. Kiremitleri kaldırdı, kasaturasıyla oya oya delik açtı.
Kelime-i şahadet getirdi...
Kibriti çaktı, fitilleri ateşledi.
Dinamit lokumlarını peşpeşe kilisenin içine bıraktı.
Kulakları sağır eden bir gürültü koptu.
Cephanelik kilise yokoldu.

Yusuf çavuş şehit oldu.

Antep'te kurtuluş savaşı başladı.

Tık...
Telgraf telleri kesildi.
Takviye olarak Maraş'a giden 400 kişilik Fransız birliği basıldı.
Komple yokedildi.

Teğmen Şahin bey, Kilis'ten Antep'e yetişmeye çalışan Fransız müfrezesini vurdu, Kilis-Antep yolunu kontrolü altına aldı.
Sonra da Fransız işgal kuvvetleri komutanına mektup gönderdi:
"Kilis-Antep yolunda asayişi sağladık.
Fransızlar dışında herkes bu yoldan rahatlıkla geçebilir!"

İşgal kuvvetlerine alaycı mektuplar göndermek, Kuvayı Milliye'nin savaş taktiğiydi, düşmanın moraline baskı yapılıyordu.

Şahin bey kod adıydı.
Asıl adı, Mehmet Said'ti.
43 yaşındaydı.
Yemen'e er olarak gitmişti.
Trablus'ta, Galiçya'da, Sina'da vuruşmuş, teğmen olmuştu.
Antep işgal edilince Kuvayı Milliye'ye katılmıştı.
Köy köy dolayıp, milis toplamıştı.

Yüreği vatan aşkıyla dolu bir kahramandı.
"Yumruğum, memleket kadar büyük" diyordu.

Fransız komutanına şu mektubu yazmıştı...

"Kirli ayaklarınızın bastığı şu toprakların her zerresinde bir damla Türk kanı karışıktır. Her bucağında bir atanın mezarı vardır.
Adı belli olmayan zamanlardan beri, Türkler bu topraklarda yaşamaktadır. Türk bu topraklara, bu topraklar da Türk'e ısındı, kaynadı. Sade siz değil, bütün dünya bir araya gelse, bizi bu topraklardan ayıramaz.
Sen hiç ömründe 'Türk esir yaşayamaz' diye duymadın mı?
Namus ve hürriyet için tereddüt etmeden ölüme atılmak, bizlere, Ağustos ayı sıcağında soğuk su içmekten daha tatlı gelir.
Sizler ise, canı kıymetli insanlarsınız.
Bir an evvel topraklarımızdan savuşup gidiniz.
Yoksa kıyarız canınıza!"

Milislerine o davudi sesiyle, hep şu konuşmayı yapardı...
"Yiğitlerim...

Vatanımızı koruyoruz.
Allah'ın yanına açık alınla gitmeliyiz.
Kanımız bu toprakları sulayacak.
Kimse bir adım bile geri çekilmeyecek.
Şayet düşman geçerse, naaşımın üstünden geçebilir!"

O sırada, Salihli'de çok kanlı bir çarpışma yaşanıyordu.
Aralıksız 18 saat sürdü.
300'ün üzerinde asker kaybeden Yunan ordusu şoktaydı.
Yunan taburunu taşıyan tren, Ödemiş'te havaya uçuruldu.
Ağır zayiatları vardı.

Akbaş cephaneliği basıldı.

Çanakkale Eceabat'ta bulunan bu cephanelik, Osmanlı ordusuna ait mühimmatla doluydu, Fransız işgal kuvvetlerinin kontrolündeydi, Fransız üniformalı Senegal askerleri tarafından nöbet tutuluyordu.

Köprülü Hamdi bey liderliğindeki Kuvayı Milliye müfrezesi, geceyarısı saat iki sularında, zifiri karanlıkta bastı... Senegal askerleri en ufak bir direniş bile gösteremedi, anında silahlarını bıraktılar.

Akbaş koyu'na kayıklar yanaştırıldı.
Hava aydınlanana kadar insanüstü gayret gösterildi.
8 bin tüfek, 40 makineli tüfek, 20 bin sandık cephane kaçırıldı.

Kuvayı Milliye'nin o an'a kadar gerçekleştirdiği en büyük vurgundu.

Mehmet Akif, Balıkesir'e geldi.
Şair, öğretmen, vaiz'di.

Mustafa Necati bey tarafından davet edilmişti.
Zağanos Paşa camisinde cuma namazı kıldılar.
Çıkışta kalabalığa hitap etti.

İstanbul'da tehlikelerden uzak bir hayat sürme imkanı varken, hayatını ortaya koymuştu, Anadolu'yu şehir şehir gezdi, camilerde mescitlerde yaptığı duygulu konuşmalarla, halkı yüreklendirdi.

Kastamonu'da Nasrullah Camisi'nde mesela, şöyle diyordu...
"Milletler, topla, tüfekle, zırhlı ordularla, tayyarelerle yıkılmaz.
Milletler ancak ve ancak, herkes kendi menfaatine bakarsa, herkes kendi menfaatini temin etme kaygısına düşerse yıkılır.
Düşmanlarımızın bugün bizden istediği, ne filan vilayet, ne filan sancaktır, düşmanlarımızın bugün bizden istediği, doğrudan doğruya başımızdır, boynumuzdur, hayatımızdır, devletimizdir."

Sonra da ellerini göğe açarak, şu duayı okuyordu...
"Ya ilahi, bize tevfikini gönder. Amin!
Doğru yol hangisidir, millete göster. Amin!"

Beyoğlu'ndaki Amerikan Kulübü'nde hararetli bir toplantı vardı.
Düyun-u Umumiye heyeti toplantısıydı.

Osmanlı'nın borçları 465 milyon liraya ulaşmıştı.
Sırf bu yıl 30 milyon lira bütçe açığı vardı.

Bu borçların tahsili için önlemlerin sertleştirilmesi gerekiyordu.
Saray'a ültimatom verilecekti.

*

Düyun-u Umumiye "genel borçlar" anlamına geliyordu.
Abdülhamid döneminde kurulmuştu.
Devletin gelirlerine alacaklılar tarafından el konulmuştu.

Yedi kişiden oluşan yönetim kurulu vardı.
İngiliz, Alman, Fransız, Avusturyalı, İtalyan'dı.

Bu yönetim kuruluyla, Osmanlı devleti adına müzakereleri yürüten Osmanlı devleti yöneticileri ise... Maliye müsteşarı Velendorf bey, dışişleri müşaviri Kişer efendi, sayıştay başkanı Ohannes efendi, gümrük müsteşarı Bertrand efendiydi!

Güya Osmanlı'yı temsil ediyorlardı ama...
Velendorf bey, aslında Fransız'dı.
Kişer efendi, aslında İtalyan'dı.
Bertrand efendi, aslında Alman'dı.

Borçların ödenmesini takip etmek için kurulmamıştı... Devletin gelir kaynaklarını bizzat yönetmek için, devletin gelirlerini bizzat tahsil etmek için kurulmuştu.
Bildiğin "haciz" kuruluşuydu.

Devletten bile büyüktü dersek, yanlış olmaz...
Çünkü, devletin maliye bakanlığında beş bin memur çalışırken, Düyun-u Umumiye'nin emrinde dokuz bin memur çalışıyordu.

"Ecnebi maaşı" dolgundu... Eğitimli gençlerimiz kendi devletine faydalı olmaktansa, Düyun-u Umumiye'de işe girmek için yarışıyordu.
Prim sistemi vardı.
Kendi milletinin gırtlağına sarılan memurumuz, ecnebilerin gözüne giriyor, takdir ediliyordu. Kendi milletinin gırtlağını en çok kim sıkıyorsa, en çok o ödüllendiriliyordu.

Bölge müdürlüğü sayısı 26'ydı.
Şehirlerde ilçelerde 720 tahsilat şubesi vardı.

Devlet gibi vergi salıyorlardı.
Devlet gibi vergi oranlarını belirliyorlardı.
Devletin gelirlerine el koyup sadece dış borcu ödemekle kalmıyor, aynı zamanda devletin bütçe defterini tutuyor,
iç borç ödemelerini de yapıyorlardı.

Banker adı altındaki uluslararası tefecilerin oyuncağı olmuştuk.

Devletin hazinesini adeta inek sağar gibi sağmakla kalmamışlar, uyuşturucu bağımlısı yapar gibi, kredi bağımlısı yapmışlardı.
Yeni borçlar veriyor, yeni imtiyazlar alıyorlardı.
Bizim topraklarımızda, kendilerine demiryolları, limanlar, bankalar, sigorta şirketleri, posta şirketleri, telefon şirketleri, tramvay şirketleri, elektrik santralları kurmuşlardı.
Yeraltı zenginliklerimizi babalarının madeni gibi işletiyorlardı.
Borçlarımızın katbekat üzerinde gelir elde etmeye başlamışlardı.

Kendi ülkemizde elalemin kölesi olmuştuk.

Kapitalizmin karakolu olarak gelmişler...
Emperyalizmin kuklası haline getirmişlerdi.

İstanbul'daki karmaşa gitgide büyüyordu.
Bir gemi dolusu Türk esir geliyor...
Hemen arkasından bir gemi dolusu Beyaz Rus geliyordu.

Büyükada, Heybeliada, Rus adası haline gelmişti.

Esirler, Ruslar, Ege'den kaçarak göçedenler derken...
İstanbul'un nüfusu ikiye katlanmış, iki milyona yaklaşmıştı.

Urfa savunmasını örgütleyen ve bitirici vuruş için son hazırlıklarını tamamlayan Kuvayı Milliye komutanı Ali Saip bey, Fransız işgal kuvvetleri komutanına süre verdi...
"24 saat içinde şehri boşaltın, yoksa müdahale edeceğiz" dedi.

Fransızlar reddetti.

Tık...
Telgraf hatları tahrip edildi.
Demiryolu köprüsü dinamitle yıkıldı.
Urfa'ya altı ayrı noktadan saldırıya geçtik.

Bismillah daha ilk gün, Fransız karargahı kaçtı!
Şehrin yarısı Kuvayı Milliye'nin kontrolüne geçti.
Hapishane boşaltıldı, mahkumlara silah dağıtıldı.

Urfa'nın intikamını Maraş'ta almaya çalıştılar.
Dağ toplarıyla Maraş'ı bombardımına başladılar.

İşgalin en kanlı günüydü.
Kuvayı Milliye'yi durdurmak için sivil halkı vuruyorlardı.

Durduramadılar.
Ecel kapıdaydı.
Mecburen şehri boşaltmaya karar verdiler.

Maraş'ta yaşayan Ermeniler, paniğe kapıldı... Yollara dökülüyorlar ve "bizi bırakıp nereye gidiyorsunuz" diye Fransız askerlerinin yakasına yapışıyorlardı.

İhanetin hesap günü yakındı.

Urfa'daki kurtuluş mücadelesine katılan Kuvayı Milliye kahramanlarından biri, Uceymi Sadun paşa'ydı.
Iraklı'ydı.
İngilizlere kök söktüren Arap aşireti lideriydi.
Türk dostuydu.

Babası Sadun paşa, özgürlük yanlısı olduğu için Abdülhamid döneminde tutuklanmış, Halep zindanında zehirlenerek öldürülmüştü...
Bu trajediye rağmen, oğlu Türk milletine küsmemiş, İngiliz casusu Lawrence'ın sinsi planlarına alet olmamış, Türkleri sırtından hançerlememiş, tam tersine milli bağımsızlık mücadelemizde yanımızda olmayı tercih etmişti.

Mustafa Kemal'le tanışıyorlardı.
Diyarbakır'da ve Halep'teyken, görüşmüşlerdi.
Mustafa Kemal, Samsun'a çıktıktan hemen bir ay sonra

Uceymi Sadun paşa'ya mektup göndermiş, yakında destek isteyeceğini söylemişti.

Ömrü boyunca para biriktirmek yerine insan biriktirmeyi tercih eden Mustafa Kemal'in vizyonu, bizden olmayanları bile bizim mücadelemize dahil etmeyi başarıyordu.

Urfa mücadelesi başlayınca, tekrar temas kuruldu.
Uceymi Sadun paşa kendisine bağlı Arap milis kuvvetleriyle birlikte derhal Mardin'e geldi, Kuvayı Milliye'ye katıldı.
Top, tüfek, cephane verildi.
Bölgeyi bilen Türk subayları emrine verildi.
Alay haline getirildi.
Urfa'ya yürüdü.

Urfa'yla bugünkü Suriye arasındaki bölgeyi tuttu.
Fransızlara kan kusturdu.

*

Uceymi Sadun paşa, milli mücadele kazanıldıktan sonra Irak'a dönmedi, Türkiye'de kaldı, Gaziantep'e yerleşti.
Cumhuriyet ilan edildikten sonra kendisine toprak verildi.
Dört bin nüfuslu aşiretiyle birlikte Türk vatandaşı oldu.
Sümer soyadını aldı.
Ankara'ya taşındı.
1960 yılında, 73 yaşındayken Ankara'da rahmetli oldu.
Naaşı Türk Bayrağı'na sarıldı.
Ankara'da askeri törenle toprağa verildi.

İngiliz casusu Lawrence'ın maşası olsaydı, kendisine teklif edilen serveti alarak, Türkleri sırtından vursaydı, eminim Hollywood'da filmleri çekilirdi, bütün dünya tanırdı... Türk dostu olduğu için, maalesef, Türkiye'de bile tanınmayan kahramanlarımızdan biri oldu.

Fransızlar Maraş'ı boşaltmaya başladı.
Kaçarcasına çekilirken, yoğun top atışına tutuyorlardı.
Şehir alevler içinde yanıyordu.

Sabaha karşı Maraş'a girdik.
Neredeyse sağlam bina kalmamıştı.

Şehirde 14 bin Ermeni yaşıyordu, altı bini kaçmıştı.
Geriye kalanlar tir tir titriyordu.

Maraş'ta Amerikan heyeti vardı. Ermenilerin güvenliği için Kuvayı Milliye komutanı Kılıç Ali'ye gittiler, yardım istediler.

Kılıç Ali'nin cevabı tarihiydi...
"Düşmanlar çıkınca Ermeniler bizim vatandaşımız olur, onların himayesi için sizin varlığınıza ihtiyaç yok, ancak, Fransızların arkasına takılan Ermeniler hakkında güvence veremem!"

Söz... Kuvayı Milliye sözüydü.
Şehirde kalan Ermenilerin kılına bile dokunulmadı.

Fransız birliklerini takip sırasında iki binden fazla Fransız askeriyle birlikte 100'den fazla Ermeni öldürüldü.

Gece eksi 23 derece oluyordu.
Mahvolmuş halde kaçarak İslahiye'ye ulaşmaya çalışan Fransız askerlerinin yanında, Ermeni kadınlar ve çocuklar vardı.

Bazıları donarak öldü.
Fransızlar, Ermenileri toprağa bile vermeden terkediyordu.

Bir yıldır işgal altında olan Maraş'ı 22 günde kurtarmıştık.

Bin kadar şehidimiz vardı, bir o kadar yaralımız vardı.
Ama sadece Maraş değil, umut kazanılmıştı.
Kuvayı Milliye'nin ilk resmi zaferiydi.

Mustafa Kemal bildiri yayınlandı.
"Maraş başarısı, bütün yurdumuzun kurtuluşu ve milletimizin bağımsızlığı için başlangıç olsun" dedi.

Hemen ardından şifreli emir verdi...
Mersin Limanı'na hakim olunmasını istedi.
"Mümkün olan en kısa sürede halledilsin" diyordu.

Mersin, dünyaya açılan penceremiz olacaktı.

Harekat anbean Ankara'ya bildiriliyor, Mustafa Kemal yönetimindeki kurmay heyetinden anbean yeni harekat planları gönderiliyordu.

İstanbul'da şiddetli kar yağışı vardı.

Yunan ordusu, İzmir'e yeni birlikler çıkardı.
Ege'deki asker sayıları 100 bini bulmuştu.

Topyekûn savaş hazırlığı başlatmışlardı.
Seferberlik ilan ettiler, Anadolu'da yaşayan 19 yaşındaki Rum erkeklerinin derhal askere yazılmasını emrettiler.

Anzavur'un ikinci ayaklanması başladı.
Şah İsmail ve Gavur İmam adındaki yardımcılarıyla, bin'den fazla silahlı, baltalı, bıçaklı adamlarıyla Biga'ya daldı.

Katliam yaptılar.

Akbaş cephaneliğini basıp, silahları, mühimmatı kaçıran Köprülü Hamdi bey'i hedef almışlardı... Yaşadığı köyün etrafını sardılar, teslim alabilirlerdi, hunharca öldürdüler, naaşını Biga belediyesinin bahçesine attılar, İngiliz subaylarını getirip gösterdiler.

Anzavur'un sırtı sıvazlandı, tebrik edildi!

800 adamıyla birlikte Yenice bucağına yürüdü.
Akbaş cephaneliğinden kaçırılan mühimmat, orada saklanıyordu.
Anzavur'un eline geçmek üzereydi.
Kuvayı Milliye'nin tek çaresi vardı...
Hepsi havaya uçuruldu!

Maraş'tan kaçan Fransız birliklerinin döküntüleri, İslahiye'de tutunamayacaklarını anlamışlardı, emir-komuta zinciri kopmuştu, aynı hızla ve panik halinde Adana'ya doğru yola çıktılar.

Antep'te ölüm sessizliği yaşanıyordu.
Türkler kendi mahallelerine, hristiyanlar kendi

mahallelerine çekilmişti, çıt çıkmıyordu, herkes olacakları bekliyordu.

Urfa'da kar yağıyordu.
Şehrin çevresindeki Fransız karakollarına baskınlar başlamıştı.
Ağır zayiat veriyorlardı.
Fransız ordusunda üniforma giyen çok sayıda Cezayirli asker, firar ederek Türk tarafına geçiyordu, Kuvayı Milliye'ye katılıyorlardı.

Fransız uçakları şehre bildiri atıyordu.
"Ali Saip kuvvetleri yenildi" deniyordu.
Elbette yalandı.
Tek umutları sahte propagandaydı.

Ermeniler, Kars Arpaçay'a saldırdı.
28 köyü yaktılar.
İki bin civarında insanı katlettiler.
Genç kızları Gümrü'ye kaçırdılar.

İzmir'den Urfa'ya, Antep'ten Kars'a, Aydın'dan Maraş'a memleketin 70 ayrı noktasında aynı anda çatışma yaşanıyordu.

Mustafa Kemal, Adana'nın ilçesi Haçin'e müfreze gönderilmesini, askerlerin sivil kıyafetlerle vatandaş görünümüyle çatışmaya girmesini emretti. Adana'da vuruşma başladı.

Haruniye, Kadirli, Kozan, ilçe ilçe, köy köy...
Vatan toprağı karış karış geri alınıyordu.

Kuvayı Milliye, Silifke'ye girdi.

Hatay'da çarpışılıyordu.
Hassa ilçesi bir gün Kuvayı Milliye'nin eline geçiyor, ertesi gün Fransızlar tarafından geri alınıyordu.

İngiltere'nin Akdeniz filosu İstanbul'a geldi.
Boğaz'a demirledi.

Ankara'da İngiltere adına irtibat subayı olarak görev yapan yüzbaşı Whittall, sürpriz bir emirle İstanbul'a çağırıldı.

Yüzbaşı Whittall, Osmanlı vatandaşıydı.
İngilizdi ama, İstanbullu bir ailenin çocuğuydu.
1800'lü yıllarda Liverpool'dan gelip İzmir'e yerleşen, sonra İstanbul'a taşınan, ithalat-ihracat yapan çok zengin bir tüccar aileye mensuptu.
Moda semtinin neredeyse tamamı ailesine aitti.
Kendisi de İstanbul'da dünyaya gelmişti.

Attığı her adım gölge gibi takip edilen yüzbaşı Whittall'ın aniden İstanbul'a çağırılması, Mustafa Kemal'de alarm zillerinin çalmasına sebep oldu.
"İngilizler belli ki İstanbul'da tutuklamalara başlayacak, karşılığında bizim de buradaki İngilizleri tutuklayacağımızı biliyorlar, ailesi önlem olarak bunu kurtarmaya çalışıyor" dedi.

Şifreli mesaj gönderdi...
"İşe yarayacak isimler" listesi verdi.
Derhal İstanbul'u terketmelerini istedi.

Her zamanki gibi tam isabetli öngörüydü.
İngiltere "resmi işgal"e başlıyordu.

Mim Mim Grubu kuruldu.

Müdafaa-i Milliye.
M.M.
Başharflerinin Osmanlıca okunuşu Mim Mim'di.

Mustafa Kemal, Topkapılı Mehmet'i çağırdı.
"Sen kuracaksın" dedi.

Eski tulumbacıydı.
Kolunda meşin bileklik, boynunda muska taşıyordu.
Kabadayıydı.
Gözükaraydı.
"Topkapılı Cambaz Mehmet" adıyla nam salmıştı.
Doğma büyüme İstanbullu'ydu.
Çanakkale'den beri Mustafa Kemal'in askeriydi.
Temasları hiç kesilmemişti.
Samsun'a geçmeden önce yaptığı gizli toplantılar sırasında,
Şişli'deki evine gelenlerden biri elbette Topkapılı Mehmet'ti.

İstanbul'da sustalı, tabancalı üç bin elemanı vardı.
Sandalcı, hamal, esnaf...
Sokakta müthiş bir istihbarat ağı kurdu.
Yaprak kımıldasa haberi oluyordu.
Gizli evleri, gizli depoları, gizli buluşma noktaları vardı.
Anadolu'ya bilgi, insan, silah, cephane kaçırıyorlardı.

Mustafa Kemal için canını vermeye hazır olan Topkapılı Cambaz Mehmet, gizli haberleşmede "Demir" kod adını kullanıyordu.

İstanbul'da resmi olarak albay Neşet bey'e bağlıydı.
Neşet bey de, albay İsmet'e (İnönü) bağlıydı.

Topkapılı Cambaz Mehmet, filmlere çekilmesi gereken, romanları yazılması gereken sansasyonel operasyonlara imza attı.

İngiliz işgal kuvvetleri komutanı general Harrington'ın makam otomobilini çaldı, kendisi sürerek götürdü, Ankara'da Mustafa Kemal'e hediye etti!

Mim Mim Grubu'nun en önemli silahı, sustalıydı.
Tramvayda Türk kadınlarına sarkıntılık eden Fransız subaylarını veya esnafa tokat atan İngiliz askerlerini gölge gibi takip ediyor, tenhada bıçaklıyorlardı.
İşgal kuvvetleri için keskin ve sessiz bir tehlikeydi.

Mustafa Kemal, Sivas kongresinde açıklamıştı...
"İstanbul'da silahlı üç bin adamımız var" demişti.
O üç bin kişi, Mim Mim Grubu'ydu.

Semt semt örgütleniyorlardı.
Gerekirse mahalle mahalle vuruşulacaktı.

*

Topkapılı Cambaz Mehmet'e Kurtuluş Savaşı'ndan sonra bizzat Mustafa Kemal tarafından İstanbul milletvekili olması için teklifte bulunuldu. Teşekkür ederek kabul etmedi. "Koşum tutmaz bir insanım, müsaade buyurun serbest kalayım" dedi.
TBMM tarafından 1500 lira maaş bağlandı.
Onu da kabul etmedi, Kızılay'a bağışladı.

İngiliz istihbaratının İstanbul'da işbirlikçi Türkler ve yerli Rumlardan oluşturduğu casusluk ağı vardı...
Kod adı, Kara Jumbo'ydu.

Yüzbaşı John Bennett yönetiyordu.
Mükemmel seviyede Türkçe konuşuyordu.
Kuran tefsiri yapabilecek kadar Arapçaya hakimdi.
Türk-İslam örfünü, adetlerini çok iyi biliyordu, örtülü görevlerde Müslüman gibi görünmek için sünnet bile olmuştu.
Kroker Oteli'ni karargah olarak kullanıyordu.
Pera Palas'ın yakınındaydı, bodrum katı işkence merkeziydi.

Her akşam Büyükdere'deki Rum gazinolarına eğlenmeye giderdi.
Sabaha karşı Kroker Oteli'ne döner, bodruma iner, tutuklu Türkleri küfürler eşliğinde kamçıyla döver, sonra gidip yatardı.

*

John Godolphin Bennett...
Annesi Amerikalı, babası İngiliz'di.
King's College'dan mezun oldu. Kraliyet Askeri Akademisi'ne girdi.
Askeri istihbaratta görev yaptı. İstanbul'da ağır işkenceler uygularken henüz 24 yaşındaydı!
İstanbul'dan İngiltere'ye döndükten sonra ordudan ayrıldı.
"Miras komisyonculuğu" işine girdi.
Osmanlı hanedanı sürgüne yollanmış, mallarına mülklerine el konulmuştu. Türkiye Cumhuriyeti'ndeki gayrimenkulleri kurtarma imkanı

elbette yoktu ama, eskiden Osmanlı sınırları içinde yeralan ülkelerden belki kurtarılabilirdi.
Bennett işte tam bu iş için kolları sıvamıştı.
"Şahsi ilişkilerimi kullanarak, eskiden Osmanlı'nın sınırları içinde kalan Yunanistan'daki, Mısır'daki, Suudi Arabistan'daki gayrimenkulleri kurtarabilirim" dedi, sürgünde yaşayan bazı hanedan mensuplarından vekalet aldı.
Devletini İngiltere'ye kaybeden Osmanlı hanedanı, mallarını kurtarmak için İngiliz istihbarat subayından medet umuyordu!
Şirketler kurdu.
Abdülhamid'in Musul'daki petrol hisselerini kurtarmaya çalıştı.
Tapusu Osmanlı hanedanının elinde olan ve Balkan ülkelerinde bulunan maden sahalarını geri almaya çalıştı.
Bu işleri kurcalarken, sahte evraklar ve sahte tapular kullandığı gerekçesiyle Yunanistan'da tutuklandı!
Yeniden İngiltere'ye döndü.
Bu defa "din komisyonculuğu" işine girdi.
İstanbul'dayken Mevlevi tekkeleriyle yakın temas kurmuştu.
Sherborne kasabasında bir ortaçağ şatosunda tekke kurdu.
Kendini tarikat şeyhi ilan etti!
Tasavvuf düşüncesi üzerine kitaplar bile yazdı.
50'li yıllardan itibaren defalarca Türkiye'ye geldi.
İstanbul'da, Konya'da, tarikat şeyhleriyle görüşmeler yaptı... Bu bağlantılarını hangi amaçlar yönünde örgütledi, orasını bilmiyoruz!
Türk gazetecilerinden arkadaşları vardı.
1974'te öldü.

İngiliz Savaş Bakanlığı'na İstanbul'dan gönderilen resmi raporlara bakılırsa, Kara Jumbo'nun TBMM içinde bile uzantıları vardı.
İşbirlikçi milletvekillerinin isimleri belirtilmemiş, sadece kod numaraları verilmişti. Bu vatan haini milletvekilleri, gizli oturumların tutanaklarını kelimesi kelimesine İngilizlere aktarıyorlardı.

İstanbul'daki üst düzey İngiliz casusları ise, albay Nelson tarafından yönetiliyordu, Ramiz bey takma adıyla tanınıyordu.
Şişli'de bir apartmanı karargah olarak kullanıyordu.
O da tıpkı Bennett gibi pürüzsüz Türkçe konuşuyordu.

Suikast, sabotaj, ayaklanma örgütlemek, Nelson'ın işiydi.

James Bond o sırada İstanbul'daydı!

Bu gerçek 2010 yılında gün ışığına çıktı.
Quenn's Üniversitesi tarih profesörü Keith Jeffery, yüzüncü kuruluş yıldönümü vesilesiyle İngiliz istihbarat teşkilatı MI6'in arşivlerinde inceleme yaptı. *Gizli Servisin Tarihi* ismiyle kitaplaştırdı.

Bu belgesel kitabında... Ian Fleming'in romanlarındaki James Bond karakterini Wilfred Dunderdale'den esinlenerek yarattığını yazdı.

"Biffy" kod adını kullanan Wilfred Dunderdale'in 1919'la 1922 arasında, yani Kurtuluş Savaşı sırasında, İstanbul'da görevli olduğunu anlattı.

Ian Fleming'in yakın arkadaşı olan Wilfred Dunderdale, Karadeniz limanlarında ticaret yapan armatör bir İngiliz babanın oğluydu.
Odessa'da dünyaya gelmişti.
Petrograd Üniversitesi'nde deniz mühendisi olmuş, İngiliz istihbaratına katılmıştı. Boksördü. Akıcı Rusça biliyordu.
Şık giyiniyordu, özel kol düğmeleri yaptırıyordu.
Lüks yaşama, kadınlara düşkündü.

İstanbul'daki görevinden sonra Fransa'ya geçecek, İkinci Dünya Savaşı'nda Paris'te istasyon şefi olacak, Nazilere karşı mücadele edecek, sonrasında özellikle Polonya'da Sovyetlere karşı çalışacak, 1959'da emekli olacak, 1990'da ölecekti.

İlk görev yeri İstanbul'du.
Milli mücadele'ye karşı faaliyet yürütüyordu.
Bolşevik çevrelere sızmıştı.

James Bond, albay Nelson'ın emrindeydi.

Bond'la birlikte çalışan iki çok etkili MI6 elemanı vardı.

Osmanlı subaylarının müşterisi olduğu terzi Mehmet efendi, aslında "RV/5" kod adıyla işbirlikçi casustu.
Üsküdar'da dükkanı vardı.
Kendisine sahte TBMM mührüyle sahte evrak düzenlenmişti.
O evrakta "Büyük Millet Meclisi emirnamesiyle harekat-ı milliyenin şahıslarından Herekeli Mehmet efendi, mücahid-i milliyeciler nezdinde mazharı itimad olmak üzere, işbu fedakar vesika ita kılındı" yazıyordu.

Aslında TBMM hiç kimseye böyle bir evrak vermiyordu.
Ama, Anadolu'da hiç kimse bunu bilmiyordu.
TBMM mührünü gören gerçek zannediyordu.
Terzi Mehmet bu sahte evrakla Karadeniz'i dolaşmış, Pontuslu Rumlara karşı mücadele eden Türk çetecilerle dostane temaslar kurmuş, sonra da bu yurtsever çetecilerle alakalı tüm bilgileri İngilizlere aktarmıştı.
Selimiye Kışlası'ndaki telsiz cihazını Anadolu'ya kaçırmaya çalışan subayları ihbar etmişti. Anadolu'ya geçmek üzere olan tıp öğrencilerini rıhtımda suçüstü yakalatmıştı.
Mesleği gereği saraya girip çıkabiliyordu.
Sarayda devşirdiği muhbirlerden bilgi taşıyordu.
Kimliği deşifre olunca öldürülmesin diye Mısır'a kaçırıldı.

"JQ/6" kod adıyla anılan bir başka işbirlikçi casus ise, Beyoğlu'nda kuvvacıların uğrak yeri olan kahvehaneyi işletiyordu.

İngiliz istihbaratının, Osmanlı sarayı'nın içinde, Vahdettin'in yakın çevresinden çok çok iyi haber veren bir muhbiri vardı.
Kim olduğunu bilmiyoruz...
Ama "Carmen" kod adını vermişlerdi.
Londra'ya gönderilen raporlarda bile kimliği belirtilmiyordu.
Sadece "Carmen" deniyordu.

İngiliz istihbaratının en büyük amacı, Mustafa Kemal'in çevresine sızabilmekti, bu iş için Hintli bir kadın bile kullanmışlardı.

Bupsy Paury...
Bombay'ın en zengin ailelerinden birinin kızıydı.
Tahsilini ABD'de yapmıştı.

Güya karayoluyla Londra'ya giderken Ankara'ya uğramıştı.
Değerli taşlardan oluşan hediyeler getirmişti.
Mustafa Kemal'in hayranı olduğunu söylüyordu.
Mutlaka görüştürülmesini rica ediyordu.

Aracılarla fotoğrafını göndermişti.
Geleneksel Hint kıyafetleri içinde, göğsü, kulakları ve kolları elmaslarla dolu, uzun boylu, esmer güzeliydi.

Mustafa Kemal, oynanan bu ucuz oyunun farkındaydı.
Görüşmedi bile...
"Tuzağına düşmeyin, intelijans servisinin işleri," dedi.

İstanbul Kadıköy'de Mahmut Hamdi adında inzibat subayı vardı.
Çanakkale Savaşı'nda İngilizlere esir düşmüş, bilahare serbest bırakılmış, yeniden ordudaki görevine dönmüştü.
Milli mücadele başladıktan sonra, İngilizlere bilgi sızdırdığı, Ankara Hükümeti'nin aleyhine çalıştığı, Anadolu'ya geçen askerleri firara teşvik ettiği anlaşıldı.
Meğer, esirken devşirilmişti...
Deşifre olunca, kuvvacılar tarafından paketlendi.
Sorgulanmak ve yargılanmak üzere Ankara'ya götürüldü.

Polatlı Malıköy'de pejmürde kıyafetli bir Hintli yakalandı.
İyi de... Kurtuluş Savaşı'nda stratejik öneme sahip olan, Ankara-İstanbul demiryolu üzerindeki bu küçücük yerleşim biriminde, Hintli'nin ne işi vardı?
Milli mücadeleye destek vermek için Ankara'ya geldiğini, müslüman olduğunu, İngiliz düşmanı olduğunu söylüyordu.
Ama... Daha ilk sorgusunda Hintli olmadığı ortaya çıktı.
Aslında İngiliz subayıydı, casustu.
Sabotaj noktalarını belirliyordu.

Yanıltma işi, İngiliz istihbaratının çok iyi yaptığı bir işti. Beyşehir'de imam kıyafetiyle propaganda yapan kişinin, aslında İngiliz subayı olduğu, isminin Campell olduğu ortaya çıktı.

Yunan istihbaratı da hayli etkiliydi.
İzmit'te bir Osmanlı subayı yakalandı.
Yüzbaşı Hamdi bey kimliğini taşıyordu.
Yunan subayı olduğu ortaya çıktı.

Allen Dulles...
1921'de İstanbul'da Amerikan elçiliğinde görevliydi.

1953'te CIA başkanı oldu!

*

Betty Carp...
Allen Dulles'ın sevgilisiydi.
Fırtınalı bir aşk yaşıyorlardı.
O da İstanbul'da Amerikan elçiliğinde görevliydi.
Daktilo memuresiydi.
Bütün resmi yazışmalar onun elinden geçiyordu.
Allen Dulles'la 1921'de orada tanışmışlardı.

Sovyet devrimi'nin hemen öncesinde Rusya'dan İstanbul'a kaçan, Macar kökenli Musevi bir ailenin kızıydı. İstanbul'da Amerikan elçiliğinde işe alınmış, Amerikan vatandaşı olmuştu. Rusça, İngilizce, Fransızca, İtalyanca, Almanca, Rumca ve Türkçe biliyordu.

1930'lu yıllarda ABD'ye götürüldü.
İstihbarat eğitimi aldı.
İkinci Dünya Savaşı'ndan sonra tekrar İstanbul'a döndü.
İstanbul'da Ankara'da geniş çevre yaptı.
Siyasiler ve bürokratlarla yakın arkadaşlıklar kurdu.
Yüzlerce vatan hainini devşirdi, muhbir haline getirdi. CIA'in Türkiye'yi ahtapot gibi sarıp sarmalamasında büyük emeği vardı!

Ataşe sıfatıyla Türkiye'de 50 yıl aralıksız faaliyet gösterdi.

1964'te emekli oldu, İstanbul'dan ayrılmadı.
84 yaşında ölene kadar İstanbul'da yaşadı.

Hiç evlenmedi, mirasçısı yoktu.
İkametgahı ömrü boyunca Beyoğlu'ydu.
Hiç ev satın almamıştı. Antika eşyaları, paha biçilmez halıları ve Hacer isimli yaşlı hizmetçisiyle birlikte kirada oturuyordu.

Adana'da kulakları sağır eden bir patlama oldu. Ermeni episkoposu Muşeg'in eviydi.
Mahallede sağlam bina kalmadı.
Muşeg'in kardeşi dahil, 30'dan fazla Ermeni öldü.

Güya din adamının eviydi ama...
Bomba imalathanesiydi.

Fransızlar enkazda inceleme yaptı.
Türklerin isim listesi bulundu.
Öldürülmesi kararlaştırılmış Türklerin listesiydi.

Aslına bakarsanız, Ermeni episkoposu Muşeg bu terör faaliyetlerini 20 yıldır sürdürüyordu, bölgedeki herkes biliyordu, tek tek seçtiği fedailerini Rusya'ya eğitime gönderiyordu.
Kilisesinin altına tüneller açtırmıştı, silah depoları vardı.
Ermeni evlerini cephaneliğe çevirmişti.
Ermenistan bayrağıyla dolaşıyordu.

Ermeni çetecilerin 1909 yılında Zeytun'da, Haçin'de, Dörtyol'da yaptıkları korkunç katliamların altında, hep o vardı.

Vahşetleri anlatılır gibi değildi.
Türkleri öldürüyor, kendi kanıyla vücutlarına haç çiziyorlardı.

İnsan sıfatını taşıyan biri, kasaturasını saplayarak, iki yaşındaki, üç yaşındaki çocukların gözlerini oyabilir mi?
Oyuyorlardı.
Çocuklar feryat ede ede can veriyordu.

Osmanlı ordusu tarafından yakalanma ihtimalleri doğduğunda, İskenderun ve Mersin limanında demirlemiş İngiliz ve Amerikan zırhlılarına sığınıyorlardı.

Muşeg, tehcir sırasında Mısır'a kaçmıştı.
Fransız işgaliyle geri dönmüştü.

Kuvayı Milliye gelene kadar, Fransız üniformasıyla Adana'ya dönen 40 bin Ermeniyle birlikte, Türk soykırımı yaptılar.
Savunmasız sivilleri öldürdüler.
Yaktılar yıktılar, yağmaladılar.
Ağaçlara astılar, diri diri kuyulara attılar.
Kadınlara tecavüzlerin haddi hesabı yoktu.

İncirlik köyü'nde Türkleri bir eve topladılar.
Top atışıyla katlettiler.

100 kadar Türk'ten oluşan kafile mesela... Canlarını kurtarmak için göçetmek üzere Tarsus yoluna çıkmıştı, Ermeni çeteleri tarafından durduruldular, Kahyaoğlu Çiftliği'ne getirildiler, erkekleri ve çocukları tek tek süngüyle öldürdüler, kadınlara önce tecavüz ettiler, sonra öldürdüler. Kadınların bileziklerini küpelerini soymak için, ellerini kulaklarını kestiler.

Türklerin kaçış yollarına, Fransız uçakları tarafından çivi atılıyordu. Bildiğiniz çivi değildi... Dört ucu sivri, balık oltası gibi çentikli, yere düştüğünde abajur ayağı gibi duran, nasıl düşerse düşsün bir sivri ucu hep üstte kalan 10 santimlik çivilerdi.
Topukkıran deniyordu.
İlkel mayın'dı.
Yürüyüş güzergahlarına atılıyor, gece karanlığında farkedilmiyor, üstüne basanların ayak kemiklerini parçalıyordu.

Camili köyü'nü bastılar.
70'ten fazla insanın boğazını kesip, Ceyhan Nehri'ne attılar.
Fransızlar soruşturma bile açmadı.

Şişmanyan adında bir çeteci vardı.
"Ermeni devleti kuvvetleri komutanı" sıfatıyla dolaşıyordu.
Polis teşkilatı kurmuştu.

Kuvayı Milliye'den teğmen Selahaddin'i yakaladılar.
Kafasını kestiler.
Bir topun üzerine yerleştirdiler.
Adana caddelerinde dolaştırdılar.

Fransızlar güya adalet komisyonu kurmuştu.
İki Ermeni şahit yeterliydi.
Bu şahitlerin ifadesiyle, Türklerin malını mülkünü tarlasını hayvanını elinden alıyorlar, "gerçek sahibi" diye Ermenilere veriyorlardı.
Türklerin şahitliği kabul edilmiyordu!

Kozan'da 500'den fazla Türk öldürüldü.
Kozan defterdarı Hamdi efendi...
Mektupçu Ali Rıza efendi...
Emekli yüzbaşı Mehmet bey...
Fırında yakıldılar.

Saimbeyli'de 500 kadar Türk vardı...
Saimbeyli'yi kurtardığımızda sağ Türk kalmamıştı.

Mustafa Kemal, işgal ve çatışma bölgelerinde yaşananların "namuslu basın"da haber yapılarak, millete duyurulmasını emretti.

Basın ikiye ayrılmıştı.
Gerçekleri "namuslu basın" yazıyordu.
Yalanlar ise "namussuz basın"da manşetti!

İstanbul "resmen" işgal edildi.

İngiliz askerleri, savunma bakanı Cemal paşa'nın evini bastı.
Pijamasıyla tutukladılar.

Aslına bakarsanız, İstanbul zaten işgal altındaydı.
Padişah kuklaydı.

Hükümet kuklaydı.
İngilizler her istediğini yaptırıyordu.

Ama, Kuvayı Milliye'nin gelişini görüyorlardı...
Mustafa Kemal'in yakında İstanbul'a yürüyeceğini görüyorlardı.

İşte o gün gelmeden, İstanbul'a yeterli sayıda İngiliz askeri yığabilmenin, Yunan kuvvetlerine resmi olarak silah-cephane aktarabilmenin tek yolu, İstanbul'u "resmen" işgal etmelerini gerektiriyordu.

16 Mart 1920...
Osmanlı'nın resmen sona erdiği gündü.

İstanbul "vize"ye bağlandı.
İstanbul'a gelmek isteyen bir Türk...
İngiltere'den vize almak zorundaydı!

İstanbul fiilen İngiltere toprağı olmuştu.

Mustafa Kemal o gün bizzat makine başına oturdu...
İngiltere, Fransa, İtalya ve ABD başta olmak üzere Anadolu'yla alakalı tüm ülkelerin başkan ve başbakanlarına şu tarihi telgrafı gönderdi.

"Bugün İstanbul işgal edildi.
Osmanlı devletinin yedi yüz yıllık hayat egemenliğine son verildi.
Bu son yumruk, 20'nci yüzyıl uygarlığının ve insanlığının

kutsal saydığı bütün ilkelere, özgürlük gibi, yurt ve millet duygusu gibi, bugünkü insan topluluklarının temeli olan bütün ilkelere indirildi.
Türk milleti, bağımsızlık hakkını ve geleceğini savunacak. Hiçbir kuvvet, bizi yaşamak hakkımızdan yoksun bırakamaz!"

Yıldız Sarayı'ndaki Vahdettin ise hâlâ istifini bozmuyordu.
"Bir millet var, koyun sürüsü...
Bu sürüye bir çoban lazım, o da benim," diyordu!

Şehirde çok hazin olaylar yaşanıyordu...
Sadece kamu binalarına değil, gözlerine kestirdikleri özel mülklere de el koymuşlardı, işgal subaylarına tahsis edip kullanıyorlardı.
Mülk sahipleri kolundan tutulup, kapının önüne konuluyordu.

Hava kararınca kabus çöküyordu.
Gece sokağa çıkmak, adeta ölümü göze almak anlamına geliyordu.
Sarhoş İngiliz askerleri zevk için insan öldürüyordu.
Kimvurduya gidiyordu.

Gasp, soygun normal hale gelmişti.
Dükkanlar güpegündüz soyuluyordu.

Kapılar kırılıyor, evlere giriliyor, ziynet eşyaları alınıyordu.
Kadınlara musallat oluyorlardı.
Kocasının önünde tecavüz edilen kadınlar vardı.

Bayrak, ezan gibi kutsallara saldırılıyordu.
Minarelerde müezzinlere ateş ederek eğleniyorlardı.

Galata Kulesi'ne İngiliz bayrağı çekilmişti.
Gözetleme kulesi olarak kullanıyorlardı.
İngiliz nöbetçiler dürbünle şehri kolaçan ediyordu.

Boğaz'da zırhlılar, şehir hatları vapurları gibi dolaşıyordu.
İngiliz denizaltıları Haliç'e bağlanmıştı.
Hintli zaptiyeler, sokaklarımızda kimlik kontrolü yapıyordu.

İstanbul'da tutuklamalar başladı.
Rauf bey, Kara Vasıf bey, Şeref bey...
Malta'ya götürülmek üzere gemilere bindirildiler.

Ankara hükümeti derhal misilleme yaptı.
Erzurum, Amasya, Eskişehir, Ankara...
Anadolu'da görevli bütün İngiliz askerleri tutuklandı.

Göze göz, dişe diş'ti.
Anladıkları dilden cevap veriliyordu.

Trakya Kuvayı Milliye komutanı Cafer Tayyar beydi.
Bildiri yayınladı.
Trakya'nın İstanbul'la teması kesildi.

Artık saray yoktu.
Artık sadece Ankara vardı.
Anadolu ve Trakya halkı, kendi kaderini belirleyecekti.

Albay İsmet bey eşiyle vedalaştı...
Üsküdar'daki Özbekler Tekkesi'ne geldi.
Anadolu'ya geçti.

Ankara'ya ulaşması 20 gün sürecekti.

Özbekler Tekkesi, Ahmet Yesevi öğretisinden geliyordu.
1752'de Buharalı dervişler tarafından kurulmuştu.
Tekke'nin milli mücadele dönemindeki şeyhi,
Ata efendi'ydi.
Karakol Cemiyeti'nin çekirdek kadrosundandı.

Özbekler Tekkesi, Kuvayı Milliye üssü olarak kullanılıyordu.
İsmet İnönü, Halide Edip Adıvar, Yunus Nadi, Mehmet Akif Ersoy gibi isimler, önce burada saklanmış, buradan Anadolu'ya geçmişti.

*

Bu yurtsever görevi nedeniyle 1925 yılında çıkarılacak olan "tekke ve zaviyelerin kapatılması" hakkındaki kanuna rağmen, kapatılmayacak, kültür merkezi olarak devam edecekti.

Türkiye, mütevazı bir hayat süren kahraman Ata efendi'yi pek hatırlamayacaktı ama, torununu, ünlü reklamcı Ali Taran olarak tanıyacaktı.

Özbekler Tekkesi'nde hayatını ortaya koyarak, ölümü göze alarak görev yapan isimsiz kahramanlardan biri "zenci Musa"ydı.

Siyah'tı.
Sudan kökenliydi.
Girit'te Türk mahallesinde dünyaya gelmişti.
Kahire'ye gitmiş, Mısır Hıdivi'nin hizmetine girmişti.

İtalyanlar Trablus'u işgal edince, Türk subaylarının peşine takıldı, Derne'ye geçti, orada çarpışırken Teşkilat-ı Mahsusa lideri Kuşçubaşı Eşref'le tanıştı, emir eri oldu.
Balkan Harbi'nde vuruştu.
Çanakkale'de vuruştu.
Yemen'de vuruştu.
Kuşçubaşı Eşref'in İngilizlere esir düştüğü çatışmadan yaralı kurtuldu, İstanbul'a geldi, Galata gümrüğünde hamallık yapmaya başladı.
Karakol Cemiyeti'ne katıldı.
Gündüz hamallık yaparken istihbarat faaliyetinde bulunuyor, hava kararınca Özbekler Tekkesi'nden kayıklara silah ve cephane taşıyordu.
Deniz kıyısındaki bu faaliyetleri sırasında vereme yakalandı, vefat etti, Özbekler Tekkesi'nin haziresinde toprağa verildi.

Mehmet Akif Ersoy, Musa'yla Hicaz'da tanışmıştı.
Bu kahramandan öylesine etkilendi ki, Safahat'ında yer verdi...
"Eşref beyin emir eri zenci Musa
omzundan arşa yükseldi nebi İsa"

"Ne mutlu Türküm diyene" kavramının, vücut bulmuş haliydi.

Anadolu'ya insan, silah, cephane kaçırılan bir başka Kuvayı Milliye merkezi, Kadıköy'deki Şahkulu Sultan Tekkesi'ydi.

Alevi Bektaşi dergahıydı.
Kuruluşu İstanbul'un fethine dayanıyordu.
O dönemki postnişini Ahmet Nuri Baba'ydı.
Mim Mim Grubu'nda görev yapıyordu.

Türk subayları eşleriyle vedalaşıp Anadolu'ya geçerken, Yunan subaylarının eşleri İstanbul'a ve İzmir'e yerleşiyorlardı.

Büyükada'da bahçıvan, uşak, kayıkçı gibi hizmetliler hariç Türk kalmamıştı, adeta Yunanistan adası haline gelmişti. Yunan milliyetçiliğine işgal şımarıklığı eklenince, levantenlerin bile huzuru kaçmıştı, 200-300 yıldır İzmir'de yaşayan levantenleri bile "ikinci sınıf" görüyorlardı. Yunan subaylarının eşleri, hamamlarda dansözlü eğlenceler düzenliyorlardı, İzmir'de yaşayan Fransız, İtalyan, Belçikalı, Hollandalı tüccarların eşleri mutlaka katılmak zorundaydı, artık İzmir limanından ticaretin vizesi Yunan subaylarının eşlerine verilen hediyelerden geçiyordu!

İstanbul'un işgalinden bir gün sonra, Mustafa Kemal genelge yayınladı, "meclis" kurulacağını açıkladı, şartları sıraladı...

25 yaşından büyük,
medeni cesareti olan,
fikri yeteneği olan,
dine ve millete bağlı olanlar seçilecekti.

Her şehirden 5'er kişinin 15 gün içinde Ankara'ya gönderilmesini istedi. Acele toplanma mecburiyeti olduğu için ülkede genel seçim yapılamayacağını, Müdafaa-i Hukuk

Cemiyeti merkez kurulu üyelerinin oy kullanacağını, her parti, her zümre ve her derneğin aday gösterebileceğini, bağımsız aday da olunabileceğini bildirdi.

Ziraat Mektebi'nde hummalı faaliyet devam ediyordu.
Masaların üstü, duvarlar haritalarla kaplıydı.

Komuta kademesi stratejik noktalara müdahaleler yapıyordu.
Almanlar tarafından inşa edilen Berlin-Bağdat demiryolu, Konya'yla Adana'yı bağlayan Ulukışla noktasında havaya uçuruldu.
Anadolu'nun Çukurova'yla bağlantısı kesildi.

O sırada... 2 bin 500 asker ve 400 kamyondan oluşan Fransız takviye konvoyu, Kilis'ten Antep'e yürüyordu. Makineli tüfekleri, topları, hatta dört tane tankları bile vardı.

Teğmen Şahin bey, Elmalı Köprüsü'nü tutmuştu.
Sadece 200 gönüllüsü vardı.
Üç gün vuruştular.
Kurşunumuz bitti...
Şahin bey şehit düştü.
Göğsünden, karnından, kafasından defalarca süngülenmişti.

Fransız yüzbaşısı Andrea Lefeure Tailon o gün oradaydı.
Şahin bey'in şehit olduğu çatışmadaydı.
Yıllar sonra anılarını kaleme aldı.
O güne dair şunları yazdı.

"Türk müfrezesi bir avuçtu.
Gerçekten inanılmaz şekilde direniyorlardı.

Kalbimizde hırs değil, takdir hissi vardı.
Başlarında genç bir adam vardı, subayları olmalıydı.
Mermileri bitti, süngülerine davrandılar.
10 dakika kadar sonra hepsi hayatlarını kaybetmişti.
Yolu açtık, Antep'e erzak yetiştirdik... Ama o cesur subayın hayali, bütün Kilikya maceramızda bizi adeta gölge gibi kovaladı."

Şahin bey'in müfrezesinde 14 çocuk vardı.
Yaşları 12 ila 14 arasındaydı.
Müfrezeye ekmek ve su taşıyorlardı.
Çatışma başlayınca, Dokurcum Değirmeni'ne saklanmışlardı.

Fransızlar o kahraman çocukları yakaladı.
Birbirlerine bağladı.
Kurşuna dizdi!

Bazı çocukların vücudunda hem kurşun, hem süngü izi vardı.

Bugün orada anıtları var.
14 Şehit Anıtı.

Antep işgal edilince, eğitimini yarıda bırakarak yardıma koşan tıbbiye öğrencilerinden biri Mustafa Ayrıközü'ydü.

Manastır doğumluydu.
Ailece İzmir'e göçetmişlerdi.
Beyrut'ta tıp okuyordu.
Şahin bey'in müfrezesinde vuruşurken yüzünden yaralandı.
Sağ gözünü kaybetti.

O ilkel şartlarda tedavi imkanı yoktu.
Bandajladı devam etti...
Fransızlara esir düştü.
Zaten yaralı olan sol gözü de görme yeteneğini kaybetti.

*

Vatan kurtuldu ama, Mustafa için hiç kolay olmadı.
İzmir'e döndü.
Başkalarının yardımına koşan pırıl pırıl bir hekim adayıyken, başkalarının yardımına muhtaç bir engelli haline gelmişti.
Meslek yok.
İş yok.
Boynuna bağladığı işporta tablasıyla çakmak gazı satmaya başladı.
70 yıl... Dile kolay, 70 yıl boyunca, Kemeraltı çarşısının girişinde, Konak Sineması'nın bulunduğu pasajın önüne hasır taburesini koyar, çakmak gazının yanısıra, ayna, tarak, çengelli iğne filan satardı.

"Benzinci kör hafız" adıyla tanındı.
İzmir'in sembollerinden biri oldu.
1997'de rahmetli oldu.

Kılıç Ali, Antep'e geldi.

Şehre barikatlar kuruldu.
Mahalle mahalle, sokak sokak savunuluyordu.

Türk-Fransız barikatları arasında 10 metre bile yoktu.
Fransız uçakları el bombası atıyordu.

Kuvayı Milliye Mersin'i kuşattı.
Emin Aslan bey, Fransız işgal komutanına ültimatom verdi.
"Şehri 48 saat içinde boşaltmazsanız, zorla gireceğiz!"

Fransızlar cevap olarak Mezitli'yi ateşe verdi.

Atina'dan İzmir'e haritacı ekibi getirdiler.
Ege bölgesine dair rapor hazırladılar.
Hangi yollardan ilerlemeli, nerelerde yığınak yapılmalı, hangi kritik tepeleri tutmalı... Haritalardan bunları tespit etmeye çalışıyorlardı.

İşgal ettikleri toprakları bilmiyorlardı.
Tanımıyorlardı.
Yabancı'ydılar.

Kuvayı Milliye ise kendi vatanındaydı.
Bölgeyi avucunun içi gibi biliyordu.

Sırf bu durum bile, kaçınılmaz olarak kaybedeceklerinin kanıtıydı.

Damat Ferit yine başbakan oldu.
Kendisini dördüncü defa başbakanlık makamına getiren padişah iradesi, bir İngiliz yüzbaşısının huzurunda okundu.

Bir zamanlar İngiltere Kralı'nı bile "kendi eşiti saymayan" Osmanlı'nın padişahlık makamı, yüzbaşı seviyesine inmişti!

Mustafa Kemal hakkında idam fermanı çıkarıldı.

Vahdettin'in fermanına göre, Mustafa Kemal "fitne fesat"tı.
"Halktan zorla para topluyor"du.
"İtiraz edenlere işkence yapıyor"du.
"Şehirleri yakıp yıkıyor"du.
"Görüldüğü yerde öldürülmeli"ydi.

İdam fermanında Mustafa Kemal'le birlikte, Kara Vasıf bey, Ali Fuat paşa, Alfred Rüstem bey, doktor Adnan bey, Halide Edip hanım vardı.

*

Alfred Rüstem Bilinski...
Midilli'de dünyaya gelmişti.
Babası Polonyalı, annesi İngiliz'di.
Osmanlı vatandaşıydı.
Kendi isteğiyle Müslümanlığı seçerek, Rüstem adını almıştı.
Yedi lisan biliyordu.
Avusturya'da siyasal bilgiler tahsili yapmıştı.
Washington büyükelçisiydi.
Yurtseverdi, Jöntürk'tü.
Amerikan basınında yeralan Ermeni soykırımı iddialarına karşı büyük mücadele vermişti. Sözde iddiaları öylesine sağlam delillerle çürütüyordu ki, başa çıkamadılar, 1914 yılında ABD yönetimi tarafından "istenmeyen adam" ilan edildi, ABD'yi derhal terketmesi istendi.
Memleket işgal edilince Anadolu'ya geçti.
Kuvayı Milliye'ye katıldı.
Sivas kongresinde Mustafa Kemal'in dış politika danışmanıydı.

Ankara milletvekilliği yaptı.

"Ne mutlu Türküm diyene" kavramının simgelerinden biriydi.

İdam kararı güya hukukiydi.
Nemrut Mustafa paşa başkanlığındaki divanı harp tarafından alınmıştı. Vahdettin onaylayıp, ferman haline getirmişti.

Hemen ardından, idam fetvası verildi.

Şeyhülislam Dürrizade Abdullah efendi'nin fetvasına göre...
Mustafa Kemal "padişahın sadık tebasını yalanlarla aldatıyor"du.
"Dinimizin emirlerine aykırı olarak maddi çıkar sağlıyor"du.
"Masum kulların mallarını gasbediyor"du.
"Hilafet makamının gücünü zayıflatmaya çalışıyor"du.
"Yüce İslam hilafetine isyan ediyor"du.
"İslam'ın yüce kuralları gereğince öldürülmesi meşru ve farz"dı.
"Müslümanların adaletli imamı halifemiz Vahdettin han hazretlerinin etrafında toplanıp, Mustafa Kemal'le savaşmak vacip"ti.
Kuvayı Milliye'nin katledilmesi "farz"dı.
Kuvayı Milliye'yi öldürenler "gazi"ydi.

Kuvayı Milliye'ye karşı cihat ilan edilmişti!

Bu fetva onbinlerce kopya çoğaltılarak, Yunan ve İngiliz uçakları tarafından Anadolu şehirlerine atıldı. İngiliz zırhlıları tarafından Karadeniz ve Akdeniz limanlarında sandık sandık dağıtıldı.

*

Bu idam fetvasını kaleme alan
aslında,
Mustafa Sabri'ydi.
Vahdettin'in bir önceki
şeyhülislamıydı.
İngiliz Muhipleri Cemiyeti'nin
kurucularındandı.
Anadolu'daki direnişi kırmak
için İngilizler tarafından icat edilen İslam Teali
Cemiyeti'nin kurucularındandı.
Sevr'in imzalanması için özel çaba harcadı.
Kuvayı Milliye'den nefret ediyordu.
"Mustafa Kemal ve Ankara hükümeti kahpedir"
diyordu.
"Kudurmuş haydutlar, caniler" diyordu.
"Eyy Allah'tan korkmayan, eyy peygamberden haya
etmeyen mahluklar" diyordu. "Bunların dinsizlik
derecesi tasavvur edilemez, cenabı hakkın gazabı
ve laneti bunların üzerine olsun" diyordu.
Milli mücadelenin moralini bozmak için elinden
geleni yapıyordu, "İngilizlerin, Fransızların ve sair
devletlerin, iki paralık Mustafa Kemal kuvvetinin
baskısına boyun eğerek İstanbul'dan çekip
gitmelerini, ancak Kemalist Türk aklı kabul edebilir"
diyordu.
"Yunanlılara fazla zayiat verdirmek bizim için
hayırlı ve menfaatli olamaz, İngilizleri kızdırırız,
İngiliz gibi muazzam devlete karşı katiyen kazanma
ihtimali yoktur" diyordu. "Yunan ordusu halifenin
ordusudur, asıl kafası koparılacak mahlukat
Ankara'dadır" diyordu.
"Eyy askerler, Mustafa Kemal'in gayrimeşru
emirlerine uyduğunuz yeter, bunların vücudlarını
külliyen dünyadan kaldırmak beşeriyet için,
müslümanlık için farz olmuştur, sizin bu hainlere

itaatiniz mescitlerimizi mabetlerimizi harap eyleyecek, bu zalimlere, bu katil canavarlara alet olduğunuz yeter, padişahımız halifemiz efendimiz hazretlerinin merhamet kucağı size açılmıştır, Allahını peygamberini seven bu tarafa gelsin" diyordu.

Mustafa Kemal hakkındaki idam fetvasını bu ruh haliyle yazmıştı.
Fetvanın yayınlanması Dürrizade'ye kalmıştı.
Mustafa Sabri sadece bu fetvayla yetinmedi...
İzmir'deki Yunan Yüksek Komiserliği'ne teklifte bulundu, "Mustafa Kemal'in pençesinden kurtulmak için Batı Anadolu'da sizin kontrolünüzde özerk hükümet kuralım" dedi.
Kurtuluş Savaşı zaferle sonuçlanınca, İngiliz gemisiyle kaçtı.
Yunanistan'a sığındı.
Atina'da *Yarın* adıyla gazete çıkardı.
1927 yılında o gazeteye "Allah'ın huzurunda Türklükten istifa ediyorum, tövbe yarabbi tövbe Türklüğüme, beni Türk milletinden addetme" diye makale yazdı!
"Elimden gelse bütün Türkleri Arap yaparım, bunların vaktiyle Araplaşmadığına eseflenirim" diye yazdı!
Hilafetin yeniden kurulması için Papa'ya mektup gönderdi.
İslamiyet adına Vatikan'dan yardım istedi!
Yunanistan'dan kovuldu.
Önce Suudi Arabistan'a geçti, en son Mısır'a yerleşti.
El Ezher Üniversitesi'nde ders verdi.
Kahire'de öldü, Gafir mezarlığına gömüldü.

İdam fermanı ve fetva, Vahdettin'in son kurşunuydu. TBMM'nin açılmasını engellemek için sıkmıştı.

Kurusıkı etkisi bile yapamadı.

Anadolu fetvası yayınlandı.

Saray'ın idam fetvasına karşı, Ankara müftüsü Börekçizade Rıfat başkanlığında, yurtsever imamlar tarafından kaleme alındı.

21 kişilik din heyetinin Anadolu fetvasına göre...
"Halifelik makamı düşman devletlerin işgali altında"ydı.
"İngiliz kanunları tatbik ediliyor"du.
"İzmir, Adana, Antep, Maraş, Urfa'ya tecavüz ediliyor"du.
"Düşman tarafını tutanlar en büyük günahı işlemiş olur"du.
Bu nedenle "düşmana karşı açılan savaşta ölenler şehit, hayatta kalanlar gazi olur"du. "Düşman devletlerin zorlamasıyla çıkarılan fetvalar dinen muteber olmaz"dı.

Camiler bölünmüştü.
Padişahçı camilerde Mustafa Kemal'in idam fetvası okunuyor, yurtsever camilerde Anadolu fetvası okunuyordu.

Saray gazeteleri, Anadolu fetvasına saldırıyordu.
"Deccal fetvası" diye yazıyorlardı.

Fransız işgal kuvvetleri komutanı, Edirne'ye geldi.
Karaağaç İstasyonu'nda Cafer Tayyar bey'le görüştü.
"İstanbul düştü, her tarafınızdan kuşatılmış durumdasınız,

savunmaya gücünüz yetmez, direnmeyin artık, padişahınızın emirlerine boyun eğin" dedi.

Cafer Tayyar bey kestirdi attı...
"Trakya'yı kimseye bırakmayacağız, çarpışmaya hazırız, Türk tarihi burada kapanacaksa, savunularak, şerefle kapansın" dedi!
Fransızlar Urfa'yı boşaltmaya başladı.

Çekilirken baskın üstüne baskın yiyorlardı.
Çoğunluğu subay, 250'den fazla kayıp verdiler.

Güya işgale gelmişlerdi...
Canlarını bile kurtaramıyorlardı.

Mustafa Kemal genelge yayınladı.
"Esir alınan düşman askerlerinin hayatlarının korunmasına fevkalade itina gösterilsin, sakın intikam duygusuna kapılmayın," dedi.

Maraş tamam, Urfa tamamdı.
Sırada Antep ve Adana vardı.

Toroslar'da gece gündüz çarpışma oluyordu.

Fransızlar "etnik müfrezeler" kurmuştu.
Adana'da yaşayan Ermeni, Asuri, Keldani ve Rumlardan gönüllüler topluyorlar, bunlara etnik kimlikleriyle üniforma giydiriyorlardı.

Anzavur, Düzce'ye girdi.
Dört bin kişilik kuvvetle saldırmıştı.
Askeri depoları yağmaladı.
Bolu'ya girdi.

Annie T. Allen ve Florence Billings adında iki Amerikalı kadın, Halide Edip'in arabulucuğuyla Ankara'ya geldi.
Meşrutiyet Oteli olarak anılan, aynı zamanda hastane olarak kullanılan Taşhan'a yerleştiler, beş gün kaldılar.
Mustafa Kemal'le görüştüler.
Amerikan Yardım Kurulu üyesiydiler.
Güya insani görevle gelmişlerdi.
Ermenilerin durumu hakkında rapor tutuyorlardı.

Elbette istihbaratçıydılar.
Amerika Birleşik Devletleri, Mustafa Kemal'in geleceğe dair planlarını, ne yapmak istediğini birinci ağızdan duymak istiyordu.

Çünkü...
Amerikan misyoner okulları, Anadolu'da, özellikle Karadeniz bölgesinde toprak satın almaya başlamıştı. İşgal koşullarını yayılma fırsatı olarak değerlendiriyorlardı.
Yetimhane adı altında çiftlikler kuruyorlar, Ermeni ve Rum çocuklarını buralarda eğitiyorlardı. Sosyal kulüpler kuruyor, tüccarlar için çekim alanı oluyorlardı.

Kuvvacılar kazanırsa, bunların akıbeti ne olacaktı?

Amerikan tütün şirketleri sürgün edilecek miydi?
Kapitülasyon anlaşmaları ne olacaktı?
Amerikalı yardım kuruluşları kapatılacak mıydı?
Amerikan çıkarlarına yönelik tehdit olacak mıydı?
Bunları öğrenmek istiyorlardı.

Mustafa Kemal kimin kim olduğunu gayet iyi biliyordu.
Taktik görüşmelerdi.
Diplomatik mesajlarını bu yolla veriyordu.

Annie Allen pürüzsüz Türkçe konuşuyordu.
Elazığ Harput doğumluydu.
Anne babası misyonerdi.
Üniversite eğitimi için ABD'ye gitmiş, Massachusetts'te filoloji okumuş, 35 yaşındayken Osmanlı topraklarına geri dönmüş, yıllarca Bursa'da, Konya'da yaşamış, at sırtında Anadolu'yu dolaşmıştı.
52 yaşındaydı.

Amerikan istihbaratının 1920 yılında bile böylesine güce sahip olması, hem etkileyici, hem korkutucu, hem ilham vericiydi.

*

Annie Allen iki yıl sonra, 1922'de Sivas'ta tifüsten öldü.
Sivas'ta toprağa verildi.

Osmanlı topraklarında ilk Amerikan okulu 1831'de kurulmuştu.
1913'e geldiğimizde, Amerikan okullarının sayısı 426 olmuştu!

Bunların 35'i kolej, 27'si yatılıydı.
1913'te 26 bin öğrenci Amerikan okullarında eğitim alıyordu.

Osmanlı topraklarında Amerikalılar tarafından kurulmuş, Amerikalı doktorların faaliyet gösterdiği dokuz hastane, on dispanser vardı.
Yılda 40 bin hastaya bakıyorlardı.

Herhalde bizi çok seviyorlardı!

163 kiliseleri vardı.

Fransızlar, Antep'i kuşatmıştı.
Berbat bir hava vardı.
Şiddetli dolu yağıyordu.

Ahali namazdayken, camileri top atışına tuttular.

Adana'daki Fransız işgal kuvvetleri komutanı, halkın ileri gelenlerini Ulu Cami'ye çağırdı, Mustafa Kemal hakkındaki idam fetvasını okuttu.
Sonra da tehdit etti...
"Eyy Türkler iyi biliniz ki, hangi kötü duruma düşersek düşelim, yarım saat içinde şehri yerlebir edecek durumdayız!"

Rumbeyoğlu Fahreddin bey, sadrazam Damat Ferit tarafından maarif nazırlığına, yani, eğitim bakanlığına getirildi.
Göreve gelir gelmez ilk iş genelge yayınladı, okullarda "Türk" kelimesini yasakladı, artık sadece "Osmanlı" kullanılacaktı.

"Rum" bey oğlu...
Türk'ü yasaklamıştı!

Kazım Karabekir, Erzurum'da ağaç bayramı ilan etti.
İki bahçe kuruldu.
Birine Aydın, birine Maraş adı verildi.
Halk bu bahçelere binlerce fidan dikti.

Dünya savaş tarihinde görülmemiş hadiseydi.
Savaşın ortasında umutlar yeşertiliyordu.

Düzce-Bolu isyanı Gerede'ye sıçradı.

Elebaşı, Anzavur'un adamı Kör Ali'ydi.
31 Mart gerici ayaklanmasının elebaşlarından biriydi.

"İngiltere gibi büyük bir devlete karşı gelmek, padişaha karşı gelmek, müslümanlığa hakarettir, dinen küfürdür" diyordu, "başımıza gelen her türlü felaketin sebebi mekteplilerdir" diyordu, "memleketi hep mektepliler yönettiği için Osmanlı bu hale geldi" diyordu.

Yobaza göre işgale direnmek dinen küfür'dü!

Ali Fuad paşa'ya bağlı müfrezeler, Bursa'da 70 imamı gözaltına aldı, Kuvayı Milliye aleyhinde faaliyet gösteriyorlardı.
Birinin üzerinden İngilizceye çevrilmiş belgeler çıktı.
Casus'tu.

23 Nisan 1920.
Cuma günüydü.
Türkiye Büyük Millet Meclisi açıldı.

Hacı Bayram Camisi'nde mahşeri kalabalık toplanmıştı.

Bizzat Mustafa Kemal tarafından kaleme alınan ve yurdun her köşesine ulaştırılan "millete açık davetiye"de şöyle deniliyordu:
"Allah'ın izniyle Nisan'ın yirmiüçüncü cuma günü, cuma namazından sonra Ankara'da Büyük Millet Meclisi açılacaktır."

TBMM'nin bir anlamda temel taşı olan Hacı Bayram Camisi, İstanbul'un fethinden çok önce 1427'de inşa edilmişti. Adını, hemen bahçesindeki Hacı Bayram türbesinden alıyordu.

Hacı Bayram-ı Veli, Ankara'da doğmuş, tasavvuf felsefesinin en önemli temsilcilerinden biri olmuş, eserlerini Türkçe yazmış, Anadolu'da Türkçenin yaygınlaşmasına büyük katkı sağlamıştı.

Sanki bugün söylenmiş gibi taptaze yaşayan, yüzyıllardır insanlığı derinden etkileyen nasihatleri vardı...

- Kin, gerçekleri gören gözleri bile kör eder.
- İnsanlığınızı koruyunuz.
- Kötülükten uzaklaşınız.
- İyilerle beraber olunuz.
- Güzel huylu olunuz.
- Merhametli olunuz.
- Sakin olunuz.
- Ağırbaşlı olunuz.
- Konuşurken gürlemeyiniz, bağırıp çağırmayınız.
- Cahillerden sakınınız.
- Dikkat ediniz, cahiller sizden ilerde bulunmasın.
- İlim tahsil ediniz.
- İlim sahiplerine hürmet ediniz.
- Nefsinizi daima kontrol altında tutunuz.
- Size teklif edilecek işlerde dikkatli olunuz, size ait olmayan bir görüşü savunmak zorunda kalmayınız.

- Hakikati söylemekten korkmayınız.
- Laubali konuşulan meclislere girmeyiniz.
- Çok çalışınız.
- Parayı, dünyalığınızı çalışarak, helal kazanınız.
- Düşününüz. Öfke ve hiddet, düşünmeyi daraltır, insanı yanıltır.
- Adalet güzeldir. Adalet, yöneticide olursa daha güzeldir.
- Kıymet biliniz.
- Emanete hıyanet çirkindir, emaneti koruyunuz.

Meclis binası tamamlanmamış bir binaydı.
İnşaatına 1915'te başlanmış, yarım kalmıştı.
Pencerelerinde cam yoktu.
Çatısında kiremit yoktu.
İç sıvası bile yapılmamıştı.
Elektrik yoktu.
Kahvelerden toplanan gaz lambaları tavandan sarkıtılmıştı.
Başkanlık kürsüsünün arkasındaki duvarda yarık vardı, soğuk giriyordu, Ali Fuat paşa'nın seccadesi oraya çivilenmişti.
Bir okuldan sıralar getirilmişti, odun sobası kurulmuştu.

Ankara'da kiralık ev yoktu. Zaten para da yoktu.
Milletvekilleri öğretmen okulunda 25 kişilik koğuşlar halinde kalıyorlardı.
Karyolalar yetmemişti, yer yataklarını bitiştirip yatıyorlardı.
Battaniye benzeri örtü ayarlayıp açık arazide, çayırlarda, ağaç altlarında yatanlar bile vardı, çoğu sıtmaya yakalandı.

Yemek ciddi sorundu.
Adam başı 55'er kuruş toplayıp, tabldot sistemi kurmuşlardı.
Bakkalın manavın malına çökmüyorlardı.
Veresiye talep etmiyorlardı.
Parasını ödemeden ekmek bile almıyorlardı.

Meclis tutanakları dilekçe kağıtlarının arkasına yazılıyordu.
Hatta kese kağıtlarına bile yazılıyordu.

Milletvekillerinin çoğu fiilen cephede vuruşuyordu.
Fırsat buldukça Meclis'e geliyorlardı.

Türk Kurtuluş Savaşı yeni bir aşamaya geçmişti.
Hakimiyet artık kayıtsız şartsız milletindi.

İlk konuşmayı Mehmet Şerif bey yaptı.
75 yaşındaydı, en yaşlı üyeydi.
Sinop milletvekiliydi.
Öğretmendi.

Ankara ve İstanbul'dan Washington'a gönderilen Amerikan istihbarat raporlarında, Meclis'in üç gruba ayrıldığı ifade ediliyordu.

Birinci ve en kalabalık grup, Kuvvacılardı.
Bu grup, Mustafa Kemal'e gönülden bağlıydı.
Mustafa Kemal gibi düşünüyorlardı.

İkinci grup, saltanatın devamını isteyenlerdi.
İngilizlerin kanatları altına giren padişah Vahdettin, bu zavallı haline razıydı, bu halde bile olsa varlığını sürdürebilmek için saltanatçı mebusları maşa olarak kullanıyordu.

Üçüncü grup, aslında demokrasi ve padişahlık arasında herhangi bir tercihi olmayan, sadece maddi menfaat için mebus olanlardı.

TBMM'nin kurulduğu gün...
Türkiye'de 250 bin kişilik istila ordusu vardı.
45 bini İngiliz,
60 bini Fransız,
20 bini İtalyan,
125 bini Yunan'dı.

Türk ordusu henüz ortada yoktu... Türk ordusu 200 bin personel mevcuduna, anca iki yıl sonra, 1922'de ulaşabilecekti.

Men-i Müskirat yasası çıkarıldı.
Alkollü içkileri üretmek-tüketmek yasaklandı.

TBMM açılalı sadece beş gün olmuştu!

Memleketin yarısından fazlası işgal edilmişken, kan gövdeyi götürürken, İngiliz-Saray destekli ayaklanmalar peşpeşe patlarken, Kuvayı Milliye canla başla mücadele ederken... TBMM'deki Mustafa Kemal muhalifleri, sanki başka derdimiz yokmuş gibi, alkollü içkiye kafayı takmıştı!

Trabzon milletvekili Ali Şükrü başı çekiyordu.
Yobaz seviyesinde tutucuydu.
Kadınların peçesiz dolaşmasına bile karşıydı.
Saltanatın devamından yanaydı.
Yasa önerisini o getirmişti.

Alkollü içkiyi üretmek, satmak yasaklanacaktı.
İçki içenlere değnek cezası ve para cezası verilecekti.
İçki içen memursa, memuriyetten çıkarılacaktı.

Maliye bakanı Ahmet Ferit bey itiraz etti.
"Bütçemizde zaten 20 milyon lira açık var, alkollü içkilerden bir milyon lira vergi alıyoruz, nasıl vazgeçerim," dedi.

Nafile.
"Dinimize aykırı" diye dayatıyorlardı.
"ABD'de bile yasak" diye örnek gösteriyorlardı.

Oylama yapıldı.
Bir oy farkla yasalaştı.

Aslında mesele, alkollü içki meselesi değildi.
Kuvayı Milliye'yi "ayyaş" gösterme çabasıydı.
"Ayyaş oldukları için bu yasaya karşı çıkıyorlar" deniyordu.

*

Bu yasa dört yıl uygulandı.
1924'te kaldırıldı.

*

Yasa yürürlükteyken "şarap" krizi çıktı.
Gayrimüslimlerin dini törenleri için şarap ihtiyacı vardı.
Men-i Müskirat yasası'na madde eklendi...
Dini gerekçelerle şarap ihtiyacı olanların, sıhhiye vekaleti'nden onaylı belge alıp, eczanelerden temin etmelerine izin verildi.

Fransızlar Amanos Dağları'nda dört Kuvvacı yakaladı.
Demiryollarına sabotaj için hazırlık yapıyorlardı.
Derhal idam cezasına çarptırıldılar.

Aynı gün... Kuvayı Milliye bölge komutanı Sinan bey, Antep Harapnaz'da 100 kişilik Fransız müfrezesini esir aldı.
Fransız işgal komutanına mektup yazdı:
"Türkleri idam ederseniz, bunların hepsini asarım!"

Fransızlar idam hükmünü geri aldı.

Korakor, gözegöz'dü.

Fransızlar dokuz gündür kuşatma altında tuttukları Antep'i sürekli olarak top atışıyla dövüyordu. İki tank eşliğinde şehre girmeye çalıştılar ama, başaramadılar, püskürtüldüler.

Kılıç Ali müfrezeleri, kuşatmayı yer yer yarıp çember dışına çıkıyordu, Fransız birliklerini vurup, şehre geri dönüyorlardı.

İtalyanlar, efelerin vurkaçlarından bunalmıştı.
Muğla şehir merkezini boşalttılar.
Datça'yı Marmaris'i boşalttılar.
Ufak ufak çekiliyorlardı.

Talha bey ve Süreyya bey, İstanbul'da tutuklandı.
Gazeteciydiler.

Talha bey, kardeşi Velid Ebüzziya'yla birlikte *Tasvir-i Efkar* gazetesinin sahibiydi ama, habercilikten tutuklanmamışlardı, *Ladin* isimli tekneyle İnebolu'ya silah taşıyorlardı.

Yurtsever gazetecilerin tutuklandığı gün, İngiliz maşası Ali Kemal, *Peyamı Sabah*'taki başyazısında nefret kusuyordu:
"İdam idam idam, Mustafa Kemal haydududuna idam!"

Mustafa Kemal, TBMM'nin ilk diplomatik girişimini gerçekleştirdi.
Meclis Başkanı sıfatıyla Lenin'e mektup gönderdi.
Emperyalizmle mücadele etmek için Sovyet Rusya'dan savaş araçları ve beş milyon altın ruble yardım istedi.

Kuvayı İnzibatiye kuruldu.
Vahdettin özel ferman çıkarmıştı...
Kuvayı İnzibatiye'nin amacı Kuvayı Milliye'yi yoketmekti!

Beyazıt Meydanı'nda uğurlama töreni yapıldı.
İzmir'den getirilen vaiz İsmail efendi'ye dua ettirildi.
İsmail efendi ellerini göğe açtı...
"Asileri yoketmemize yardımcı ol yarabbi" dedi.
Hep bir ağızdan "aminnn" dediler.

Bir milyon 250 bin lira bütçe tahsis edilmişti.
Silah ve cephaneleri İngilizler verdi.
Bin askerlik ilk grup, İngiliz gemileriyle İzmit'e götürüldü.

Kuvayı İnzibatiye üniforması altında İngiliz-Hint birliği de vardı!

Albay İsmet bey, genelkurmay başkanı oldu.

Anzavur çeteleri Bolu'da vahşet sergiliyordu.
Öldürmekle kalmıyor, kafa kesiyorlardı.
Subayları çırılçıplak soyup şehirde dolaştırıyorlardı.
Evleri yağmalıyor, kadınlara tecavüz ediyorlardı.

Adapazarı'nı ele geçirdiler... Anzavur iyice havaya girmişti. "Kuvayı Muhammediye Umum Kumandanı" unvanını kullanmaya başlamıştı.

Başarılarından (!) ötürü ödüllendiriliyordu.
İngilizler takviye olarak dört bin tüfek, dört top gönderdi.

Bolu isyanını bastırmak için Ankara'dan gönderilen yarbay Arif bey, çadırında ölü bulundu. Hain bir er boğazını kesmişti.

İhanet, şah damarımız kadar yakındı.

Kuvayı Milliye'nin emrinde görülen taburun erleri, aslında Anzavur tarafından parayla satın alınmıştı. Arif bey'in yardımcıları binbaşı Rüştü ve üsteğmen İhsan, isyancılar tarafından tutuklandı.

Chicago Tribune muhabiri Paul Williams, Ankara'ya geldi.
Tercümanlığını Halide Edip yapıyordu.
İzlenimlerini şöyle yazdı...
"Bellerine dolu fişekler dolanmış binlerce adam gördüm.
Dükkanlarda cephane satılıyor."

Ateşten gömleği giyen milleti çok iyi özetleyen bir gözlemdi.

Hasan Tahsin, İstanbul emniyet müdürü oldu.
Damat Ferit'in en güvendiği polislerden biriydi.
Gavur Tahsin lakabıyla tanınıyordu.
İngiliz'den fazla İngilizci'ydi.

*

Kaderin cilvesi... İlk kurşunu sıkan gazeteci Hasan Tahsin, Yunan süngüleriyle şehit edilirken, İngiliz maşası polis Hasan Tahsin, kurtuluş savaşının kazanıldığını görünce, Yunanistan'a kaçacaktı.

Siyasi şube müdürü Şeref...
İngilizlere çalışıyordu.
Adı şeref, kendisi şerefsizdi.
Kurtuluş Savaşı'nın sonunda Mısır'a kaçtı.
İngilizler tarafından Kahire belediyesinde işe sokuldu.
Park bekçisi yapıldı!

Şeref'in yardımcısı Hafız Sait...
Yunanistan'a kaçtı.

Arnavutköy karakolundan Hacı Kemal...
İskenderiye'ye kaçtı.
Üsküdar karakolundan Namık...
Atina'ya kaçtı.
Unkapanı karakolundan Sakallı Cemil...
Şam'a kaçtı.

İşgal sırasında kuvvacıları ihbar ediyorlardı.

Edirne emniyet müdürü Fuad...
Yunanistan üzerinden Suriye'ye kaçtı.
Yüzbaşı rütbesiyle Fransız ordusuna katıldı!

Beyoğlu karakolundan Fuad...
Atina'ya kaçtı.
Ölene kadar Yunan istihbaratında çalıştı.

Toplumun her kesiminde olduğu gibi, polisler de ikiye bölünmüştü.
Vatan haini polisler de vardı, kuvvacı polisler de vardı.

Maraş'ta Kuvayı Milliye teşkilatını bizzat kuran, Maraş kurtulunca Antep'e yardıma giden Ali Arslan bey, polisti.

Urfa'da işgale karşı direnişi başlatan ve "12'ler" olarak anılan 12 kuvvacı kahramandan biri, Mehmet Şakir bey, polisti.

İngiliz Muhipleri Cemiyeti'nin başkanı Sait Molla'yı ortadan kaldırmak için Karakol Cemiyeti tarafından bombalı saldırı düzenlenmişti. Patlama sonucu çıkan yangında, Sait Molla kurtulmuştu ama, konağı tamamen kül olmuştu.
Bu eylemi gerçekleştiren Salih bey ve Şakir bey, polisti.

Antep'te müfreze komutanı Halil İbrahim bey, polisti.

İzmir'in işgal edildiği gün Aydın'a geçen, Yörük Ali müfrezesine katılan, çarpışmalarda yaralanan, doktorların itirazına rağmen yaralı halde tekrar cepheye koşan Ahmet Kemal bey, polisti.

Bursa'da Kuvayı Milliye'ye katılan ve Mim Mim Grubu'nun İstanbul'dan Anadolu'ya silah kaçırma operasyonlarında büyük fedakarlık gösteren Mehmet Şakir bey, polisti.

Kazım Karabekir'in gizli kurye teşkilatı vardı.
O teşkilatın başındaki Süleyman Sırrı bey, polisti.

Cemil bey...
İstanbul'da polisti.

Ağustos 1919'da Gülhane Parkı'nda devriye geziyordu.
Fransız üniformalı üç Senegal askerini, bir Türk kadınına sarkıntılık ederken gördü, kadının elbiselerini yırtmaya çalışıyorlardı.
Kurtulmaya çabalayan kadın çığlık çığlığa yardım istiyordu.
Müdahale etti.
Fransız askerleri tüfeklerine davrandı.
Cemil belindeki tabancayı çekti, tak tak tak, üçünü de vurdu.
Biri öldü, ikisi yaralıydı.

Cemil kaçmadı.
Teslim oldu.
İşgal kuvvetleri mahkemesine çıkardılar.
Güya yargıladılar.
Müebbet kürek cezasına çarptırdılar.

Taa Güney Amerika'ya...
"Şeytan adası" olarak bilinen Fransız Guyanası'na gönderdiler.

Firar edilmesi imkansız bir hapishaneydi.
Yeryüzü cehennemiydi.
İki defa kaçmaya teşebbüs etti.
İkisinde de yakalandı, prangaya vuruldu.
Ömrünün sonuna kadar orada çürüyecekti.

Cemil'i herkes unuttu...
Mustafa Kemal asla unutmadı!

Cemil bile kendinden umudu kesmişti.
Mustafa Kemal asla peşini bırakmadı.

Kurtuluş Savaşı'nı kazanıp, Türkiye Cumhuriyeti'ni bütün kurumlarıyla tesis ettikten sonra, Fransa'nın Ankara büyükelçisini Çankaya Köşkü'ne çağırdı, bizzat, resmi olarak talep etti, "haksızlığa uğrayan Cemil'i memleketine iade edin" dedi, dışişleri bakanı Tevfik Rüştü Aras'ı da meselenin takibiyle görevlendirdi.

10 çileli yıl geçti.
Uzuuun uzun yazışmalar nihayet netice verdi.
Cemil serbest bırakıldı.

1929'da yurda döndü.
Galata rıhtımında ulusal kahraman olarak karşılandı.

Tutuklandığında 20 yaşındaydı.
30 yaşında dönmüştü.

Giderken tek kelime Fransızca bilmiyordu.
Döndüğünde neredeyse Türkçeyi unutmuştu.
Fransızcayı daha akıcı konuşuyordu.

*

Cemil "artık hayatımı yaşayacağım" demedi.
Pangaltı karakolunda görevine döndü.
Eryürek soyadını aldı.
Evlendi, iki çocuğu oldu.
Ankara'da rahmetli oldu.
44 yaşındaydı.

*

Henri Charrière isimli Fransız yazar, 1931 yılında cinayetten tutuklanmış, ömür boyu kürek cezasına çarptırılmış, Şeytan adası'na gönderilmiş, 13 yıllık kaçış mücadelesinden sonra, hindistan cevizlerinden sal yaparak özgürlüğüne kavuşmuştu.

Kendi hikayesini *Kelebek* adıyla roman haline getirdi.
1968 yılında yayınlandı.

Bu romanın 1973 yılında Hollywood'da filmi çekildi.
Başrollerinde Steve McQueen ve Dustin Hoffman oynadı.
Gişe rekorları kırdı.
Dünyanın en etkileyici filmlerinden biri oldu.
Hafızalara mıh gibi çakıldı.

Şeytan adası'na 1946 yılından itibaren yeni mahkum gönderilmedi, 1952 yılında tamamen kapatıldı, turizme açıldı.
Fransız Kelebek'in hikayesini bütün dünya ezbere öğrendi.

Fransızlar tarafından Şeytan adası'na gönderilen kahraman Türk polisi Cemil'in hikayesi, yani, Türk Kelebek'in hikayesi ise... Milli mücadele tarihimizin tozlu rafları arasında kaldı!

Anzavur, Kandıra'yı ele geçirdi.
Yayılıyordu.

Vahdettin pek mutluydu.
Düzce, Adapazarı ve Bolu'da halkı Kuvayı Milliye'ye karşı ayaklanmaya teşvik eden 16 kişiye Mecidiye Nişanı verdi.

Vatan hainleri, padişahtan madalya alıyordu!

Anzavur her gittiği yerde bildiri okutuyordu...

"Millici eşkıya Anadolu'nun saf ahalisini kandırıyor.
Padişah'a, Halife'ye isyan ediyorlar.
Bunlar yersiz yurtsuz haydutlardır.
Bunlar Bolşeviktir.
Parayı malı araziyi yağma ediyorlar.
Hiç kimsenin nikahlı karısı olmasın istiyorlar.
Her kopuk istediği her kadını kullansın istiyorlar.
Çocukları iki yaşında ailesinden alacaklar, babasız yetiştirecekler.
Çocukları genelevlere verecekler.
Anadolu'da yakmadık köy, öldürmedik adam bırakmadılar.
Bunlar soyguncu, karılarla oğlanlarla vakit geçiriyorlar."

İftiralar işte böylesine korkunç ötesiydi.

Bu iftiralarla dolu bildiriyi ilçeden ilçeye, köyden köye ulaştıranların "hacca gitmiş kadar sevaba gireceklerini" anlatıyordu!

Neyse ki, halk bu iftiralara itibar etmiyordu.

Başbakan Damat Ferit, Kuvayı İnzibatiye birliklerini teftiş etmek için, İstanbul'dan Ertuğrul yatına bindi, İzmit'e geldi.
Halk karşılamaya gelmedi.
Üstüne, suikast ihbarı yapıldı.
Damat Ferit apar topar geri gitti.

İnsan içine çıkacak halleri kalmamıştı.

Kırşehir Kaman'da isyan başladı.
Elebaşıları, postacı Nazım ve Çerkez Kara Mustafa'ydı.
Yozgat'ta isyan başladı.
Tokat'ta isyan başladı.

İngiliz'den parayı alan, Kuvayı Milliye'ye bayrak açıyordu.

Takvimler 15 Mayıs 1920'yi gösteriyordu.
İzmir'in işgalinin yıldönümüydü.
Bir yıl geçmişti.

Adana'da demiryolu köprüsünün vidaları söküldü.
Fransız birliğini taşıyan tren devrildi.
150 askerden sadece sekizi kurtulabildi.

Bölgeye acilen 300 askerlik takviye getirdiler.
Onlar da baskın yedi.
200'den fazla kayıp daha verdiler.

Pozantı'yı boşalttılar.
Çekilirken 400'den fazla ölü verdiler, 650'si esir alındı.

Fransızlar işgale geldiklerine bin pişmandı.

Siirt'te ayaklanma başladı.
Elebaşı Cemil Çeto'ydu.

Ramazan gelmişti.

İstanbul emniyet müdürlüğü bildiri yayınladı, "açıkta oruç yiyenlerin derhal tutuklanarak mahkemeye çıkarılacağı" belirtildi.

Emperyalizm ülkeyi yemiş bitirmiş...
Saray hâlâ bu işlerle uğraşıyordu.

Anzavur'a artık hakettiği cevap verilmeliydi.
Bitirici harekat planını Ali Fuat paşa bizzat hazırladı.
Çerkez Ethem birlikleri bölgeye sevkedildi.

Susurluk'ta çarpışmaya başladılar.
Daha ilk gün, Anzavur darmadağın oldu, yaralandı.
Kapağı İngiliz gemisine attı.
İstanbul'a kaçtı.

Çerkez Ethem, Sapanca'dan yola çıkarak süpürmeye başladı.
Anzavur'a destek veren köyleri tek tek yakıyordu.
Elebaşılarını yakalıyor, ilk bulduğu ağaca asıyordu.
Daha ikinci gün, Adapazarı kurtarıldı.

Düzce temizlendi.
Bolu temizlendi.

Saray'la Kuvayı Milliye gırtlak gırtlağa boğuşuyor...
İngiliz'le Yunan keyifle seyrediyordu.

Beyrut'tan Ankara'ya Fransız heyeti geldi.
Mustafa Kemal'le görüştüler.
"Ateşkes" istediler.

Paşa'nın tek koşulu vardı...
"Topraklarımızı derhal ve bütünüyle boşaltın!"

İki gün düşündüler, kabul ettiler.
Fransa pes etmiş görünüyordu.
20 günlük ateşkes dönemi yaşanacaktı.
Bu 20 gün içinde tamamen çekileceklerdi.

Peki, Fransa'ya güvenmek mümkün müydü?

Demeye kalmadı...
Urfa'daki Milli aşireti ayaklandı.

Aşiretin adı Milli'ydi ama...
Fransız kuklasıydılar.

Sırf bu hamle bile, Fransızların ateşkese uymayacağını, ateşkes anlaşmasını aslında yeniden toparlanma için fırsat olarak kullanacaklarını gösteriyordu.

Demeye kalmadı...
Memleketin taa öbür ucunda, Zonguldak'ı işgal ettiler.
Savaş gemileriyle kıyıları bombaladılar.
Kömürün üstüne zorla çöktüler.

Tarsus köylerini yakmaya başladılar.

Ateşkesin manası kalmamıştı.
Mustafa Kemal emir verdi...
"Fransız cephelerinde topyekûn saldıracağız!"

Yunanistan, Batı Trakya'yı işgal etti.
Meriç Nehri'ne kadar dayandı.

Fevzi Çakmak...
Vahdettin'in genelkurmay başkanıydı.
Israrla milli mücadeleye katılmıyordu.
İstanbul resmen işgal edilince yanlış yaptığını kavradı.
Anadolu'ya geçti.
TBMM'de milletvekili oldu, milli savunma bakanı oldu.

O güne kadar Vahdettin'in gözde komutanıydı.
O gün, Vahdettin tarafından idama mahkum edildi!

Fevzi Çakmak'ın hemen ardından, yeni bir idam listesi açıklandı.
Albay İsmet bey.
Dışişleri bakanı Bekir Sami bey.
İktisat bakanı Yusuf Kemal bey.
Ankara müftüsü Börekçizade Rıfat efendi.
İsmail Fazıl paşa, Celalettin Arif bey, Hamdullah Suphi bey.
Rıza Nur bey, Mustafa Fehmi efendi.
Albay Selahattin bey, albay Fahrettin bey, albay Hilmi bey.

Yakalandıkları an, asılacaklardı.

Yozgat'ta ayaklanma başladı.

Çapanoğlu kardeşler şehri ele geçirdi.
Kendilerine "halife ordusu" diyorlardı.
Tekbirlerle karşılandılar.
Mustafa Kemal hakkındaki idam fetvasını okudular.

Tek tük itiraz edenler oldu, oracıkta astılar.
Çankırı ve Çorum'u işgal edecekleri konuşuluyordu.
Oradan, Ankara'ya yürümeye niyetleri vardı.

Anzavur'u bitiren Çerkez Ethem, Yozgat'a yürüdü.
Emrinde 70 subay, 2 bin 100 piyade vardı.
Mühimmatı bin 300 hayvanla taşınıyordu.

İki aydır devam eden Çapanoğlu isyanı, iki günde söndü!
Çapanoğlu kardeşler kaçtı.

Çapanoğlu kardeşlere destek veren Ermeniler ortada kaldı.
Çerkez Ethem, isyancı Ermenilerin evlerini yaktı.
Çoğunu belediye önünde astı.

Yozgat'la eşzamanlı olarak Kuvayı İnzibatiye hedef alındı.
Ali Fuad paşa İzmit'e yürüdü.
Emrinde Yörük Ali Efe ve Demirci Mehmet Efe kuvvetleri vardı.

Kuvayı İnzibatiye üç saat bile dayanamadı.
Geldikleri gibi, İngiliz gemileriyle İstanbul'a kaçtılar.
Kaçarken, İngiliz malı silahlarını bile bırakıyorlardı.

*

Kuvayı İnzibatiye'nin komuta kademesi, yani padişahın emriyle Kuvayı Milliye'nin üzerine yürüyen subaylar, ağır bedeller ödedi.

Kurtuluş Savaşı'nın sonunda vatandaşlıktan çıkarıldılar, kimisi Halep'e sürüldü, kimisi Mısır'a kaçtı, kimisi Avrupa'ya kaçtı.
Ekonomik sıkıntılar yaşadılar, perişan oldular, yaptıkları hatanın sıkıntısıyla ruh sağlığını kaybedip, akıl hastanesine yatanlar oldu.
Güya İslam Halifesi'nin ordusuydular, vefat ettikleri yabancı şehirlerde müslüman mezarlığı bile olmadığı için, mecburen hristiyan mezarlığında toprağa verilenler oldu.

Aylardan haziran'dı.

İstanbul gazetelerinde en önemli mevzu, Rus kadınlarıydı.
Büyükada'da denize giriyorlardı.
Kolsuz jarse mayolar giyiyorlardı.
Bacaklar kapalıydı ama vücut hatları belli oluyordu.

Vatanın ırzına geçilmesine hiç itirazı olmayan işbirlikçi gazeteler, ortak manşetlerle adeta isyan ediyordu: "Bu ne kepazelik!"

Yunanistan'da seferberlik ilan edildi.
19 yaşından büyük, eli silah tutan tüm erkekler askere çağrıldı.

Ankara'ya yürümek için hazırlık yapıyorlardı.

Afyon'da ayaklanma başladı.

Elebaşı çopur Musa'ydı.
"Din elden gidiyor" diye taraftar topluyordu.

Sadece bir gün içinde bozguna uğratıldı.
Yunan ordusuna sığındı.

Ve, Yunan ordusu genel saldırıya geçti.

Kırkağaç, Salihli, Soma düştü.
Burhaniye, Savaştepe, Eşme, Sındırgı, Susurluk...

Domino taşları gibi yıkılıyorduk.
Balıkesir düştü.
Kuvayı Milliye bir haftada binden fazla şehit verdi.

Halk arasında panik çıktı.
Evini barkını bırakan, Eskişehir, Ankara yönünde yollara döküldü.

Bandırma'ya yüklendiler.
40 bin Yunan askerine karşı, bölgede sadece 500 kuvvacı vardı.
Tutunabilmek imkansızdı.
Edremit düştü.
Biga düştü.

Yunan başbakanı Venizelos, *New York Herald* muhabirine keyifle demeç veriyordu... "Gerekirse ordu mevcudumuzu 500 bine çıkarmaya hazırız ama, lüzum kalacağını sanmıyorum!"

Denizli müftüsü Ahmet Hulusi efendi, miting düzenledi.
"Direneceğiz, çarpışacağız, kaçmayacağız," dedi.

Denizli'de Milli İntikam Bölüğü kuruldu.

*

Ahmet Hulusi efendi, 60 yaşındaydı.
İzmir işgal edildiği gün, Denizli'de direniş teşkilatı kurmuştu.
16 Mayıs sabahı, yani İzmir'in işgalinden hemen bir gün sonra Denizli belediye binasının önünde şu

tarihi konuşmayı yapmıştı:
"Vatana karşı işlenecek cürümlerin Allah ve tarih önünde affı imkansız günahtır, cihad tam anlamıyla oluşmuştur, her ne pahasına olursa olsun Yunan'a karşı koymak gerekir, korkmayınız, meyus olmayınız, mücadeleye hazırlanınız, işgal edilen memleket halkının silaha sarılması dini bir görevdir, hiçbir silahı olmayan müslüman bile yerden üç taş alıp, düşmana atmaya mecburdur!"
Sadece Denizli'yle sınırlı kalmadı.
Afyon'u adeta köy köy dolaşıp, kendisi gibi yurtsever din adamlarını örgütledi, onlar aracılığıyla silah ve cephane sevkiyatı sağladı.
Aydın'da özellikle Nazilli'de yoğun faaliyet gösterdi.

Efelerle çok yakın temas halindeydi.
Demirci Mehmet Efe'nin üzerinde büyük etkisi vardı.
Dindar biri olan Demirci, sadece onun lafını dinlerdi.
"Baba" diye hitap ederdi.

Ahmet Hulusi efendi, defalarca teklif edilmesine rağmen, siyasetten uzak durdu, milletvekili olmak istemedi, Kurtuluş Savaşı'ndan sonra mütevazı hayatına geri döndü.
1931'de vefat etti, Denizli'de toprağa verildi.

Denizli maalesef, yurtseverlerden ibaret değildi.
Halk bölünmüştü.
Kuvayı Milliye'ye karşı olanlar vardı.
"Hükümete yardım komitesi" adı altında örgütlenmişlerdi.
İşgal yanlısıydılar, yerel Rumları koruyorlardı.

Tam o sırada, Ali efe'yle Kara Mustafa efe, Denizli'ye geldiler.

Demirci Mehmet Efe'nin adamlarıydılar.
Şehrin girişinde çeteci Rumlarla çatıştılar.
İkisi de öldürüldü.

Demirci deliye döndü.
Şehri bastı...
Yağmalattı.
60 kişinin belediye avlusunda boğazlarını kesti.

"Denizli'yi yakacağım" diye yemin etmişti.
Gazyağı tenekeleri getirmişti.
Müftü Ahmet Hulusi o sırada Denizli'de değildi.
Sarayköylü imam Tahir efendi araya girdi...
"Mezarlık da şehrin parçasıdır, orada da bu şehirden insanlar yatıyor, illa yakacaksan mezarlığı yak, yeminin yerine gelsin" dedi.

Demirci'nin aklına yattı!
Mezarlık ateşe verildi.
Denizli kurtuldu.

Osmaniye'de...
Tayyar Rahmiye şehit düştü.

30 yaşındaydı.
İki defa evlenmiş, dört çocuğu olmuş, hiçbiri yaşamamıştı.
Kuvayı Milliye'ye katılmıştı.
Omzunda Alman mavzeri vardı.
Çapraz fişeklik takardı.
Çok iyi at binerdi.

Çevik, çok hızlı hareket edebilen bir kadındı; bu yüzden "uçma kabiliyeti olan" manasında "Tayyar" lakabı takılmıştı.

Fransızların ikmal yollarını felç eden müfrezede görev yapıyordu.

Fransız karakoluna düzenlenen baskın sırasında, ateş hattında kalan iki askere yardım etmek için ileri atıldı, vurularak hayatını kaybetti.

Damat Ferit insanlıktan çıkmıştı...
Anadolu'ya serum gönderilmesini yasakladı.

Aklınca Kuvayı Milliye'yi öldürecekti ama...
Aslında bütün Anadolu halkını hastalıktan kırıyordu.

Milli mücadelenin en kritik aşamalarından biriydi.
İstanbul'daki yurtsever hekimler gizli gizli serum üretti.
Boza şişelerinin içinde Anadolu'ya gönderildi.

Kahraman hekimlerimizden biri Zekai Muammer'di.
Kuvayı Milliye'nin çağrısı üzerine, yeni evlendiği eşi Muazzez'le birlikte İnebolu üzerinden Anadolu'ya geçti.
Çantasında kolera-çiçek-veba kültürleri, deney hayvanları getirmişti.
Kastamonu'da laboratuvar kurdu.
Serum üretti, aşı üretti.
Binlerce hayat kurtardı.

Yunan ordusu Beykoz'u işgal etti.
Ufak ufak İstanbul'a sokuluyorlardı.

Fransızlar Adana'da sıkıyönetim ilan etti.
Akşam saat 22'de herkes evinde olacaktı.
Gece sokağa çıkmak yasaklanmıştı.

Bu emrin verildiği gün... 4 Temmuz'du.
Saray gazeteleri, padişahları efendilerine methiyeler düzüyordu.
Çünkü, Vahdettin'in tahta çıkışının üçüncü yıldönümüydü.
Kutlaya kutlaya doyamıyorlardı!

İngiliz donanması Mudanya'yı üç saat bombaladı.
Kıyıda insan kalmayınca, Yunan askeri işgal etti.
Biri süpürüyor...
Öbürü elini kolunu sallaya sallaya çıkıyordu.

Bursa düştü.

Türk milleti için manevi yas'tı.
TBMM kürsüsü siyah örtüyle kaplandı.
Osmanlı'nın son başkenti İstanbul'dan sonra...
Osmanlı'nın ilk başkenti de gitmişti.
Osman Gazi Türbesi'ne Yunan Kralı'nın resmi asıldı.
Şehzade kabirlerine dışkılarını yaptılar.

Venizelos'un oğlu Sofoklis, subaydı.
Osman Gazi'nin sandukasına kolunu dayayarak poz verdi.
"Biz geldik Osman, kalk da memleketini kurtar" diyerek...
Hatıra fotoğrafı çektirdi.

Ulucami'yi işgal ettiler.
Önce dışkılarını yaptılar.
Sonra dinamitle tahrip ettiler.

Eşrafı caddeye dizdiler.
"Bursa'yı bizden aldığınız zaman, kızlarımızı almıştınız,

şimdi onları bize geri vereceksiniz" diye bağırıyorlardı. Evlerden zorla çıkardıkları Türk kızlarını, sürükleye sürükleye eşrafın önünden geçirip, bilinmeze doğru götürüyorlardı.

Orhan Gazi'nin türbesini bastılar.
Nilüfer hatun'un kabrini havaya uçurdular.

Nilüfer hatun...
Orhan Gazi'nin eşi, Birinci Murat'ın annesiydi.
Bizans tekfurunun kızıydı.
Asıl adı, Holifera'ydı.

Yunan kilisesinin nefreti, bunu asla unutmamıştı...
Altı yüzyıl önce Türk'le evlendi diye, kabrine dinamit atıyorlardı.

Ömer Fevzi...
Bursa müftüsüydü.

İngiliz Muhipleri Cemiyeti'nin üyesiydi.
Anadolu'daki milli direnişi kırmak için İngiliz istihbaratı tarafından icat edilen İslam Teali Cemiyeti'nin üyesiydi.
Müftülük görevine, Mustafa Kemal hakkındaki idam fetvasını kaleme alan şeyhülislam Mustafa Sabri tarafından atanmıştı.

Bursa işgal edildiği gün TBMM'nin kürsüsüne siyah matem örtüsü serilirken... Bursa müftüsü Ömer Fevzi "Yunan ordusu halifenin ordusudur, Yunan ordusuna hürmette kusur etmeyin" diyordu!

Ertuğrul Gazi'nin türbesini tahrip ederlerken, Osman Gazi'nin kabrini tekmeleyip, Orhan Gazi'nin kabrini kirletirlerken, camilerimizi yakıp, milletin ırzına el uzatırlarken, Bursa müftüsü Ömer Fevzi, Yunan Kralı Konstantin'e tebrik telgrafı çekiyor, "Anadolu'yu şereflendirdikleri için şükranlarını arz ediyor"du.

*

Bu işbirlikçi yobaz, Kurtuluş Savaşı'nın sonunda, yerli Rumların arasına karışarak Yunanistan'a kaçtı, Mustafa Sabri'ye sığındı, onunla birlikte Mısır'a gitti, Kahire'ye yerleşti, ömrünün sonuna kadar Türkiye Cumhuriyeti aleyhinde faaliyet gösterdi.

Teğmen Halil Nuri komutasındaki küçücük bir askeri birliğimiz, Bursa'yı işgal eden Yunan ordusuna ağır zarar veriyordu.

Çünkü o küçücük askeri birlik...
Mehter Takımı'ydı!

Nereden bulduğunu bilmiyoruz, mehter kıyafetleri ve müzik aletleri getirmişti, milli mücadelenin ilk ve tek mehter takımını kurmuştu.

Aslında 50 kişilik milis gücü vardı ama, mehter takımı marş çalmaya başlayınca, sanki beş bin kişilik ordu yürüyormuş gibi oluyordu.

Yunan kralının kardeşi, prens Andrea, Kuvayı Milliye'nin bu küçücük mehter takımını, hatıralarında şöyle anlatacaktı:
"Karşımızda nizami Türk birlikleri yoktu.
İngiliz makamları bizden önce halkın silahlarını toplamıştı.
Zaten ele geçirdiğimiz yerlerde, eli silah tutabilecek erkek nüfus yoktu, yaşlılar, çocuklar, kadınlar ve sakatlar kalmıştı.

Ama, karşılaştığımız acayip bir mukavemet vardı.
Yeşil cübbeli, kırmızı sarıklı, başları kavuklu, kalın kuşaklı, ellerinde harp marşlarını terennüm ettikleri musiki aletleri bulunan, görenleri dehşete düşüren, sadece gözleri değil, dimağı da etkileyen, destansı insanlar vardı.
Muhataplarını dehşete sürükleyen seslerle hücuma kalkıyorlardı.
İngiliz istihbarat servisi, Türk milli kıyafetlerini giymiş, harp marşları çalan bir grubun bu bölgede dolaştığını, halkı heyecanlandırdığını, milli şuuru ayaklandırdığını anlatmıştı.
Bu gördüklerimiz, herhalde onlardı.
Bazı saf askerlerimiz korkuyor, Türklerin arasında 'efsanevi varlıklar' olduğunu, Türklerin 'efsanevi varlıklardan yardım aldığını' söylüyorlardı.
Şark'ta harp etmek, mantıktan çok, masalsıydı.
Bizim mağlubiyetimizin sebepleri arasında, Türklerin manevi ve tarihi varlıklarını maharetle sahiplenmiş olmalarının payı büyüktür."

Adana'da Ermeni zulmü yaşanıyordu...
Fransız üniformalı Ermeniler gelişigüzel insan öldürüyordu.
Dehşet saçarak, bölgeyi Türksüzleştirmeye çalışıyorlardı.

Fransızlar sadece seyrediyor, nezaret ediyordu.
Türkler şehri terkedip, Toroslar'a sığındı.
Bu zorunlu göç aralıksız dört gün sürdü.

Tarihe "kaçkaç olayı" adıyla geçecekti.

İznik işgal edildi.

Saat geceyarısını geçmişti...
Ziraat Mektebi'nin ikinci katındaki odasında uykuya dalmak üzere olan Mustafa Kemal, merdivenlerde tıkırtı duydu.
Yatak odasının kapı kolu hafif hafif dönmeye başladı.
Elini yastığının altına soktu, revolverini hazırladı.
Kör karanlıkta, üç kişi, parmak uçlarına basarak içeri süzülüyordu.
Tabancasını doğrultarak ayağa fırladı, "kimsiniz?" diye bağırdı.
Suratlarına doğrultulmuş namluyu görünce paniklediler...
Gerisingeri, merdivenlerden düşercesine kaçmaya başladılar.

Gürültü patırtı, herkes uyandı.
Nöbetçiyi bağlayıp, içeri sızdıkları ortaya çıktı.
Şehrin beş kilometre dışında bulunan Ziraat Mektebi'nde güvenlik endişesi hep vardı ama, bu hadise bardağı taşıran damlaydı.
Uyurken öldürülmekten kılpayı kurtulmuştu.

Ankara Garı'na taşındı.
"Direksiyon" tabir edilen gar müdürlüğü binasına yerleşti.
Abdülhamid döneminde Almanlar tarafından inşa edilen bu gar binası, Bağdat demiryolu hattının istasyonuydu.
Hem evi, hem karargahı oldu.
1.5 yıl kadar burada kalacaktı.

Direksiyon binası'nı çekip çevirmek için kadın eli gerekiyordu.

Fikriye bu sebeple geldi.
Evin temizliğini, mutfağını, düzenini sağladı.

Zübeyde'nin ikinci eşi Ragıp beyin yeğeniydi.
Mustafa Kemal'i dokuz yaşından beri tanıyordu.
Anne babası rahmetliydi.
İki kardeşi vardı.
Selanik kaybedilince İstanbul'a göçmüşlerdi.
Büyükada'da yaşıyorlardı.

Ağabeyi Enver milli mücadeleye katılmak üzere Anadolu'ya geçmiş, kızkardeşi Jülide veremden hayatını kaybetmiş, Fikriye tek başına kalakalmıştı.

Cevat Abbas, Mustafa Kemal'in yaveriydi.
Cevat Abbas'ın eşi Memduha, Fikriye'nin samimi arkadaşıydı.
Memduha'nın yanına yerleşti.
Sık sık Beşiktaş Akaretler'e geliyordu.
Zübeyde'yle Makbule'yi ziyaret ediyordu.

Mustafa Kemal'in arkadaşı Fuat Bulca, dayısının oğluydu.
Fuat'a mektup yazdı.
Ankara'ya gelmek istediğini söyledi.
Direksiyon binası'na kadın eli değmesine ihtiyaç vardı.
Fuat ve Cevat'ın desteğiyle Mustafa Kemal'den onay çıktı.

Balıkçı motoruyla İnebolu'ya geçti.
At arabasıyla Ankara'ya ulaştı.

Uzun boylu, narin, kara kaşlı kara gözlüydü.
Halide Edip'in, Salih Bozok'un, Kılıç Ali'nin, Sabiha Gökçen'in hatıralarındaki ortak özelliği "çok güzel" olmasıydı.

Babası albaydı, çağdaş fikirli adamdı, kızlarına özel öğretmenlerle eğitim aldırmıştı, bu sayede Fransızca ve Rumca biliyordu.
Kitap kurduydu, özellikle tarih okumayı çok severdi.
Piyano ve ud çalıyordu, Rumeli türküleri söylerdi.

İstediği zaman en kalabalık ortamlarda pırıl pırıl parıldar, etrafına ışık saçarak herkesi mıknatıs gibi kendine çeker...
İstediği zaman da adeta şeffaf hale gelir, tenha odada bile varlığı hissedilmezdi.

O incecik bedende cengaver ruhu taşıyordu.
At biner, silah kullanırdı.
Milli mücadelenin sonu belirsiz o günlerinde, en çetin savaş şartlarında Anadolu'ya geçme cesaretini göstermişti.

Mustafa Kemal'in kehribar tespihinden kolye yaptırmıştı.
Boynundan çıkarmazdı.

Cumhuriyet'ten önceki yıllara ait fotoğraflarında bile saçı açıktı.
Yaverlerin, askerlerin yanındayken bile başörtüsü takmazdı.
Sokağa çıktığında başını bağlamamak için genellikle bere kullanırdı, bereyle bile saçının tamamını örtmezdi. Kadınlar için ayıp sayıldığı dönemlerdi ama, umursamazdı, pantolon giyerdi.

Mustafa Kemal'in hediye ettiği "Zafer" isimli atıyla Çankaya sırtlarında dolaşırdı. Yanına koruma almazdı, tüfeğini alır giderdi.

Direksiyon binasındaki odası ikinci kattaydı.
Sadece bir gaz lambası, bir koltuk ve bir mektep karyolası vardı.
Saman yatak seriliydi.
Başka eşya yoktu.

Bomboştu, kilim bile yoktu.
Binada tek tuvalet vardı.
Gün boyunca komutanlar, yaverler kullanıyordu. Mecburen geceyarısını bekliyor, el ayak çekildikten sonra o tek tuvaleti kullanıyordu. Bu kocaman yürekli kız, 18 ay bu halde yaşadı.

Çerkez Ethem, Ankara'ya geldi.
Muhafızlarını kapıya dikti...
Belinde silahıyla, Mustafa Kemal'in çalışma odasına girdi.

Aklınca güç gösterisi yapıyordu.
"İstersem Mustafa Kemal'i bile vururum" demek istiyordu.

Neyse ki, tatsızlık bu kadarla sınırlı kaldı...
Ama bu tehditkar tavır, direksiyon binasına yönelik tehlikelerin işgal kuvvetlerinden değil, içerden gelebileceğini göstermişti.

Topal Osman çağrıldı.
Muhafız birliği kuruldu.

Topal Osman...
37 yaşındaydı.
Giresunlu'ydu.
Gönüllü olarak Balkan Savaşı'na katılmıştı.
Sağ diz kapağından yaralanmış, topal kalmıştı.
Giresunlulardan oluşan müfrezesi vardı.
"Laz Alayları" diye tanınıyorlardı.
Karadeniz'de çetecilik yapıyordu.
Memleket işgal edilince, milli mücadele başlayınca, bir saniye bile tereddüt etmeden, daha ilk günden Kuvayı Milliye'ye dahil olmuştu.

Mustafa Kemal, Samsun'a çıktıktan hemen sonra, daha Havza'dayken Topal Osman'ı çağırmış, Pontus'a karşı harekat emirleri vermişti.

Milis yarbay rütbesi taşıyordu.
Ankara'ya çağrılır çağrılmaz 10 kişilik müfrezesiyle koştu.
Direksiyon binasında bizzat nöbete başladı.
Peyderpey katılımlarla, 250 kişiye çıkarıldılar.

Muhafız Birliği'nin TBMM'ye silah ve cephaneyle girebilme yetkisi vardı. Mustafa Kemal nereye, onlar gölge gibi orayaydı.

*

Muhafız Birliği sadece Mustafa Kemal'i korumakla kalmıyor, aynı zamanda Kurtuluş Savaşı'nın en kritik noktalarında çarpışıyordu.

Topal Osman'ın komuta ettiği, ayrıca iki alay vardı.
Dört bin kişiden oluşuyordu.
Koçgiri ayaklanmasının bastırılmasında, Sakarya Savaşı'nda, Büyük Taarruz'da vuruştular. Öylesine ön saflardaydılar ki, Sakarya Savaşı'nda bu dört bin kişiden sadece 285 kişi sağ kaldı.

Yunan ordusu Trakya'ya yürüdü.
Tekirdağ düştü.
Şile, Kandıra, Lüleburgaz, Çerkezköy, Babaeski...
Edirne düştü.

Osmanlı'nın birinci, ikinci ve son başkenti artık yoktu.

Edirne'de konuşlanan birinci kolordu, 700 subay, dört bin er, 10 bin sivil vatandaşla beraber, Bulgaristan'a sığındı.

Trakya Kuvayı Milliye komutanı Cafer Tayyar bey yaralandı.
Korumaya çalıştığı köylüler tarafından ihbar edilmişti.
Esir alındı.

Kırklareli düştü.
Sarayköy, Vize, İpsala, Keşan...
Trakya'nın işgali sadece üç günde tamamlandı.
Yunan kralı Aleksandr, Edirne'ye geldi.
Atina kiliselerinde çanlar çalıyordu.

Albay Behiç bey...
Anadolu Şimendifer Kumpanyası müdürlüğüne getirildi.

Lojistik dehasıydı.
Mustafa Kemal'in Çanakkale'den beri arkadaşıydı.
"Ben cephede ne yapılması gerektiğini biliyorum, sen cepheye askerin, mühimmatın, erzağın nasıl getirilmesi gerektiğini biliyorsun, demiryollarını işin ehli biri yönetmezse bu işi başaramayız, sana emanet," dedi.

Memleket topraklarında hemen hepsi bozuk, dokuz bin kilometre şose, dört bin kilometre toprak yol vardı, hepsi buydu.
Yol denilen, deve kervanı yoluydu.
Kış aylarında at arabası bile sürülemiyordu.

İstanbul-İzmir arası 87 saat sürüyordu!

Kayseri-Sivas arasında çalışan otobüsler haricinde otobüs seferi yoktu... Onlar da zaten Amerikan okullarının otobüsleriydi.

Albay Behiç bey, işte bu tablodan mucize çıkardı.

"Türkler demiryolu işletemez" önyargısını tarihe gömdü.
O imkansızlıklar içinde, ahşap demiryolu köprüleri yaptırdı.
Elde kalan tek tük lokomotifleri çalışır hale getirdi.

Savaşın en kritik günlerinden birinde, Mustafa Kemal acil ibaresiyle telgraf gönderdi, "sevkiyatı hızlandırın, trenleri son sürate çıkarın, geciktiren idamla cezalandırılır" dedi.
Albay Behiç bey, gayet sakin cevap telgrafı gönderdi...
"Bu hat 40 kilometreden süratli gitmeye müsait değildir, hızlandıralım derken tek bir sevkiyat bile yapamayabiliriz, emrinizi aldım, bu nedenle uygulamadım, ikinci emrinizi bekliyorum" dedi!
Mustafa Kemal'den tekrar telgraf geldi.
"Sen nasıl uygun görürsen Behiç..."

Böylesine işinin ehli, böylesine omurgalı bir karakterdi.
Her şart altında doğruları yapar, doğruları dile getirirdi.

Kullanım dışı bırakılan raylardan kılıç yaptırdı...
Büyük Taarruz'da süvarilerimizin elindeki kılıçlar,
Behiç bey'in yaptırdığı kılıçlardı.

Adana'da yangın çıktı.
İki gün söndürülemedi.
Bin 500'den fazla ev kül oldu.

Tarsus'ta kıyasıya vuruşuluyordu.
Molla Kerim müfrezesi tamamen imha oldu.
400 civarında kayıp verdik.
Ölülerimiz arasında bir Alman binbaşı da vardı.

Bizi terketmemişti.

*

Balkan Savaşları'ndan sonra Osmanlı'yla Alman İmparatorluğu arasında anlaşma imzalanmıştı, bu anlaşma çerçevesinde Osmanlı ordusunu yönetmek ve ıslah etmek (!) üzere, Alman subayları görevlendirilmişti.
Liman von Sanders'in komutanlığında, 23 general, 10 amiral, 800 civarında subay gelmişti. Birinci ordu komutanı, genelkurmay birinci başkanı, genelkurmay harekat başkanı, donanma komutanı, tayyare bölükleri komutanı, kolordu komutanları, hep Alman'dı.
İstanbul işgal edilince, Alman Askeri Misyonu'nun görevine son verilmiş, Liman von Sanders başta olmak üzere, Alman general ve amiraller ülkelerine geri dönmüştü.
Ancak, yukardaki örnekte de görüldüğü gibi, bazı Alman subayları bunu reddetmiş, üniformalarını çıkarmış ve gönüllü olarak Kuvayı Milliye saflarına katılmışlardı.

Bizi terketmeyen Almanlar olduğu gibi, Alman Askeri Misyonu'nda görev almadığı halde bize katılan Almanlar olmuştu.

Hans Tröbst...
Alman ordusunda yüzbaşıydı.

Mustafa Kemal'e hayrandı.

Alman İmparatorluğu'nun ağır yenilgiye uğraması ve bu yenilgi neticesinde utandırıcı şartlarla anlaşmalar imzalamak zorunda kalması, Alman subaylarının onurunu kırıyordu.

Koskoca imparatorluklar teslim olurken, Mustafa Kemal liderliğindeki bir avuç Kuvayı Milliye'nin bağımsızlık direnişi, Hans Tröbst'ü yürekten etkiliyordu.

Tek başına İstanbul'a geldi.
Gemiyle İnebolu'ya geçti.
Casus mu acaba diye bütün evrakları didik didik edildi.
Sorguya çekildi.
Beş hafta boyunca İnebolu'da bekledi.
O arada hastalandı, askeri hastanede yattı.
Beş hafta sonra izin çıktı.
Casus olmadığına, özgürlük mücadelesine gönül veren bir dost olduğuna ikna olmuşlardı, Ankara'ya gidebilirsin dediler.
Bir katır kervanına katıldı.
İki günlük seyahat sonrasında Kastamonu'ya vardı.
Kastamonu'daki bölge komutanı Muhiddin paşa çağırdı.
"Türk ordusuna kabul edildiği" kendisine tebliğ edildi.
Yüzbaşı rütbesiyle, ilk maaşı olan 75 lira elden verildi.
Yoluna atla devam etti, dört gün sonra Ankara'ya ulaştı.
Genelkurmay tarafından kabulü yapıldı.
Önce Konya'da, sonra Eskişehir'de görev yaptı.
Türkçe bilmediği için cephede aktif rol verilmedi.
Demiryolu komutanlığında, lojistikte çalıştı.

İstiklal Madalyası verilen ilk ve tek yabancı oldu.

Ankara'nın dışişleri bakanı Bekir Sami bey'di.
Yardım anlaşmasını imzalamak üzere Moskova'ya gitti.
Lenin'le görüştü.

Lenin net şekilde ifade etti:
"Türkiye'nin bağımsız ve ulus devlet olması için maddi yardım sözü veriyoruz, bize güvenebilirsiniz."

Elbette kara kaşımız kara gözümüz için vermiyordu.

Lenin bu yardım anlaşmasıyla "kendi coğrafyasında bölgesel barış" hedefliyordu, "bu anlaşma, bizi Kafkasya'daki sonsuz savaşlardan kurtaracak bir anlaşma" diyordu.

Toplam...
6.5 milyon altın ruble
33 bin tüfek
327 makineli tüfek
54 top
58 milyon mermi
120 bin top mermisi
1500 kılıç
20 bin gaz maskesi verdiler.

Sovyetler'in bize silah ve para yardımı için söz verdiği gün... ABD Başkanı Woodrow Wilson "bağımsız Ermenistan'ın kurucu babası" olma hayaliyle, Ermenistan'ın sınırlarını çizen raporunu açıklıyordu.

Princeton Üniversitesi'nde rektörlük yapan, tarih profesörü olan, dünya düzenine dair görüşleri nedeniyle 1919 yılında Nobel Barış Ödülü'ne layık görülen Wilson, Türkiye'nin doğu bölgelerinin neredeyse tamamını Ermenistan'a armağan ediyordu.

Bizim Amerikan mandacılarının kurduğu Wilson Prensipleri Cemiyeti'nin Wilson'ı işte buydu!

Vahdettin bir idam kararını daha onayladı... Ermeni tehcirinden yargılanan Bayburt eski kaymakamı Nusret bey asıldı.

Vahdettin ve şürekası o gün için farkında değildi, günü kurtarmak için bu tür kararlar alıyorlardı ama... Bu idamlar yıllar yıllar sonra "sözde soykırım" iddialarına kanıt olarak kullanılacaktı.

Ali Kemal kin kusmaya devam ediyordu.

"Mustafa Kemal, Yunan'a saldırmaya hazırlanıyor, bu çılgınca teşebbüsün amacı yine yıkım, yine yıkım, yine yıkım!
Yunanistan'ın orduları var.
Mühimmatı var, teçhizatı var.
İngiltere gibi büyük bir yardımcıları var.
Mustafa Kemalciler her hususta yoksul.
Anadolu halkı Allah'ını sever, dinini sever.
Mustafa Kemalciler zındık, münafık" diye yazıyordu.

Düzce'de yine ayaklanma çıktı.
Bu defa Abaza bir çeteydi.
İngilizlerden parayı alıp, başkaldırmışlardı.

Çabuk bastırıldılar ama, bu arada şehri ateşe verdiler.

Binbaşı Ali Şefik bey, Antep'e geldi.
"Özdemir" kod adını kullanıyordu.
Kuvayı Milliye komutasını aldı.

"Son Antepli ölmeden, bu şehir teslim edilmeyecek" dedi.

Fransızlar Antep'i ikinci defa kuşatmıştı.
Bu defa nefes alacak yer bırakmamışlardı.

Şehirde yiyecek sıkıntısı başlamıştı.
Kadınlarımız tohumluk olarak depolanan zerdali çekirdeklerini kırıyor, eziyor, kepekle karıştırıp ekmek yapıyordu.

Atlar, eşekler tükenmişti.
Kedileri bile yemek zorunda kaldık.
Fransızlar uçaklarla bildiri atıyordu.
"Teslim olun, Özdemir'i bize verin" çağrısı yapıyorlardı.
Bu bildirilerle birlikte, Mustafa Kemal hakkındaki Vahdettin fermanını ve idam fetvasını da atıyorlardı.

Özdemir bey, Fransız işgal komutanına kurye gönderdi.
"Benim hayatımın önemi yok, sivil halkı katlediyorsunuz, şehri terkedin, kozumuzu dışarda paylaşalım" dedi.

Şövalyevari bir mesajdı.
Ama karşımızdakiler şövalye cesareti taşımıyordu.
Cevap olarak, şehri bombardımana başladılar.

Antep'te Sarkis adında bir Ermeni vardı.
Fransız birliklerinin durumunu her gün düzenli olarak Özdemir bey'e iletiyordu, karşılığında her gün bir altın alıyordu!

Sevr antlaşması imzalandı.

Paris'in banliyö semtindeki seramik müzesinde imzalanan bu antlaşma, Lozan Antlaşması imzalanana kadar Türk'ün idam fermanıydı.

Trakya ve İzmir, Yunanistan'a verilmişti.
Adana, Antep, Urfa, Fransız mandası Suriye'ye bırakılmıştı.
İstanbul ve Çanakkale boğazlarını aralarında Osmanlı'nın bulunmadığı 10 ülkeden oluşan komisyon yönetecekti.
Fırat'ın doğusunda Kürdistan kurulacaktı.
Trabzon, Erzurum, Van, Ermenistan'a verilecekti.
Ordu lağvedilecek, sembolik silah bulunduracaktı.
Türk maliyesi uluslararası komisyona devredilecekti.
1914'te feshedilen kapitülasyonlar yeniden hayata geçirilecekti.

İstanbul halkı yas ilan etti.
Dükkanlar kapatıldı.

Sevr Antlaşması'nı imzalayan Yunanistan başbakanı Venizelos zafer sarhoşuydu, mutlululuktan uçuyordu... Suikasta uğradı!

Orient Express'le Atina'ya dönmek üzereydi.
Paris'teki Lion Garı'na gelmişti ki, silahlar patladı.
Omzundan ve baldırından yaralandı.
İki kurşun yemişti ama, hayati tehlike yoktu.

Tetiği çekenler, kral yanlısı Yunan subaylarıydı.

Yunanistan ruhen bölünmüştü.
Kralcılar vardı.

Venizelosçular vardı.
Kralcılar, Venizelosçuların güçlenmesinden memnun değildi.

Suikast başarılı olsaydı, Venizelos öldürülseydi, hemen o akşam Atina'da hükümet darbesi yaşanacak, Kral yönetimi ele alacaktı.

Yunanistan kaynıyordu.

Suikast girişiminin ertesi günü...
Edirne'de metropolithanede şükran ayini yapıldı.
Hem Sevr için, hem Venizelos'un sağlığı için dua edildi.

Vahdettin'in ve dolayısıyla Şeyhülislam Dürrizade Abdullah'ın talimatıyla, Edirne müftüsü Hilmi efendi de bu ayine katıldı!

Yetmedi...
Şükran ayininden sonra, metropolit efendiyle beraber,
Yunan işgal kuvvetleri komutanı Selimiye Camisi'ne geldi.
Müftü kapıda karşıladı.
Selimiye Camisi'nde Venizelos'un sağlığı için Kuran okundu!

Ellerini göğe açarak dua eden Edirne müftüsü Hilmi efendi, Venizelos'un "özgürlük ve adalet temsilcisi" olduğunu söyledi.

Sadrazam Damat Ferit, Sevr Antlaşması'nı imzalamak üzere yurtdışındayken, içişleri bakanı Reşit bey sürpriz şekilde devreye girdi... Saray'la Ankara arasında arabuluculuk yapmak istedi.

Peki bu gerçekten samimi bir davranış mıydı?

İngiliz istihbarat raporuna göre, pek öyle değildi.
Çünkü...
İstanbul'a gelir gelmez Damat Ferit'e ispiyonlamışlardı.
Damat Ferit de Reşit bey'i karşısına alıp hesap sormuştu:
"Ne entrikalar çeviriyorsun?"

İçişleri bakanının cevabı gayet pişkindi...
"Kendimi kurtarmak zorundayım, Fransızlar bana Fransız Suriyesi'nde genel vali olma umudu verdiler, devletin yıkılışını gözönüne alarak kendi çıkarlarımı korumak durumundayım, emeklilik maaşıyla geçinmeye çalışan bir emekli olmayacağım!"

Devleti işte bu yüzsüz tipler yönetiyordu.

Le Journal d'Orient...
İstanbul'da Fransızca yayın yapan bir gazeteydi.

Mustafa Kemal hakkında bir haber yayınladı.
"Zevk ve sefa içinde geçirdiği hayat" başlığı atmışlardı.

"Mustafa Kemal zorla gasbettiği 12 odalı köşkünde oturuyor, Trablus'ta bir gözünü kaybettiği için, her sabah cam gözünü sakat gözüne yerleştiriyor, Avrupa barlarında ün salmış Yvonne Veusan adındaki kadını yanına getirtti, kadının parmakları kıymetli yüzüklerle süslü, bu kıymetli yüzükler halktan zorla toplanmış olan vergilerle sağlanıyor, bu bar kadını Anadolu'nun kaderini ellerinde tutmaktadır" deniyordu.

Karalama çabaları işte bu kadar pespayeydi!

Alemdar gazetesi ise, Mustafa Kemal'in suikasta uğradığını, ağır yaralandığını, hayatından ümidin kesildiğini yazıyordu!

Alemdar gazetesinin sahibi Refi Cevad'tı.
Kara günlerin karaçalan kalemiydi.
Saray'ın tetikçisiydi.
İngiliz Muhipleri Cemiyeti'nin şakşakçısıydı.

"İngilizler elimizden tutarak bizi kurtaracak" diye yazıyordu.
"Türkler kendi güçleriyle adam olamaz" diye yazıyordu.
"İslam dininin anahtarını İngiltere'nin güvenilir ellerine teslim etmekte, İslam alemi için hiçbir tehlike yoktur" diye yazıyordu.

Mustafa Kemal için "deli değil, zırdeli" diyordu.
"Zehirli mahluk" diyordu.
"Kafası ezilmeli" diyordu.
"Çapulcu" diyordu.

Bu kadar çok sayıda ve böylesine vatan hainlerinin varolduğunu görmek, İngiliz istihbaratını bile hayrete düşürüyordu.

Türk milletinin direnç kaynağını çok iyi bilen Yunan istihbaratı, maneviyatı zayıflatmak için Mustafa Kemal'e dair yalanlar üretiyordu.

Sık sık "esir" alındığı yolunda haberler uçuruluyordu.

Trajikomik tarafı...
Kendi yalanlarına kendileri inanıyordu.
Mustafa Kemal'in esir alındığını duyan İzmir'deki Rumlar her defasında sokaklara dökülüyor, her defasında kutlama yapıyordu.

"Mustafa Kemal"i gerçekten yakaladıkları da oldu!

Yunan gazeteleri manşet yaptı.
Atina'da çanlar çalındı, şenlikler düzenlendi.
Ertesi gün sevinçleri gene kursaklarında kaldı...
Mustafa Kemal'i esir almışlardı ama, sadece isim benzerliğiydi.

Mustafa Kemal isminde bir er'di!

İstanbul'da Hamza Grubu kuruldu.

Askeri istihbarat teşkilatıydı.
Hazreti Hamza'nın kuvvetinden, cesaretinden ilham alınmıştı.

Sivil ve asker gönüllülerden oluşan Mim Mim Grubu görevini layıkıyla yerine getirmişti, artık askeri hiyerarşide faaliyet gösterecek kurumsal teşkilata geçilmişti, Genelkurmay'a bağlıydı.

Lideri yüzbaşı Neşet beydi.
Eminönü merkez üssüydü.
Hüseyin Hüsnü Eczanesi'nin tavanarasında toplanıyorlardı.
Ay, Yıldız, Güneş gibi kodadları kullanıyorlardı.

İstanbul-Ankara arasındaki mesaj trafiğini, Büyük Postane'nin bodrumundaki gizli telgraf merkezinden yürütüyorlardı.

İstanbul Telgraf Müdürü İhsan bey, Mim Mim Grubu mensubuydu, onun Nişantaşı'daki evinin bodrumuna da gizli bir telgraf merkezi kurmuşlardı.

İstanbul'daki konsolosluklarda çalışan, İzmir'de, Bursa'da, Manisa'da, işgal bölgesinde çalışan casusları, muhbirleri vardı.

Grubun kilit isimlerinden Şakir Muzaffer bey, telgraf-kurye iletişimini sağlayan şifre anahtarını taşırken, İngilizler tarafından yakalandı.
Bunun üzerine grubun ismi, Mücahid olarak değiştirildi.
Daha sonra Muharip Grubu oldu.
En son Felah Grubu ismini aldı.

İsim değiştikçe, İngilizlerin kafası karışıyordu.

Vahdettin'in damadı İsmail Hakkı bey...
Hamza Grubu sayesinde Anadolu'ya geçirilmişti.

İsmail Hakkı bey, yurtseverdi.
Osmanlı'nın son sadrazamı Ahmet Tevfik paşa'nın oğluydu.
Galatasaray Lisesi'nden sonra Harbiye'den mezun olmuş, kurmay olmuş, saraya damat olmuş, Vahdettin'in kızı Fatma Ulviye sultan'la evlenmişti.

Padişahın damadı Kuvayı Milliyeci'ydi.
Sarayı değil, vatanı tercih etmişti.
Fiilen Hamza Grubu'nda faaliyet gösteriyordu.

Adapazarlı koyun tüccarı Mustafa ağa sahte kimliğiyle Anadolu'ya geçti, milli mücadeleye katıldı, İsmet paşa'nın emrinde Batı cephesinde vuruştu.

Yunan ordusunun başkomutanı Trikopis'i esir alanlar arasında yeralacak, Mustafa Kemal'in özel talimatıyla, saltanat mensupları arasında sürgün edilmeyen tek insan olacaktı.

*

Ulviye sultan'la İsmail Hakkı bey'in Hümeyra sultan isminde kızları vardı.
Annesiyle birlikte sürgüne gönderilen Hümeyra sultan, 1926 yılında, dokuz yaşındayken, Mustafa Kemal'in özel izniyle, babasının pasaportuna kaydedildi, Türkiye'ye dönebilen ilk ve tek hanedan mensubu oldu, 1939 yılında İsmet İnönü'nün cumhurbaşkanlığı döneminde Türk vatandaşlığına kabul edildi.

*

İsmail Hakkı bey, gizli operasyonla Anadolu'ya geçerken, Ali Şamil'i de mecburen yanında götürmüştü.

Ali Şamil cüceydi.
1 metre 10 santim boyundaydı.

Aslında, Enver paşa'nın maiyetindeydi, Enver paşa apar topar İstanbul'dan ayrılırken, Ulviye sultan'ın sarayına vermişlerdi.
Sırmalı cepkenler, cartlak renkli şalvarlar, kafasından büyük sarıklar giyer, çocukları güldürür, kadınları eğlendirirdi.
İsmail Hakkı bey'in tavla arkadaşıydı.
İsmail Hakkı bey, Ali Şamil'i ezdirmez, koruyup kollardı.

Anadolu'ya geçmek için gizli gizli hazırlık yaparken, eşi Ulviye sultandan bile sakladığı bu bilgiyi, Ali Şamil'e çıtlatmıştı.
Saraydan sadece onunla vedalaşmak istemişti.
Pişman oldu...
Çünkü o kocaman yürekli küçük insan alenen tehdit etti, "ya beni de götürürsün, ya da niyetini sultan'a anlatırım" dedi.
İsmail Hakkı bey'in gözleri buğulanmıştı, karşısına dikilen küçücük bedende dağ gibi adam duruyordu, öz kardeş gibi kucaklaşmışlardı.

Kuştüyü yastıklarını, neredeyse bir kuşsütü eksik sofralarını geride bırakıp, sahte kimlikler, köylü kıyafetleriyle maceraya atıldılar.
Ağaç kovuklarında, kuytularda sabahladılar.
İşgalcilerin kontrol noktalarını aşıp, Ankara'ya ulaştılar.

Ali Şamil, Mustafa Kemal'le tanıştı.

Üç yıl boyunca, İsmail Hakkı bey nereye, Ali Şamil oraya, kah su taşıdı, kah telgraf, kah boyu kadar tüfek... Elinden ne gelebiliyorsa, çırpındı, fazlasını yaptı. Her cephede, kelle koltukta yaşadı.
İzmir'e girenlerin hemen arkasındaydı.
İstiklal Madalyası aldı.

Vahdettin'in damadının Anadolu'ya geçmesi, İstanbul gazetelerinin tamamında manşet oldu, Saray'da şok etkisi yarattı.

Yahya Kemal, Yakup Kadri, Ruşen Eşref, Falih Rıfkı gibi yurtsever gazeteciler, Felah Grubu tarafından Anadolu'ya götürüldü.

Mühimmat depolarını soyuyor, dolu sandıkları götürüyor, onların yerine birebir aynı sandıkları bırakıyorlardı. Böylece, İngilizler depoların soyulduğunu anlamıyor, lazım olup da sandıkları açtıklarında farkediyorlardı.
Çıldırtıcı bir taktikti.

Selimiye Kışlası'nın deposundaki telsizleri de yine böyle zeki bir planlamayla çalmışlardı. Planı, teğmen İhsan yapmıştı.
Haydarpaşa askeri hastanesinde görevli yurtsever bir doktor, Selimiye'de görevli bir Türk askerine "veba" teşhisi koydu, karantina raporu yazdı.
Elbette bu teşhis sahteydi ama, veba raporunu duyan kaçarak uzaklaştı, Selimiye Kışlası insansızlaştırıldı.
Felah Grubu geceyarısı girdi...
Bir tek nöbetçiyle bile karşılaşmadan, komple boşalttı.

İstanbul'dan o kadar yüklü cephane çalınıyordu ki, bunları takalarla küçük motorlarla taşımak artık imkansız hale gelmişti.
Fransız ve İtalyan ticari gemilerini kiralamaya başlamışlardı!
Parayı silah gibi kullanıyorlardı.
İşgal kuvvetleri Türk teknelerinde titizlikle arama yaparken, hem akıllarına gelmediği için, hem de kapitülasyonlar nedeniyle Fransız ve İtalyan gemilerine dokunmuyorlardı.
İnebolu'ya, Mersin'e devasa miktarda mühimmat indiriyorlardı.

İtalyan şirketi Lloyd Triestino'ya ait gemiyle, İstanbul'dan sahra topları gönderilmişti, İnönü Savaşları'nın kazanılmasında bu topların kritik faydası olmuştu.

Felah Grubu'ndan Yüzbaşı Kemal bey'in Fransız istihbaratından elde ettiği bir harita, Kurtuluş Savaşı'nın en değerli istihbarat çalışmalarından biriydi.

Çünkü bu harita, Yunan ordusunun Ege'de konuşlandığı tüm noktaları, bütün mevzilerini, bütün topçu merkezlerini, bütün tahkimatı, bütün lojistik yollarını gösteriyordu.

İstanbul'dan Anadolu'ya dört binden fazla insan kaçırdılar. 40 bin tondan fazla cephane kaçırdılar.

1914'te Çanakkale Savaşı'nda kıyıya demirleyen ve yüzer tabya olarak kullanılan Mesudiye zırhlısı, İngiliz denizaltısı tarafından batırılmıştı... Sulara gömülmeden önce 75 milimetrelik iki topu sökülmüş, kurtarılmış ve Haliç'e getirilmişti.

Sütlüce'deki askeri depoda, İngiliz nöbetçilerin kontrolünde tutulan bu toplar, bir geceyarısı operasyonuyla çalındı.

Birisi, Kasımpaşa'daki Büyük Cami'nin tabutluk bölümüne, diğeri, Beyoğlu Kulaksız'da bir mandıraya saklandı.
İlk fırsatta da, Anadolu'ya gönderildi.

Kasımpaşa Deniz Hastanesi'nin depolarında ne kadar ilaç ve sargı bezi varsa, çalındı, Akşehir'e götürüldü.

İngiliz yüzbaşı Armstrong, Felah Grubu'ndan çektiklerini yıllar sonra şöyle anlatacaktı... "Depoları soyuyorlardı, önleyemiyorduk, bir gece ben oradayken gene silahlı Türkler geldi, nöbetçileri bağladılar, görülecek olsam vurulurdum, zorlukla saklandım, Türkler barut mahzenlerinde rahat rahat sigara içiyorlardı, tahtaları kırarak ateş yakıyor, yemek pişiriyorlardı, patlayıcı maddeleri hiç korkmadan, hiç telaş etmeden taşıyorlardı."

Hakimiyet-i Milliye başta olmak üzere, Anadolu'da yayınlanan yurtsever gazeteleri İstanbul'a getiriyorlar, vapur, tramvay gibi toplu taşıma araçlarına çaktırmadan bırakıyorlar, halkın bu gazetelere ulaşmasını, hiç olmazsa şehiriçi seyahat sırasında okumasını sağlıyorlardı.

İstanbul halkı bu gazeteler sayesinde, Ege'de, Adana'da, Urfa'da, Kars'ta, cephe cephe neler oluyor, öğreniyordu. TBMM'de alınan kararlardan, çıkarılan kanunlardan böyle haberdar oluyordu.

Felah Grubu'nun en önemli görevlerinden biri, Anadolu'ya geçen subay, astsubay ve sivillerin aileleriyle ilgilenmekti.

Çünkü, vatanı kurtarmak için kendi canlarını hiçe sayarak Anadolu'ya geçenler, eşlerini, çocuklarını, analarını, babalarını İstanbul'da bırakıyorlar, her saniye akılları onlarda oluyordu.

Milli mücadelenin yazılmayan çok önemli yönlerinden biridir bu.

Felah Grubu, İstanbul'da kalan ailelerin ekonomik sıkıntılarıyla ilgileniyor, gerekirse maddi yardımda bulunuyordu.
Hastalık olursa, doktor sağlanıyor, ameliyat ettiriliyorlardı.

Vefat olursa, kendi ailelerinden biri vefat etmiş gibi, defnedilene kadar, son göreve kadar cenazeyle ilgileniyorlardı.

Mayıs 1919'da Anadolu'ya geçip, 9 Eylül 1922'ye kadar, Kurtuluş Savaşı'nın sonuna kadar ailesini göremeyen subaylar vardı...
Felah Grubu, Anadolu'daki bu eşler-babalar-evlatlarla, İstanbul'daki aileleri arasında kesintisiz mektup trafiğini sağlıyordu.

Ankara'nın en etkili casuslarından biri, İngiliz Kemal'di.

Asıl adı, Ahmet Esat'tı.
İstanbul doğumluydu.
Galatasaray Lisesi'nde okumuştu.
Maceracı bir ruhu vardı.
Kaçak olarak İngiltere'ye gitmiş, Fransa'da yaşamıştı.
İleri seviyede İngilizce biliyordu.
Sarışın, mavi gözlüydü.
İngiliz pasaportuyla dolaştığında, kimse yadırgamıyordu.

Boksördü.
Beyoğlu'nda boks kulübünde spor yapıyordu.

İstanbul işgal edilince, Ankara'ya gitti.
Yetenekleri farkedilince, İsmet İnönü'nün emrine verildi.
Sahte İngiliz kimliğiyle İzmir'e gönderildi.
Tüccarmış gibi, Yunan karargahında istihbarat topladı.

Amerikalı gazeteci kimliğiyle Anzavur çetesine katıldı.
Anzavur'un atacağı her adımı Ankara'ya bildirdi.
Bir ara yakalandı, Atina'ya gönderildi, hapishaneye tıkıldı.
14 ay sonra kaçtı, İzmir üzerinden yurda dönmeyi başardı.

*

Kurtuluş Savaşı sona erince, İstanbul'daki lüks otellerde tercüman olarak çalıştı. Hakkında 20'den fazla roman yazıldı. İki film çevrildi.

Bir başka istihbarat efsanemiz, Gavur Mümin'di.

İzmirli'ydi.
Üsteğmendi.
Trablus'a giden gönüllü subaylardan biriydi.
Mustafa Kemal'le oradan tanışıyorlardı.
Hayatının her aşamasında "insan biriktiren" Mustafa Kemal, henüz gencecik teğmenken tanıştığı Mümin'in ismini not etmişti.

15 Mayıs 1919'da Yunan işgali başladığında İzmir'de görevliydi.
Üst üste disiplin suçları işleyerek kendisini ordudan attırdı.
Şüphe uyandırmadan kamufle olabilmesinin tek yolu buydu.
Yunan subaylarıyla ilişki kurdu.
Askerlikten atıldığı için devletine-ordusuna öfkeli eski bir subay görünümündeydi. İntikam duygusuyla işbirlikçi olduğu düşünüldü.

İzmir halkı ona diş biliyordu...
Yunan tarafına geçtiği için "gavur" lakabı takılmıştı.

Halbuki, canını ortaya koymuş bir yurtseverdi.
Mustafa Kemal'in çekirdek kadrosundaki istihbarat elemanıydı.
Vatan haini yaftasını göze almıştı.

Yunan tarafına çalışıyormuş gibi görünüp, Yunan karargahından hayati bilgiler sızdırıyor, şifreli telgraflarla Ankara'ya aktarıyordu.

Mustafa Kemal'den başka Mümin'in gerçek kimliğinden haberdar olan kişi sayısı, bir elin parmakları kadar azdı.

Neticede deşifre oldu.
Tutuklandı.
Atina'ya götürüldü, sorgulandı.
Önce hapishaneye, sonra esir kampına konuldu.
Yunan askeri mahkemesi tarafından idama mahkum edildi.
Tam o sırada savaş sona erdi, kılpayı kurtuldu.
İdam cezası müebbete çevrildi.

1923 yılındaki esir değişimi sırasında, bizzat Mustafa Kemal'in özel takibiyle, Yunan başkomutanı Trikupis'e karşılık geri alındı.

*

Gavur Mümin, orduya geri döndü.
İstiklal Madalyası aldı.
Aksoy soyadını aldı.
Albay rütbesinden emekli oldu.
1948 yılında, 56 yaşındayken vefat etti.
İzmir Balçova mezarlığında yatıyor.

Milli aşireti hortladı...
Suriye sınırından girerek, Viranşehir'i işgal ettiler.
Telgraf hatlarını kestiler.

Fransız maşasıydılar.
İşgal stratejisinin parçasıydılar.

Üstlerine yürününce Suriye'ye doğru, Fransız kontrolündeki bölgeye doğru kaçıyor, boşluk bulunca yine geri dönüyorlardı.

Kuvayı Milliye'nin vargücüyle Antep'e odaklanmasını önlüyorlardı.

Kurban bayramıydı.

Uşak işgal edildi.
Yunan uçakları Eskişehir üstünde uçmaya başladı.

Dışişleri bakanı Bekir Sami bey'le birlikte Moskova'daki resmi temasları yürüten Yusuf Kemal bey, Moskova'dan ayrıldı.
Bir milyon altın ruble'yle Ankara'ya geldi.

Kuvayı Milliye işte buydu.
Güven'di.

Havale yapacak aracı bankalar filan olmadığı için, bir milyon altın ruble gibi servetler bile bavullarla taşınıyordu, kuruşuna dokunulmadan milli mücadele hamuruna karılıyordu.

Cami bey...
İlk içişleri bakanımızdı.
TBMM temsilcisi olarak Roma'ya gönderildi.
İtalyan hükümetiyle resmi temas kurdu.

Mustafa Kemal'in satrançtaki en kritik hamlelerinden biriydi.

İşgalci bloğunu kırmak için adım atıyordu...
Zincirin en zayıf halkası olarak İtalya'yı görüyordu.

İtalya dışişleri bakanı Carlo Sforza, 1908-1909 yıllarında İstanbul elçiliğinde görev yapmıştı, Mustafa Kemal'le oradan tanışıyorlardı.

Üstelik... Kuvayı Milliye'nin tespitlerine göre, işgal için Anadolu'ya gönderilmiş olan İtalyan subaylarının savaşmaya gönlü yoktu.
Bunlara "makarna tugayı" lakabı takılmıştı.
Bir an önce ülkelerine dönmek istiyorlardı.
Türklere karşı herhangi bir husumet beslemiyorlardı.
Türk topraklarında gözleri yoktu.

Ayrıca... İstanbul'u ve Boğazlar'ı İngiltere'ye kaptırmış olmak, Ege bölgesini Yunanistan'a kaptırmış olmak, işlerine gelmiyordu.
"Pastanın büyük dilimini biz alamadığımıza göre, pastanın bütün olarak Türklerin elinde kalması daha iyi" diye düşünüyorlardı.

Mustafa Kemal, bu durumu fırsat olarak değerlendiriyordu.
İtalya'yı yanımıza çekebileceğimizi görüyordu.
Denge dehasıydı...
İşgalciyi, dosta dönüştürüyordu.

Cami beyden sonra, ileri seviyede İtalyanca bilen yarbay Edip bey, Roma'ya gönderildi, silah ve mühimmat satın almaya başladık.

Banca Commerciale, Antalya'da şube açmıştı.
Parayı oraya yatırıyorduk.
İtalya'dan malı yüklüyorlardı.

Anlaşma gerçekten muhteşem ötesiydi...
İtalya'dan silah ve cephane satın alıyor, İtalyan gemileriyle, İtalyan işgali altındaki Antalya'ya getiriyorduk, Antalya limanında bizzat İtalyanların eliyle Kuvayı Milliye'ye teslim ediliyordu.

Silah alışverişi tamamlanana kadar İtalyan işgali devam edecekti.
Alışveriş tamamlanınca, işgal topraklarından çekileceklerdi.

Asker kaçaklarının sayısında ciddi artış vardı.

İstiklal Mahkemeleri kuruldu.
Ceza korkusuyla, firarların önüne geçmeye çalışılacaktı.

*

> Ankara, Kastamonu, Konya, Samsun ve Yozgat'ta İstiklal Mahkemesi vardı, hepsi kendi bölgesindeki şehirlerden sorumluydu.
> Koçgiri, Pontus, Konya ayaklanmaları dahil, Kurtuluş Savaşı'nın sonuna kadar 53 bin davaya baktılar, 575 idam kararı verdiler.

Üsteğmen Mithat bey kaptanlığındaki Aydınreis gambotu, Batum açıklarında Yunan motorunun önünü kesti, el konuldu.
Ayyıldız ismi verildi.

Kuvayı Milliye donanmasının merkezi Ankara'daydı.
Yüzbaşı Ahmet Şevket bey tarafından yönetiliyordu.
Başlangıçta ellerinde sadece Aydınreis ve Preveze gambotları vardı.
Karadeniz'de görev yapıyorlardı.

"Bahriye kaçakçı müfrezesi" kurulmuştu.
Hayrettin motoru, Şükran motoru, Yıldız motoru,
Mebruke motoru, Midilli motoru, Selamet motoru...
Rusya'dan İnebolu'ya silah ve cephane taşıyan kahraman teknelerimizdi.

Motorların ihtiyacı olan kömür, Ereğli'den sağlanıyordu.
Yedek parçalar İstanbul'dan kaçırılıyordu.
Akaryakıt ve yağlar ise Rusya'dan alınıyordu.

Yüzebilen her tekneye ihtiyacımız varken, Osmanlı donanmasının en güçlü gemileri, Turgutreis zırhlısı, Hamidiye ve Mecidiye kruvazörleri, Muaveneti Milliye muhribi, Nusret mayın gemisi, Haliç'te esirdi... Yavuz kruvazörü ise İzmit'te tutukluydu.

Rusya'dan sadece silah yüklü gemi gelmiyordu.
Denizaltı da geliyordu.

Sovyetlere ait AG23, AG24 ve AG25 isimli üç denizaltı, Sivastopol'la İnebolu arasında adeta mekik dokuyordu, Ankara'yla Moskova arasındaki görüşmeleri sürdüren diplomatik heyetleri taşıyorlardı.

En kritik nokta, İnebolu'ydu.

İstanbul, Ege, Akdeniz işgal altındaydı.
Karadeniz'de yer yer işgal müfrezeleri vardı.
Anadolu'nun dışarıya açılabilen tek penceresi, İnebolu'ydu.

İnebolu-Ankara arasındaki eski çağlardan beri kullanılan 340 kilometrelik kervan yolu, milli mücadelenin şah damarıydı, nefes borusuydu.

Büyük gemilerin yanaşmasına müsait bir limanı yoktu.
İskelesi bile yoktu.
Bu, hem dezavantaj, hem avantajdı.
İnebolu açıklarına gemilerle getirilen silah ve cephane, kayıklarla taşınıyordu, çok zordu. Ama bu coğrafi zorluk aynı zamanda, işgal zırhlılarının da uzakta kalmasını sağlıyordu.

İnebolu'nun deniz kıyısındaki coğrafi konumunun yanısıra, Ankara yolu üzerindeki Küre Dağları ve Ilgaz Dağı'nın adeta geçit vermeyen güzergahı, Kuvayı Milliye açısından "güvenlik" anlamına geliyordu.

Mustafa Kemal "gözüm Sakarya'da, Dumlupınar'da, kulağım İnebolu'da" diyordu... Boşuna demiyordu.

İngiliz kadın yazar Ann Bridge, milli mücadelenin romanını kaleme almak için Anadolu'ya gelerek, İnebolu-Ankara hattını kağnılarla beraber bizzat yürüyerek geçenlerden biriydi.

Nilüfer ve Feride adında İstanbullu iki yurtsever Türk kadınının hikayesini anlattığı *The Dark Moment-Karanlık An* isimli romanında, gözlemlerini şöyle tarif ediyordu: "Sonsuz bir insan seli, birbirlerinden bir buçuk metre aralıklarla tek sıra halinde akıyordu. İnsanlar, taşıdıkları tüfek demetleri, cephane kutuları ve top mermilerinin ağırlığı altında öne doğru eğilmişlerdi. Daha şaşırtıcı olanı, bu insanların

dörtte üçünden fazlasının kadın olmasıydı. Pembe eteklikli yöresel kıyafetler ve parlak çiçekli kiraz rengi şalvarlar giyen bu kadınların bazıları, sırtlarına sarılı yükle beraber, kucaklarında emzikli bebeklerini taşıyorlardı. Bazılarının arkasında ise, kaygan çamurda kısa adımlarla yürüyen iki veya üç küçük çocuk bulunuyordu. Böylece, bir gece önce İstanbul'dan kaçak olarak gemiyle gelen askeri malzeme Küre Dağları'nı aşıyordu."

Fransız gazeteci Jean Chiliquelin ise, İnebolu-Ankara güzergahında gördüklerini şöyle kaleme alıyordu: "Sırf kadınlardan oluşan öyle kafilelere rastladım ki, doğrudan doğruya sırtlarında obüs sandıkları taşıyorlardı. Kocaları cephede dövüşen bu kadınlar, ne siyasi bir akıma tabi olmuşlardı, ne de koyun sürüsüydüler. Mükafat beklemiyorlardı. Şükran sözü de beklemiyorlardı. Bu halkı böylesine harekete geçiren hiçbir yasal mecburiyet yoktu. Ruhlarına doğmuş, yüce bir yurtseverlik duygusuydu."

*

İnebolu, İstiklal Madalyası verilen ilk ve tek ilçemiz oldu.
İnebolu Kayıkçılar Cemiyeti'ne İstiklal Madalyası verildi.
İnebolu'nun kahraman kayıkçıları, madalyayla birlikte verilen ödül mahiyetindeki parayı kabul etmedi, TBMM'ye iade etti.
İnebolu müftüsü Ahmet Hamdi efendi, büyük yurtseverdi, Yahyapaşa Camisi'ndeki vaazlarıyla İnebolu halkını milli mücadeleye ve fedakarlığa teşvik ediyordu.

Ankara hükümeti, Ermenistan'a savaş ilan etti.
Karabekir komutasında Sarıkamış yönünde yürümeye başladık.

Ermeniler atıp tutuyordu, çil yavrusu gibi dağıldılar.
Sarıkamış alındı.
Kağızman alındı.

Albay Nuri bey, Adana valiliğine atandı.
Kuvayı Milliye komutanlığını üstlendi.

Mustafa Kemal'in çocukluktan beri en yakın arkadaşıydı.

Can yoldaşıydı, sırdaşıydı, kardeşi gibiydi.

Hareket ordusu, Trablusgarp, Muş cephesi...
Mustafa Kemal nerede, Nuri oradaydı.
Ömrü boyunca her yerde olduğu gibi Çanakkale'de, Conkbayırı'nda da omuz omuzaydılar, orada şakağından ağır yaralanmıştı.
Conker soyadını bizzat Mustafa Kemal verecekti.

Yunan Kralı Aleksandros öldü.
Maymunu tarafından öldürüldü!

Kurtuluş Savaşı'nın seyrini değiştiren bu enteresan hadiseyi anlatmadan önce, makarayı biraz geriye saralım...
Konstantin, Yunan kralıydı.
Kayzer'in kızkardeşiyle evliydi.
Alman imparatorunun hem eniştesi, hem kuklasıydı. Kayzer ne derse onu yapardı.

İngiltere, Yunanistan'daki Alman etkisini kırabilmek için, başka bir kukla arayışına girdi ve Konstantin'in küçük oğlu Aleksandros'u buldu.
Konstantin'i açık açık tehdit ettiler, "koltuğunu derhal küçük oğluna bırak, yoksa hanedanı ortadan kaldırıp, Venizelos'u tek başına ülkenin başına geçireceğiz" dediler.

Koltuğunu kurtaramayacağını anlayan Konstantin, bari canımı kurtarayım diye düşündü, büyük oğlunu yanına alarak, Yunanistan'ı terketti, Almanya'nın himayesinde İsviçre'ye yerleşti.

Aleksandros hayırlı evlattı!
Babasını yolcu etti, tahta geçti.

Ülkeyi yönetebilecek liyakata sahip değildi.
Çünkü... Babası ve sonra sırada ağabeyi varken, kral olma ihtimali bulunmadığı için, neredeyse Yunanistan'a hiç uğramıyordu.
Oxford'da okumuştu, İngiltere'de yaşıyordu.
Tenis oynuyor, futbol maçlarına gidiyor, otomobil yarıştırıyor, yelkene biniyor, para saçıyor, eğlenceli gece hayatında gününü gün ediyordu.

Kafasına kral tacını taktılar.
İplerini Venizelos'un eline verdiler.

Venizelos, İngiltere'nin desteğiyle İzmir'i işgal etti.
İşgal emrini güya Kral Aleksandros vermişti.
Halbuki, önüne getirilen metni imzalamıştı, hepsi buydu.
Atina'daki sarayında keyif çatıyordu.

Bir köpeği, bir de maymunu vardı.
Köpeğinin adı Fritz, maymunun adı Moritz'di.
Üçü birlikte oynuyorlardı.
Maymun Moritz kıskandı, köpek Fritz'e saldırdı...

Kral araya gidip ayırmaya çalıştı ama, maymun kontrolden çıkmıştı, krala da saldırdı, yüzünü gözünü parçaladı.

Maymun, köpeği öldürdü.
Askerler de maymunu vurdu.

Ertesi sabah, kralın yüzündeki yaralar iltihaplandı.
Kan zehirlenmesi olmuştu.
Ateşi kırka yükseldi, yanıyordu.

İzmir'in işgal emrini onaylayan kukla kral, çırpına çırpına öldü.
Henüz 27 yaşındaydı.

Aleksandros sürpriz şekilde ölünce...
Yunanistan'da genel seçim yapıldı.
Venizelos kaybetti.
Konstantinciler kazandı.

Venizelos başbakanlıktan istifa etti, Fransa'ya gitti.

Kral Konstantin görevden uzaklaştırıldığında İsviçre'ye gitmiş, Venizelos Atina'ya geri dönmüştü... Şimdi Venizelos ülkeyi terkediyor, Kral Konstantin Atina'ya geri dönüyordu.

Venizelos iktidara gelir gelmez, ordudaki, kilisedeki, bürokrasideki Konstantincileri temizlemişti, 600'e yakın yüksek hakimi, yedi bine yakın memuru, altı binden fazla subayı görevden almıştı.

Şimdi yine tam tersi oluyordu... Görevden alınan bürokratlar, emekliye sevkedilen subaylar aktif göreve getiriliyordu.

Yunanistan allak bullaktı.

Kral Konstantin, Venizelos'u savaşçılıkla suçluyordu.
Yayılmacılıkla suçluyordu.
Yunan halkının başını derde sokmakla suçluyordu.
Savaşı sona erdirmeyi vadediyordu.

Bu vaatler yüzünden, İzmir'deki Yunan askerleri Kral Konstantin'in resimleriyle coşkulu gösteriler yapıyordu. Savaştan vazgeçileceğini zannederek, terhis edilecekleri için seviniyorlardı.

Tam tersi oldu.

Maymun sayesinde iktidara geri dönen Konstantin, maymun iştahlıydı, vaatlerinden vazgeçti, savaş naraları atmaya başladı.
Venizelos'u suçluyordu ama...
Venizelos'un politikasını aynen devam ettirdi.

Venizelosçu subaylar görevden alındı.
Konstantinci emekli subaylar komutan yapıldı.

Konstantin'in sağ kolu general Papulas mesela, *Averof*'un hapishanesinde tutukluydu, derhal serbest bırakıldı, Anadolu'daki işgal kuvvetlerinin başkomutanlığına getirildi, İzmir'e geldi.

Komutanları hapse atıp...
Hapistekileri komutan yapmışlardı.

Yunan ordusu iyice karman çorman olmuştu.
Emir-komuta zinciri darmadağındı.

Konstantin...
Yunan kralı Georgios'un ve Yunan kraliçesi Olga'nın oğluydu.

Yunan kralı Georgios aslında, Danimarka prensiydi.
Danimarka kralının oğluydu.
İngiltere ve Fransa tarafından Yunanistan'a kral yapılmıştı.

Yunan kraliçesi Olga ise, Rus'tu.
Romanov hanedanının mensubuydu.

Yunanistan'ı yöneten kraliyet ailesinde Yunan yoktu!

Kral Konstantin koltuğuna yeniden oturur oturmaz, ilk röportajını *New York Times* gazetesine verdi.
"Mustafa Kemal'i uğraşmaya değer bir kişi olarak görmüyorum, bu asi haydut parçasının etrafında Avrupa'da yaratılmış olan telaş havasını hiç anlayamıyorum, Mustafa Kemal masadan sinek kovar gibi ortadan silebileceğimiz blöfçü bir sahtekardır" diyordu.

Kendine pek güveniyordu!

Koçgiri ayaklanması patladı.

16 farklı Kürt aşiretinin koalisyonuydu.
Sivas, Erzincan, Tunceli'de 135 köydeydiler.
2 bin 500 kadar silahlı adamları vardı.

Kürt Teali Cemiyeti'nin emriyle hareket ediyorlardı.
Irkçı saldırılar yapıyorlardı.
Özellikle Türk köylerini katlediyorlardı.

TBMM'ye tehdit telgrafı çekmişlerdi:
"Sevr anlaşması mucibince, Diyarbakır, Elazığ, Van ve Bitlis vilayetlerinde müstakil bir Kürdistan teşkil edilmesi gerekiyor.
Binaenaleyh bu derhal teşkil edilmelidir. Aksi takdirde, bu hakkı silah kuvvetiyle almaya mecbur kalacağımızı beyan ederiz.
Batı Dersim aşiret reisleri."

Gayet açık ve netti...
Sevr'in tetikçileriydiler.

Bu tehdidi bastırmak için Sakallı Nurettin paşa görevlendirildi.

Paşa önce nasihat heyeti gönderdi.
"Gelin, bu ayaklanmadan vazgeçin" denildi.
Aşiretler, karakolları basıp, askerleri öldürerek cevap verdi.

Bunun üzerine, üç bin kişilik kuvvetle üstlerine yüründü.
Dört ay sürdü...
Köyler yakıldı.
500'den fazla isyancı öldürüldü.
Aşiretin 32 lideri teslim oldu.
İki bin kişi Anadolu'nun çeşitli şehirlerine sürgüne gönderildi.

Mücadele sadece sahada değildi...
TBMM içinde yeralan ve Mustafa Kemal'e karşı olan grup, Koçgiri ayaklanmasını bastıran Nurettin paşa'yı hedef aldı.

Görevden aldırdılar.
Divanı harp'te yargılamak istediler.

Konya ayaklanması patladı.

Elebaşı, Delibaş Mehmet'ti.
Padişahçıydı.

Kuvvacıları astılar.
Çok kalleştiler...
Ege bölgesinde ve güney cephesinde görevde bulunan subayların evlerini basıyorlardı, evinde bulunmayan subayların eşlerine çocuklarına saldırıyor, yağmalıyorlardı.

Albay Refet bey gönderildi.
İki günde bastırıldı.

Delibaş Mehmet kaçtı.
Fransızlara sığındı.
Bir süre Yunan ordusunda görev yaptı.

1921'de tekrar ayaklanmaya kalkışacaktı ama...
Bu defa öldürülecekti.

Koçgiri'yle Konya ayaklanması, aynı gün patlak vermişti.

Bir tarafta bölücüler, bir tarafta yobazlar vardı.
Eşgüdümlüydü.

İznik işgal edildi.
Karamürsel işgal edildi.

Karamürsel'i işgal eden Yunan komutanı, 15 yaşından büyük bütün erkekleri hükümet konağı önünde topladı, tek tek saydı, her onuncu kişiyi ayırarak, toplam 13 kişiyi kurşuna dizdirdi.

İnsan öldürmekten zevk alıyorlardı.
Her defasında daha eğlenceli (!) bir yöntem buluyorlardı.

Osmaniye'de üç gün üç gece çarpışma oldu.
Çok kanlıydı.

Tarihe "Kovanbaşı Muharebesi" olarak geçen bu çarpışmada, binden fazla Fransız askeri öldü, Adana yönüne çekilmek zorunda kaldılar.

Ankara'da bir diş hekimi peydah olmuştu.
İsmi, Ahmet İhsan'dı.
İstanbul'dan gelmişti.
Diş hekimleri o dönemde tıp hekimlerinden daha fazla rağbet görüyordu, çünkü tıp hekimleri az çok vardı ama, bütün memlekette bir elin parmakları kadar bile diş hekimi yoktu.

Ahmet İhsan, hastalarını aracı olarak kullanarak Mustafa Kemal'in çevresine girmeye çalışıyordu, şüphelenildi, araştırıldı.

Meğer İstanbul'dan gelmemişti.
Mısır'dan gelmişti.
Antalya üzerinden Ankara'ya geçtiği anlaşıldı.
Biraz daha kurcalanınca, İngiliz casusu olduğu ortaya çıktı.

Muhtemel bir suikastın kıyısından dönülmüştü.
Tutuklandı.
İstiklal Mahkemesi'nde yargılandı, asıldı.

Türkiye Komünist Fırkası kuruldu.

Mustafa Kemal'in talimatıyla, Mustafa Kemal'in yakın çalışma arkadaşları tarafından kurulmuştu.
Hem Sovyet yardımlarını garanti altına almayı, hem de yayılmaya başlayan komünist akımları kontrol altına almayı amaçlıyordu.

TBMM'de bedelli askerlik yasası çıkarmaya çalıştılar!

Mustafa Kemal'e karşı olanlar, TBMM'nin demokratik atmosferini kullanarak, halkın moralini bozmak için özel çaba harcıyordu.

Kuvvacı grup, görüşmeleri engellemek için sıra kapaklarına vurarak gürültü yapıyor, oylamayı engellemek için salonu terkediyordu.

Hakimiyeti Milliye gazetesi manşet yaptı:
"Herkesin görevi cepheye gitmektir, nakdi bedel kanunu çıkarmak, zenginler yaşasın, fakirler gebersin demektir!"

Herkes biliyordu ki, bu manşet aslında...
Mustafa Kemal'in görüşüydü.

Bedelli askerlik yasası çıkarılmadı.

Ege dağlarında kar yağıyordu.
Bursa'da Kars'ta kış çok sertti.
Kuvayı Milliye kaputsuz, hatta ayakkabısız boğuşuyordu.

TBMM'de hâlâ "bedelli" isteniyordu.

Gediz harekatı başladı.
Ali Fuat paşa planladı.
Çerkez Ethem kuvvetleri uyguladı.

Genelkurmay başkanı albay İsmet bey, bu harekatın yapılmasına kesinlikle karşıydı, zamanlamasını doğru bulmuyordu.
Gel gör ki, Ali Fuat paşa'nın ısrarlı tutumu karşısında susmak zorunda kalmıştı. Sahada bulunan Ali Fuat paşa'nın, karargahta bulunan İsmet bey'den daha isabetli karar verdiği düşünülüyordu.
Ankara'daki genel hava buydu.

30'u subay 181 kayıp verdik.
Gediz'i aldık.
Yunan ordusu ilk defa işgal ettiği bölgeden atılmıştı.

Ama maalesef...
Başarılı gibi görünen, başarısız bir harekattı.
Yunan ordusu üç gün sonra Gediz'i yine işgal etti.

Albay İsmet bey haklıydı.
Bunca insan kaybı boşa gitmişti.

Bu harekat, Ali Fuat paşa'nın askerlik hayatının sonu oldu.
Çerkez Ethem'in dümen suyuna girmekle suçlandı.
Görevden alındı.
Moskova'ya büyükelçi olarak gönderildi.

Bu harekat aynı zamanda, milattı.
Kuvayı Milliye'nin lağvedilmesine, efelerden zeybeklerden oluşan milis kuvvetlerin tamamının düzenli orduya bağlanmasına karar verildi.

Kars fethedildi.

Ermenistan genelkurmay başkanı esir alındı.
İki Ermeni bakan esir alındı.
Bin 110 Ermeni askeri öldürüldü.
Bin 200 Ermeni askeri esir alındı.
676 top ele geçirildi.

Bizim kaybımız dokuz şehitti.

Müthiş başarılı bir harekattı.

1878'te Türk-Rus savaşı'ndan sonra 40 yıl boyunca Rus işgalinde kalan Kars, Birinci Dünya Savaşı'nın sonlarına doğru Rusların çekilmesiyle Osmanlı'nın eline geçmiş, hemen sonra Mondros'la beraber İngilizler tarafından Ermenilere devredilmişti.

Iğdır kurtarıldı.

Kazım Karabekir rapor hazırladı, Ankara'ya gönderdi.
Ermeni işgali altındayken Kars'ta yaşananları sıraladı.

Korkunçtu.

Kars merkezde bin 700 Türk öldürülmüştü.
Süregül ilçesinin 60 köyü tamamen yok edilmişti.
Sakinlerinin tamamı ve hatta hayvanları bile imha edilmişti.
Zarşat ilçesinde 25 bin kişi yaşıyordu, beş bini katledilmişti.
Sarıkamış'ta 57 köy haritadan silinmişti.
Kağızman'ın köyleri talan edilmişti.
Arpaçay'ın 35 köyünde canlı insan bırakmamışlardı.
Her yerde ceset vardı.

Amerikalılar bu vahşetin fotoğraflarını çekmişti.

Yedi yaşında kızların bile ırzına geçilmişti.
30 askerin peşpeşe tecavüz ede ede öldürdüğü kadınlar vardı.
Cinsel organına odun sokularak öldürülmüş kadınlar vardı.
Dere yataklarında çocuk-kadın cesetleri bulunuyordu.
Erkeklik organları kesilip ağızlarına sokulmuş erkek cesetleri vardı.
Köpeklere yedirilen insanlar vardı.
Tabanlarına nal çakılarak öldürülen insanlar vardı.
Kafa derisi yüzülenler vardı.

Fakat, Ermeni propagandası daha dehşetti.

ABD, İngiltere ve Fransa'da finansal olarak kontrol ettikleri gazetelerde "Kemalist güçlerin Kars'ta canavarlık yaptığını" yazıyorlardı.
Altı bin insanı boğazladığımızı, evleri yağmaladığımızı, kadınların ırzına geçtiğimizi, güzel kızları köle olarak sattığımızı yazıyorlardı.

Kendileri Türklere ne yaptılarsa...
"Türkler bize yaptı" diyorlardı.

Halbuki, Amerika Yakın Doğu Yardım Örgütü'ne mensup 20 kadar Amerikalı misyoner tam o sırada Kars'taydı.
Washington'a gönderdikleri raporlarda, Türk kuvvetlerinin Kars'ta kırım yapmadığını, ırza geçme olaylarının yaşanmadığını, sadece silahlı Ermenilerin öldürüldüğünü anlatmışlardı.

Amerikan istihbarat subayı Robert Steed Dunn, aynen şunları yazmıştı: "Ermeniler kaçmadan önce şehri yağma ettiler, ne buldularsa çaldılar, yetimhanedeki battaniyeleri bile çaldılar."

Ermeni propagandacıları alenen yalan pompalıyordu.

Ankara hükümeti memurlar için genelge yayınladı.
Saat 10.30'la 16.30 arasında aralıksız çalışılacaktı.
Öğle tatili yapılmayacaktı.

Böylece...
Hem soba, hem lamba tasarrufu sağlanmış olacaktı.
Her bir kuruşa ihtiyacımız vardı.

Düğünlerde men-i israfat kanunu çıkarıldı.
Yani...
Düğünlerde savurganlık kanunen yasaklandı.

Bugünden dönüp baktığımızda saçma bir kanunmuş gibi geliyor ama, öyle değildi... Kan gövdeyi götürürken, o dar zamanda, cephedeki askerin yiyecek ekmeği bile yokken, zengin ailelerde hâlâ şatafatlı düğünlerden vazgeçilmiyordu. Biri yer biri bakar misali, toplumsal dayanışma zedeleniyordu, sosyal yara haline gelmişti.

Üstelik, yoksullar da gurur meselesi yapıyor, tarlasını bahçesini satıyor, gırtlağa kadar borç harç içinde gösterişli düğün yapmaya çalışıyordu.

Düğün masraflarının ağırlığı nedeniyle evlenmeler azalmıştı. Kız kaçırma hadiselerinde ciddi artış görülüyordu. Dolayısıyla, TBMM'de kanun çıkararak, düğün savurganlığını kanun zoruyla önlemekten başka çare bulamamışlardı.

Bu kanunla, çeyiz teşhiri, çeyizin göstere göstere taşınması, erkek tarafından kız tarafına iki kattan fazla elbise verilmesi, bir günden fazla çalgı çaldırılması, köçek oynatılması, ziyafet verilmesi, nişanda, görümlükte hediye verilmesi, yasaklanmıştı.

Sünnet vesilesiyle düğün, komple yasaklanmıştı.

Kanuna uymayanlara 50 liradan 150 liraya kadar para cezası verilecekti, ayrıca, altı aya kadar hapisle yargılanacaktı. Hediyelere el konulacak, kamu adına açık arttırmayla satılacaktı, hediyelerden elde edilen gelir, mahalli belediyelere kalacaktı.

Sırf bu kanun bile, o en zor zamanlarda, TBMM'nin toplumsal sorunlara ne kadar duyarlı olduğunun göstergesiydi.
Vatan denilen kavram, kurucu meclis için sadece coğrafi sınırlardan ibaret değildi, milletin mutluluğu, huzuruydu.

*

Bu kanun, 1967'de yürürlükten kaldırıldı.

"Karakeçili" adında bir çete ortaya çıkmıştı.
Ege'de faaliyet gösteriyordu.
Lideri belirsizdi.
Haraç topluyor, adam kaçırıyor, fidye alıyordu.
Aslında...
Çerkez Ethem'in icadıydı.
Milis kuvvetler düzenli orduya bağlanınca, kafasına göre haraç toplamaya devam edebilmek için, Ankara'nın denetiminden kurtulabilmek için, bu hayali çeteyi kurmuştu.

Ankara'ya ihbar yağıyordu.
Ethem'in emir altına girmeyeceğinin göstergesiydi.

Gece çarpışmasında Saim bey şehit düştü.

Kozan doğumluydu.
Darülfünun'dan hukuk mezunuydu.
Haçin kaymakamıydı.
Memleket işgal edilince Kuvayı Milliye'ye katılmıştı.
Müfreze komutanıydı.
Şakağından vuruldu.

*

1923 yılında Haçin'e Saimbeyli adı verilecekti.

1953 yılında ise, Ermenistan'ın başkenti Erivan yakınlarında kurulan göçmen kasabasına Yeni Haçin adı verilecekti.

Mustafa Kemal hakkında idam kararı veren divanı harp başkanı Nemrut Mustafa paşa, tutuklandı!

Damat Ferit'in İngilizlere şirin görünmek için mahkeme başkanı yaptığı, talimatla hareket eden, hukuk tanımaz, gaddar biriydi.
Hakimden ziyade cellattı.
Eline isim listesi veriliyordu, o da idam kararı veriyordu.
Ama, keser dönmüş sap dönmüştü...
Kuvayı Milliye, İstanbul'daki dengeleri değiştiriyordu.
Damat Ferit hükümeti düşer düşmez, tutuklandı.
Üç ay hapis yattı.

*

Nemrut Mustafa...
Süleymaniye doğumluydu, Kürt'tü.
Karakteri, lakabıydı.

Kurtuluş Savaşı'nın sonunda İngilizlere sığındı.
Bağdat'a kaçtı.

Sözde Ermeni soykırımı hakkında Enver Paşa, Talat Paşa ve Cemal Paşa hakkında idam kararları veren de, Boğazlıyan kaymakamı Kemal beyi astıran da, işte bu Nemrut Mustafa paşa'ydı.

Yüz yıl sonra sözde soykırım iddialarına "kanıtmış" gibi sunulan hukuksuz kararları, işte bu kukla paşa almıştı.

Edremit'te Yunanca levha zorunluluğu getirildi.
Drahmi kabul etmeyen esnaf, öldürülüyordu.

Erdek'te yaşlıları hedef tahtası olarak kullanıyorlardı.
20-30 metre uzağa ayağa dikiyorlar.
Feslerini vurmaya çalışıyorlardı.
Iskalayıp suratından vurduklarında, kahkaha atıyorlardı.

Yunan subaylarının bu vahşi eğlencesi, Erdek jandarma komutanının İstanbul'a gönderdiği raporda isim isim anlatılıyordu.

Antep'ten dışarıya üç gündür mektup çıkarılamıyordu.
Kuvayı Milliye komutanları çare arıyordu.

İki çocuk gönüllü oldu.
İsmail 12 yaşında, Mehmet 10 yaşındaydı.

Dilenci kılığında şehirden ayrıldılar.
Fransız devriyelerine yakalandılar. Ama, yakalanmadan önce mektupları bir ağaç altına gömmeyi başardılar.
Karakola götürüldüler.
Feci dayağa rağmen bilgi vermediler.
Fırsatını bulup kaçmaya çalıştılar.
Arkalarından yaylım ateş açıldı.
İsmail oracıkta son nefesini verdi.
Mehmet'i ağır yaralı halde hastaneye götürdüler.
Bir bacağı kesildi.

Mustafa Kemal, batı cephesi komutanı İsmet bey ve güney cephesi komutanı Refet bey arasında telgraflar için özel şifre oluşturuldu.

Çerkez Ethem iyice huylanmaya başladı.
Özel şifreyle kendisinin devredışı bırakıldığını kavramıştı.
Harekatlarla ilgili bilgi alamıyor...
Kendisine yönelik harekat yapılmasından korkuyordu.
Ankara'ya gelmişti ama, karargaha kabul edilmiyordu.
Kimseyle görüşemiyordu.
Çevresinde askeri tertibat alındığını farketti.
Geceyarısı şehirden kaçtı.

Demirci Mehmet efe'yle buluştu.
Onu kışkırtmaya çalıştı.
"Bunlar bizim sayemizde hazıra kondu, şimdi de beni, seni, Yörük Ali'yi imha edecekler, birbirimize sarılalım" dedi.

Demirci cahildi ama, kurnazdı.
Kendisini garantiye almak için, koşa koşa Refet bey'e geldi.
Çerkez Ethem'in neler dediğini tek tek anlattı.
"Ben emrinizdeyim" dedi.

Demirci'nin ikili oynadığını Ankara biliyordu.
Asla güvenilmiyordu.
Refet bey o akşam, bir tabur askerle Isparta Keçiborlu'ya gitti.
Demirci'nin karargahını bastı.
Zeybeklerin tamamı teslim oldu.
Demirci kaçmayı başardı.

100 bin lira nakit para ele geçirildi.
Telaşla kaçarken çuvalları götürmeyi başaramamıştı.
Ankara'ya bilgi vermeden, kafasına göre topladığı haraçlarla fidyelerle, böylesine büyük bir servetin sahibi olmuştu.

*

> Demirci bir hafta sonra teslim olacak, Ankara'ya karşı faaliyette bulunmamak ve bir daha suça bulaşmamak sözüyle, Aydın Karacasu'nun Duacılar köyünde yaşamasına izin verilecekti.

Çerkez Ethem, Demirci Mehmet'e yaptığı teklifin aynısını Yörük Ali'ye de yapmıştı, mektup yazmıştı ve "birlik olalım" demişti.
Bu mektup, Yörük Ali'nin eline geçmeden, istihbaratçı subaylar tarafından ele geçirildi, Mustafa Kemal'e gönderildi.

O günden itibaren...
Çerkez'e cephane verilmesine son verildi.

Çerkez Ethem'in ağabeyi Reşit bey, Manisa milletvekiliydi, TBMM'de kulis yapıyor, İsmet beyle Refet beyi şikayet ediyordu, üstü kapalı tehditler savurarak, Kuvayı Seyyare'nin lağvedilmemesi için çalışıyordu.

Çerkez Ethem'in küçük kardeşi Tevfik ise, yüzbaşıydı, ağabeyinin Kuvayı Seyyare müfrezelerinde görev yapıyordu, batı cephesi komutanı albay İsmet bey'e telgraf çekti, "bundan böyle komutanlığınızı üst makam olarak tanımıyoruz" dedi.

Bu cahilce restle ipler koptu.
Çerkez Ethem için çember daralıyordu.

Mustafa Kemal'in tavrı gayet açıktı...
Kuvayı Seyyare, emir komuta zincirine bağlı olarak Genelkurmay'ın emri altında faaliyet gösterecekti, aksi halde silah kullanılacaktı.

Son kez ihtarda bulunuldu.
Kılıç Ali ve Celal Bayar görevlendirildi.
Çerkez Ethem'in Kütahya'daki karargahına gittiler.
Son ve kesin olarak uyardılar.

Nafileydi.

Mustafa Kemal telgraf başına geçti.
İsmet bey ve Refet bey'e emir verdi:
"Dağıtın!"

Ankara kuvvetleri Kütahya'yı kontrol altına aldı.
Sıkıyönetim ilan edildi.
Çerkez Ethem, Gediz'e kaçtı.

İsmet bey, Çerkez'e telgraf çekti.
"Kurşun atmayalım, gel bize katıl" dedi.

Çerkez'in cevabı sürpriz değildi...
"Beni kıskanıyorsunuz" dedi.
"Askeri şöhretleriniz sahte" dedi.
"Bana kalsa ne Mustafa Kemal Meclis başkanı olabilir, ne sen komutan olabilirdin, tarih bana az, size çok lanet edecek" dedi.

Söz bitmişti.

Refet bey, Gediz'e yürüdü.
Çerkez Ethem, oradan da kaçtı.

TBMM'de oylama yapıldı.
Ethem'in ağabeyi Reşit'in milletvekilliği düşürüldü.

Çerkez Ethem, yaveri Sami'yi Yunan bölgesine gönderdi.
Görüşme istediğini iletti.
Eşzamanlı olarak İstanbul hükümeti'ne telgraf çekti.
Mustafa Kemal'e karşı kendisine destek verilmesini istedi.

İsmet bey ve Refet bey'in Çerkez Ethem'le uğraştığını gören Yunan karargahı, Türk ordusunun gücünü yoklamak için Bursa ve Uşak cephesinden keşif saldırılarına başladı.

Banaz'ı, İnegöl'ü, Çivril'i aldılar.
Bilecik düştü.
Bozüyük düştü.
İnönü mevzilerinin önüne geldiler.
İsmet bey, Ethem'i kovalamaya ara verdi...
İnönü'ye koştu.

Birinci İnönü Savaşı başladı.
Yunan kuvveti 470 subay, 16 bin er, 13 bin tüfek, 70 top'tu.
Biz ise anca 400 subay 8 bin er, 5.500 tüfek toplayabilmiştik.

Ethem'in ihaneti, düşmana büyük fırsat yaratmıştı.

Sabah saat altı...
Yoğun sis vardı.
Saldırdılar.

İki gün aralıksız vuruştuk.
Avantajlı durumdaydılar ama, çekilmeyi tercih ettiler.
Savaştan önceki mevzilerine konuşlandılar.

Biz "zafer kazandık" dedik.
Onlar "zafer kazandık" dedi.

Tek gerçek şuydu...
Yunan ordusu püskürtülmüştü.

Yunan çekilirken, Çerkez Ethem Kütahya'ya saldırdı.
Türk ordusuna silah çekmişti...
Kahraman Çerkez Ethem, artık Yunan fedaisiydi.

Yunan uçakları İnönü istasyonuna, Eskişehir istasyonuna bomba yağdırarak, Çerkez Ethem'in harekatına destek oluyordu.

Çerkez'in yanındaki efelerin vicdanı rahatsızdı...
"Hain miyiz biz" diyerek, birer birer kopuyorlardı.
Müfrezeleriyle birlikte Türk ordusuna teslim oluyorlardı.

"Yunan'a kurşun atmaya geldik, kendi ordumuza nasıl kurşun sıkarız" diyorlardı, en cahil zeybeğin bile parmağı tetiğe gitmiyordu.
Ethem'in en güçlü müfrezelerinden Bolşevik Taburu'nun komutanı İsmail Hakkı bey, emrindeki subay ve erlerle birlikte orduya katıldı.

İsmet beyin de Refet beyin de eli rahatlamıştı.
Artık sadece Çerkez'e odaklanabilirlerdi.

Binbaşı Derviş bey, Ethem'in arkadaşıydı.
Ankara adına, eski arkadaşına mektup yazdı.
"Tarihte kazandığın büyük bir ismin var, bu ismin lekelenmesini istemiyorum" dedi, derhal teslim olmasını istedi.

Ethem dinlemedi...
Demirci'de tutunamadı.
Gördes'te tutunamadı.
Bir zamanlar Yunan ordusunu titreten Çerkez Ethem, kendi canının korkusuyla kendi ordusundan kaçıyordu.

Kardeşi Tevfik beyi elçi olarak gönderdi.
Yunanistan'la "iltica protokolü" imzaladı.

Yunan işgal bölgesine girecek, silahlarını teslim edecek, emrindeki subay ve zeybeklerin maaşını Yunan hükümeti ödeyecekti.

Efsanenin hazin sonuydu.

Kendisine sadık adamlarına veda konuşması yaptı.
700 kişi kalmışlardı.
Hepsini kararlarında serbest bıraktı.
"İsteyen benimle birlikte Yunan'a gelsin.
İsteyen Ankara ordusuna katılsın.
Bu saatten sonra kimseye gönül koymam" dedi.

Yunan'a teslim oldu.

İzmir'e götürüldü.
Yunan başkomutanı Papulas'la görüştü.

Ciğerlerinden rahatsızdı.
Hollanda hastanesine yatırıldı.

Vahdettin, İstanbul'a davet etti.
Kabul etmedi.

İzmir'de Yunan gazetelerine demeç verdi.
"Mustafa Kemal şahsi menfaatleri için savaşıyor, halka baskı yapıyor, kendisinden bu yüzden ayrıldık, Yunan ordusu taarruza geçerse bir dakika bile dayanamaz" diyordu.

Antep'te sıkıntı büyüyordu.

Antep Kuvayı Milliye komutanı Özdemir bey, kolordu komutanlığına güvercinle mektup gönderdi, çaresiz satırlarla doluydu:
"Günlerdir dışardan haber alamıyoruz, açlıktan feryat edenler, beni intihara sevkedecek derecede... Yiyecek bulabilmek için fedai müfrezesiyle düşman çemberini yarmaya çalışacağız."

Arpa ekmeği yetersizdi.
Hamuruna öğütülmüş acıbadem ve zerdali çekirdeği katılıyordu.
50'den fazla insan bu ekmekten zehirlenerek öldü.
Başka çare yoktu...
Bu ekmekten yemeye devam ettiler.

Dert bir değil, iki değildi...
Bursa milletvekili doktor Emin Bey, TBMM'de konuştu, memleketin geleceğine dair, belki de kimsenin aklında olmayan bir tehlikeyi anlattı.

Birinci Dünya Savaşı'ndan önce Türkiye'de kadın nüfusun oranı erkek nüfusa göre dört misli fazlaydı. Bugün itibariyle ise, kadın nüfusun oranı erkek nüfusa göre altı misli fazlaydı.
Her bir erkeğe karşılık altı kadın vardı.
Frengi hastalığı patlamıştı...
Erkeklerin ortalama yüzde 30'u frengiliydi.
Konya'da yüzde 40, Bursa'da yüzde 45'ti.
Burdur havalisinde yüzde 60'a ulaşmıştı.

Emin bey tehdidi şöyle özetliyordu...
"Frengi illeti, esasen, vatanımızı kemirmekte olan harici düşmanlar kadar tehlikelidir. Samimiyetle ifade etmek isterim ki, frenginin önüne geçmezsek, 20-30 sene içinde erkek nüfusumuz tamamen kesilmiş olacak, savunma kuvvetimiz ortadan kalkacak, memleket toprakları doğal olarak düşmana kalacak" diyordu.

Teşkilat-ı Esasiye Kanunu çıkarıldı.
Türkiye'nin ilk anayasası'ydı.

Birinci maddesinde...
"Egemenlik kayıtsız şartsız milletindir" yazıyordu.

Memleketin varolup olmayacağı bile henüz belli değildi ama, Mustafa Kemal attığı adımları, ülkenin temellerini hukuk'a, anayasa'ya, millet iradesi'ne oturtuyordu.

Ankara hükümeti "anayasa" çıkarırken...
İstanbul hükümeti ne yapıyordu?

Saray gazetesi *Alemdar* manşetten yazıyordu...
Polis kayıtlarına göre, İstanbul'da 579 müslüman, 122 gayrimüslim vesikalı fahişe çalışıyordu, 846 müslüman, bin 488 gayrimüslim fahişe ise vesikasız çalışıyordu. Müslüman kadınların vesikaları iptal edilecek, fuhuş sektöründe vesikalı veya vesikasız çalışmaları kesinlikle yasaklanacaktı.

Memleketin ırzına geçilmiş...
Vahdettin hâlâ bu işlerle uğraşıyordu.

Antep açlıktan kırılıyordu.

Yaşlılar birer birer vefat etmeye başlamıştı.
Ölüyorlar ama, teslim olmuyorlardı.

Un kalmadığı için fırınlar kapandı.

Kuşatma dışındaki birliklerimizle iletişim kurabilmek için fedai kuryeler seçilmişti, gidenler bazen dönüyor, genellikle öldürülüyordu.

Özdemir bey, son bir gayretle, yaklaşık bin kişilik kuvvetle yarma harekatı denedi, 100'den fazla kayıp verdik, başarısız oldu.

Umut kalmamıştı.
20 bin kişiyle şehri saran Fransız kelepçesi çok sıkıydı.

Ve, Antep düştü...

11 ay sekiz gündür kahramanca direnen, iki aydır kuşatma altında bulunan halk, mecburen teslim oldu. Kaleye beyaz bayrak çekildi.

6 bin 317 şehit verilmişti.

80 bin nüfuslu şehir, göçlerle 20 bine inmişti.
Sekiz binden fazla bina harap olmuştu.

TBMM toplandı.
Antep'in ismi Gaziantep olarak değiştirildi.

Fransız bankaları, Mersin'de Adana'da şube açıyordu.

Yunan bankasının İzmir'de Rum göçmenler için yaptığını, Ermeniler için yapıyorlardı, ucuz kredi veriyorlar, Türklerden boşalan mülkleri satın almalarını sağlıyorlardı.

Antep kan ağlayarak düşerken...
Fransızlar Adana'da törenle askeri gazinoyu hizmete soktu.
Maskeli balolar, kıyafet baloları tertiplemeye başladılar.

İşbirlikçi Türkler başköşedeydi.

Haliç'te bağlı tutulan Alemdar römorkörü kaçırıldı.

Zonguldak açıklarında bir Fransız hücumbotu tarafından önü kesildi.
Kurtulmayı başarıp Ereğli'ye yanaştı ama, gemiden gemiye çatışma sırasında serdümen Recep kahya hayatını kaybetti.

Milli mücadelenin ilk ve tek deniz şehidiydi.

Kaptanı Adil beyin planıyla kaçırılan Alemdar römorkörü, silah ve cephane taşıma işinde Karadeniz'de hayati görev yaptı.

Merzifon'da Amerikan Koleji'nde arama yapıldı.
Pontus bayrağı bulundu.
Pontus'la alakalı bağış makbuzları ele geçirildi.

39 Amerikalı sınırdışı edildi.
Okulda görevli Rumlar tutuklandı.

O gün... Amerikan Koleji'nin Türkçe öğretmeni Zeki bey, bir sınıfta öldürülmüş halde bulundu. Baskına karşılık katledilmişti.

Merzifon Amerikan Koleji, Pontusçu örgütlenmenin merkeziydi.
Resmi adı, Anadolu Koleji'ydi.

1886'da kurulmuştu.
Öğretmen kadrosu, Amerikalı, Ermeni ve Rum'du.
Yatılıydı; hem kız, hem erkek bölümü vardı.
İngilizce eğitim veriyordu, ilahiyat okuluydu.

"Protestan din adamı yetiştiriyoruz" maskesiyle, binden fazla Rum gencini Pontus hayaliyle eğitmişlerdi.

Kolej müdürünün mektubu ele geçirilmişti.
"Sonucu elde etmek için gerekirse 500 yıl bekleyeceğiz" diyordu!

*

Cumhuriyet ilan edilince, 1923'te, bu okul kapatıldı.
Bir yıl sonra 1924'te...
Yunanistan'da, Selanik'te "Anadolu Koleji" adıyla açıldı!

Pontus projesinin en önemli finansörlerinden biri, Marsilya'da yaşayan Konstantin Konstantinidis isimli işadamıydı.

Giresunlu'ydu.
Avrupa'nın en büyük fındık tüccarıydı.

Servetini Pontus projesine harcıyordu.
Kafasında öyle bir haritanın hayali vardı ki, sadece Karadeniz'i değil, Kayseri'yi de, Kapadokya'yı da kapsıyordu!

İstiklal Marşı için güfte yarışması açıldı.
724 şiir katıldı, aralarından yedi şiir seçildi.

Hepsi TBMM'de tartışılacak, birinde karar kılınacaktı.
Eğitim bakanı Hamdullah Suphi kürsüye çıktı.
İlk eseri okudu.

Korkma, sönmez bu şafaklarda yüzen al sancak
Sönmeden yurdumun üstünde tüten en son ocak
O benim milletimin yıldızıdır, parlayacak
O benimdir, o benim milletimindir ancak

Çatma, kurban olayım, çehreni ey nazlı hilal
Kahraman ırkıma bir gül, ne bu şiddet, bu celal
Sana olmaz dökülen kanlarımız sonra helal
Hakkıdır, hakk'a tapan, milletimin istiklal

Meclis coşkuyla ayağa kalktı.
Hem ağlıyorlar, hem alkışlıyorlardı.
Diğer şiirlerin okunmasına gerek görülmedi.

Milli şairimiz Mehmet Akif'in her okuduğumuzda yüreğimizi yırtan, gözyaşlarımızı tutamadığımız dizeleri, İstiklal Marşımız oldu.

*

500 lira para ödülü vardı.
Mehmet Akif kabul etmedi.
Kızılay'ın cepheye üniforma diken atölyesine bağışladı.

Yalova işgal edildi.
Orhangazi işgal edildi.
Çevre köylerin tamamını yaktılar.
Cihanköy nüfusundan sadece bir kadın sağ kurtulabilmişti.

Yunan uçakları Bilecik, Eskişehir, Bolu üzerinde uçuyordu.
Çerkez Ethem'in bildirisini atıyorlardı.

"Meclis'e ve Türk Milleti'ne hitaben" diye başlayan bildiride... "Sahtekar kumandanlarınız İnönü zaferi uydurarak sizi sarhoş etti, Mustafa Kemal'i alkışlarla dinlediğinizi gazetelerden teessüfle okudum, pişman olacaksınız, Mustafa Kemal sizi kandırıyor, hokkabazlara aldanmayın, muhakkak mağlup olacaksınız" deniyordu!

Papa, Mustafa Kemal'e mektup yazdı.
"Anadolu hristiyanlarının korunmasını" rica etti.

Mustafa Kemal mektupla cevap verdi.
"Irk ve mezhep ayırmaksızın, bütün halkımızın emniyet ve refahını sağlamak zorunluluğu, insanlık hislerimizin ve doğruluğu gösteren İslamiyet'in bize emrettiği dini görevdir. Sınırlarımız içinde herhangi bir yabancı ordunun öldürme ve yıkım getirmediği yerlerde, Türkiye Büyük Millet Meclisi'nin hakimiyetinin olduğu yerlerde, hristiyanlar güven içindedir" dedi.

İzmir işgal edildiğinde dinini ve milliyetini değiştirerek Venizelos Nakriyos adını alan Şevket isimli polis, casusluk yaparken yakalandı.
İstiklal Mahkemesi'nde yargılanarak asıldı.

Talat paşa, Berlin'de öldürüldü.
Tehcir sırasında içişleri bakanıydı.

Ensesinden vuruldu.
Suikastçı, Soğomon Tehliryan adında bir Ermeniydi.
Bu tetikçi, Erzurum doğumluydu, Erzincan'da büyümüştü.
Tehcir sırasında Türkiye'de bile değildi.
O sırada Sırbistan'da üniversite okuyordu.

Alman mahkemesinde yargılandı.
"Vicdanım açık, öldürdüm ama katil değilim" dedi.
Beraat etti!

Suçüstü cinayete beraat veren bu feci karar, Ermenistan kaynaklı terörün hukuken önünü açan karardı.
Arkası gelecekti.

Yunan ordusu üçüncü defa genel saldırıya geçti.

Bozüyük, Dumlupınar işgal edildi.
Bilecik ikinci kez işgal edildi.
Eskişehir'i bombardımana başladılar.

Halide Edip o sırada Eskişehir'deydi.
Madam Tadia'nın otelinde kalıyordu.
Türk'ün Ateşle İmtihanı'nda o geceyi şöyle anlatacaktı...

"Madam Tadia'nın otelinde yatmadan kitap okur, şamdanı söndürmezdim. Sokaklarda ses seda yoktu. Derken birden bütün camlar kırılmaya başladı. Her yerden ateş ediliyordu. Aşağı indim. Madam Tadia'yı gördüm.
Otelin arka taraflarına Yunan uçaklarının bomba attıklarını söyledi."

Madam Tadia...
Avusturyalı'ydı.
1890'lı yıllarda Eskişehir'e gelmişti.

İstasyonun hemen yanında küçük bir otel açmıştı.
Madame Tadia Oteli...
Temizliği, lezzetli yemekleri ve sütlü kahvesiyle ünlüydü.
Seyyahların uğrak yeriydi.
Milli mücadele döneminde hem işgal subaylarının, hem de Kuvayı Milliyecilerin konakladığı adresti, Kurtuluş Savaşı'nın en yakın tanıklarından biriydi.

*

Madam Tadia'nın Türkiye'den ne zaman ayrıldığı bilinmiyor.
Ama, Madame Tadia Oteli bugün hâlâ aynı isimle yaşatılıyor.

Ahmet Fethi...
Tayyareci üsteğmendi.
Milli mücadelenin ilk hava şehidi oldu.

Yemen doğumluydu.
Pilot eğitimini Almanya'da almıştı.
İstanbul işgal edilince Anadolu'ya geçmişti.
Uçağında motor arızası olduğunu bildiği halde, düşman üzerinde keşif yapmak üzere Eskişehir'den havalandı, maalesef çakıldı.

Efsane havacımız Vecihi bey'le aynı kolda uçuyordu.
Vecihi Hürkuş yıllar sonra şöyle anlatacaktı...
"O kutsal davada derme çatma uçaklarla boğuşmuştuk. Yerde çürüyen, havada yırtılan kanat bezlerini, paça jelatini ve nişasta karışımından yapılan maddeyle gererek uçuruyorduk."

Adapazarı işgal edildi.
Yunan ordusu Sakarya Nehri'nin doğusuna geçti.

Türk ordusu yerini almış, bekliyordu.
Yine göğüs göğüse geldik.

İkinci İnönü Savaşı başladı.

Düşmanla bütün cephe boyunda temasa geçildi.
Süngü süngüye çarpışılıyordu.

Afyon düştü.
Osmanlı'nın kurulduğu Söğüt'ü yaktılar.
Bozüyük'ü yaktılar.

Afyon'un düştüğü gün, Ege'de gırtlak gırtlağa mücadele verdiğimiz gün, Adana'da Cemiyet-i Hayriye adıyla dernek kuruldu.

Padişahçı din adamlarıydı.
Kuvayı Milliye'ye karşıydılar.
Fransız yönetiminden memnun olduklarına belirten bildiriler yayınlıyorlardı, gururla İstanbul'a gönderiyorlardı.

Fransızlar hayır...
Kuvayı Milliye şer'di.

İlk üç gün, vargücüyle yüklenen Yunan ordusunun lehineydi.
Dördüncü gün, duvara çarpmış gibi oldular.
Bozguna uğradılar.

İsmet paşa'nın harekat planı birebir oturmuştu.
Yunan ordusu geri çekilme hamleleriyle meydan savaşına sürüklenmiş, süvari akınlarıyla darmadağın edilmişti.

Binlerce ölü verdiler.
Silahlarını bırakarak, kaçarcasına çekilmek zorunda kaldılar.

Bozüyük geri alındı.
Söğüt geri alındı.

Yunan ricat ederken, eziyeti ihmal etmiyordu...
Ertuğrul Gazi Türbesi'ni tahrip ettiler.
Kabiri yıktılar.
Mezarı kazdılar.
Haç diktiler.
Bilecik'le Söğüt arasındaki camilerin tamamını yaktılar.

Afyon kurtarıldı.

Mustafa Kemal, İsmet paşa'ya telgraf gönderdi...
"Siz orada yalnızca düşmanı değil, milletin makus talihini de yendiniz, dünya tarihinde sizin İnönü Meydan Muharebesi'nde üstlendiğiniz görev kadar görev yüklenmiş komutanlar pek azdır" dedi.

Beş bine yakın şehit vermiştik.

Metristepe'de devasa bir çukur kazıldı.
İkinci İnönü Savaşı'nda en tehlikeli görevleri üstlenen dördüncü tümen'in şehitleri, yan yana, koyun koyuna toprağa verildi.
Mezartaşı yerine Türk bayrağı dikildi.

Komutanları Nazım bey konuşma yaptı...
"Manevi huzurunuzda yemin ediyoruz, vatanı kurtaracağız" dedi.

İnönü şehitleri arasında yedi kadın vardı.
Onlar ayrı bir kabirde, yine yan yana toprağa verildi.

O gün, Sinop açıklarında bir Yunan motoruna el konuldu.
Adı "İnönü" olarak değiştirildi.

Kurtuluş Savaşı'nın ilk İstiklal Madalyası...
Türkiye tarihinin ilk İstiklal Madalyası...
12 yaşındaki kız çocuğuna verildi.

Nezahat...
70'inci alay komutanı Halit bey'in kızıydı.
Henüz sekiz yaşındayken annesini kaybetmişti.
Kimseye bırakılmamış, bizzat babası tarafından yetiştirilmişti.
Mecburen, cephelerde, siperlerde büyümüştü.
Ata binmeyi, silah kullanmayı öğrenmişti.
Çanakkale Savaşı'nda bile babasının yanında, cephedeydi.

İlk asker üniformasını 11 yaşındayken giymişti.
Kuvayı Milliye kalpağı takıyordu.

Ahmet Derviş paşa tarafından "onbaşı" rütbesi verilmişti.
İsmet paşa ise "kurmay" unvanı vermişti.
Çerkez Ethem tüfek hediye etmişti.

Mustafa Kemal'le tanışmıştı.
Bursa, Bozüyük, Akşehir cephelerinde üç defa karşılaşmışlardı.
Her defasında uzun uzun sohbet etmişlerdi.

600 kişilik 70'inci alayın sembolüydü.
Yunan ordusu bile, yazışmalarında "kızlı alay" diyordu.

Boyundan büyük yüreği vardı.
Firar etmeye kalkışan askerlerin karşısına dikiliyordu.
"Ben babamın yanında ölmeye gidiyorum, siz nereye kaçıyorsunuz, çocuklarınızın yüzüne nasıl bakacaksınız" diye bağırıyordu.
Çatışmalara fiilen katılıyor, kurşun sıkıyordu.

Babasına moral veriyordu...
"Hiç müteessir olma, seni de vururlarsa, yetim kalmam, bana millet bakar, ben ölürsem, zaten şehit olurum" diyordu.

Türk Jan Dark'ıydı.

İnönü savaşları sonunda TBMM'de gündeme getirildi.
Bursa milletvekili Emin Erkul önerdi.
Kurtuluş Savaşı'nın ve Türkiye tarihinin ilk İstiklal Madalyası, henüz 12 yaşındaki kız çocuğuna, Nezahat'a verildi.

Türk milleti İnönü savaşlarında canını ortaya koyarak varolma mücadelesi verirken... Vahdettin hükümeti, sultan Abdülhamid'in ikballeri hakkında kararname yayımladı; Peyveste, Fatma, Behice ve Naciye hanımların maaşlarına zam yapıldı.

Kadınefendi hanımlar on bin kuruş maaş alırken, ikbalefendi hanımlar beş bin kuruş maaş alıyordu. İkbalefendi hanımlar Osmanlı protokolü gereğince kadınefendilerden aşağı pozisyondaydılar ama, şehzade ve sultan annesi oldukları için, hükümete başvuruda bulunarak, geçim sıkıntısı çektiklerini söylemişlerdi.

Vahdettin'e danışıldı, Vahdettin onayladı.
Abdülhamid'in ikballeri Peyveste, Fatma, Behice ve Naciye hanımların maaşlarına beşer bin kuruş zam yapıldı.

1918'de vefat eden Abdülhamid'in toplam 13 eşi vardı.
Bir kadınefendi, dört ikbal, beşi hayattaydı.
Ayrıca dokuz gözdesi vardı.

Milletin derdi başka, sarayın derdi bambaşkaydı.

Afganistan, Ankara Hükümeti'ni resmen tanıdı.
Sovyetler'in ardından TBMM'yi tanıyan ikinci ülke oldu.

Ankara'da Afgan Büyükelçiliği açıldı.
Afgan bayrağını, bayrak direğine bizzat Mustafa Kemal çekti.

Bu törende emperyalizme karşı "mazlum milletlere" hitaben bir konuşma yaptı... "İslam aleminin istediği tek şey, bağımsızlıktır. Her İslam hükümetini Afganistan gibi bağımsız ve hür görmekle iftihar edeceğiz. Doğu aleminde baskı altında olan bütün insanlar için, Türkiye, Afganistan ve Rusya ittifakı memnuniyet vericidir," dedi.

Ankara hükümeti de Kabil'de büyükelçilik açtı.
Fahrettin paşa ilk Kabil büyükelçimiz olarak atandı.

Medine kahramanı'ydı...
Çöl kaplanı olarak anılıyordu.
1916 yılında Hicaz cephesi komutanıydı, İngilizlerin kışkırttığı Arap kabilelerine karşı, Medine'yi destansı bir mücadeleyle savunmuştu.
Emrindeki askerleriyle birlikte dayanılmaz sıcakta susuzluğa

katlanmışlar, aç kalmışlar, çekirge yemek zorunda kalmışlar, Hazreti Muhammed'in kabrinin bulunduğu Medine'yi iki yıl yedi ay tutmayı başarmışlardı.

Hazreti Muhammed'in hırkası, ayak izi, oku, kılıcı, su içtiği kabı, Hazreti Musa'nın asası, Hazreti Ali, Hazreti Ebubebir ve Hazreti Ömer'in kılıçları... Bugün Topkapı Sarayı'nda sergilenen ve 745 parçadan oluşan "kutsal emanetler"i yağmalanmaktan kurtarıp, şehri teslim etmeden önce İstanbul'a ulaştırmıştı.

Medine kuşatmasından sonra savaş esiri olarak önce Mısır'a, sonra Malta'ya sürülmüş, Mustafa Kemal'i de idama mahkum eden Nemrut Mustafa mahkemesi tarafından idama mahkum edilmiş, Ankara Hükümeti'nin çabalarıyla Malta'dan kurtulup, yurda gelmiş, milli mücadeleye katılmış, güney cephesinde Fransız işgaline karşı vuruşmuştu.

Nazilli'de bütün Türk erkeklerini tutukladılar.
Ayvalık'ta katliama giriştiler.
Tekirdağ köylerinde tavuk gibi insan kesiyorlardı.

Topallayan bir Yunan subayı, 20 askeriyle birlikte Babaeski'nin adını vermek istemediğim bir köyüne geldi, erkeklerin tamamını odunlarla döve döve camiye doldurdu, kadınları köy meydanına topladı.
Fatma ve Sıdıka isimli iki kızı seçti, meydanda ırzlarına geçti.
Diğer kadınlara ve kızlara askerlerini saldırttı.

Kaybettikçe insanlıktan çıkıyorlardı.

Şair Mehmet Emin Yurdakul, İnebolu üzerinden Anadolu'ya geçmişti, şehir şehir dolaşıyor, halkın maneviyatını artıran konuşmalar yapıyordu.

Mustafa Kemal bunu duyduğunda çok mutlu oldu.
Çünkü, öğrenciliğinden beri Namık Kemal gibi, Tevfik Fikret gibi, en beğendiği ve şiirlerini ezbere bildiği şairlerden biriydi.
Çabaları için teşekkür telgrafı gönderdi...
"Siz bu milletin mübarek babasısınız" dedi.

Mehmet Emin Yurdakul'un, Yusuf Akçura'nın, Samih Rifat'ın milli mücadeleye katılması, İstanbul'daki yurtsever aydınları yüreklendiriyordu.
Anadolu'ya akın başlamıştı.

Yurtsever gazeteci Falih Rıfkı, güya "şair, yazar" sıfatını taşıyan, ama konuşmaya bile korkan aydınlar için şu yorumu yapıyordu...
"Anadolu zaferinden hayrete düşenler, tahsillerini belki Avrupa'da yapmışlardır ama, aslında, Anadolu köyünde ismini bile yazamayan bir rençberden daha cahildirler."

Amerikalı gazeteci Clarence Streit, Ankara'ya geldi.
Halide Edip aracı olmuştu.
Mustafa Kemal'le röportaj yapacaktı.

Public Ledger gazetesinin muhabiriydi, görünür kimliği buydu ama, aslında Amerikan ordusunun istihbarat elemanıydı, Amerikan savaş gemisiyle Samsun'a bırakılmıştı. Çorum, Yozgat, Bursa, Eskişehir... yedi haftadır gazeteci kimliğiyle Anadolu'yu dolaşıyordu, Rumlarla temas kuruyor, misyoner okullarına uğruyor, köylere kadar girerek sohbet ediyor, halkın Kuvvacılara bakışını öğrenmeye çalışıyordu.

Direksiyon binası'na geldi.
"Çocuk gaziler"le tanıştı.

Osman, Tevfik ve Cemal.
13 yaşındaydılar.
Çeteciydiler!

Anne babalarını Birinci Dünya Savaşı'nda kaybetmişlerdi.
İstanbul'da yetimhaneye verilmişlerdi.
Orada tanışmışlar, İstanbul işgal edilince kaçmışlardı.
İzmit'te yurtsever milislere katılmışlardı.
Bursa'da zeybeklerin yanında Yunan'la vuruşmaya girmişlerdi.

Tevfik ve Cemal kollarından vurulmuştu.
Osman'ın suratına denk gelmişti, bir gözünü kaybetmişti.

Mustafa Kemal onları himayesine almıştı...
Tedavi ettirmiş, direksiyon binasına getirmişti.
Topal Osman'ın muhafız birliğiyle beraber kalıyorlardı.
Kuvvacı paşalar bu çocuklara özel saygıyla davranıyordu.

Amerikalı gazeteci-istihbaratçı not defterine kaydederken "karargahta tanıştığım bu çocukların büyük etkisi altında kaldım" diye yazmıştı.

Osman, Tevfik ve Cemal'i haber yaptı.
İyi ki de yaptı...
Sayesinde bizim de haberimiz oldu!

Çünkü, Amerikalı için şoke edici olan bu hadise, o günkü şartlarda bizim gazeteciler için olağandı, kimse haber bile yapmamıştı.

Amerikalının bir başka çarpıcı gözlemi "Hamlet"le alakalıydı.

1921 yılında, Kurtuluş Savaşı'nın ortasında, sokakta develerin dolaştığı, kağnıdan başka taşıtın olmadığı, toz bulutları içindeki Ankara kasabasında "Hamlet" seyretmişti!
Çünkü...
Otello Kamil'in gezici kumpanyası gelmişti.
Otello lakabıyla tanınan Kamil Rıza'nın tiyatrosuydu.
Anadolu'yu Shakespeare'le tanıştıran tiyatrocuydu.
Ahırdan bozma binada, gaz lambalarının ışığında oynuyorlardı.

Sanatçının yurtseveri, işte böyle oluyordu.

Amerikalı gazeteci-istihbaratçı gördüklerine inanamamıştı. "İngilizlerle savaş halindeler ama, Shakespeare'in eserini sahneye koyuyorlar ve alkışlayarak seyrediyorlar. Türkler sanatın milli sınırları olmadığına beni ikna ettiler. Üstelik bunların hepsi savaş sırasında oluyor" diye not almıştı.

O sıralarda, Nazım Hikmet de Ankara'daydı.

Türk şiirinin efsanesi, henüz 19 yaşındaydı.
Yıllar sonra şunları yazacaktı...
"Ankara'da 1921 kışında, ahırdan bozma salaş bir tiyatroda, gaz lambalarının ışığında ve ikide bir soğuktan avuçlarıma hohlayarak Otello Kamil'i seyrettim.
Ömrümde ilk defa Şekspir'i seyrettim.
Abdullah Cevdet adında bir eski Jön Türk şairi, Arap ve Acem sözcükleriyle dolu bir dille, büyük üstadı Türkçeye çevirmişti.
Otello'yu, Hamlet'i filan okumuştum, şaşmıştım, hayran olmuştum ama, doğrusu pek anlamamıştım.

Kamil bir gezgin aktördü.
Otello'yu Papazyan üslubuyla oynadığını söylerlerdi.
Ne yazık ki, Papazyan'ı Otello'da seyretmek nasip olmadı.
Ama çırağı Kamil'in Otello'suna bakıp, ustasının ustalık kertesini kestirmek mümkündü. Kamil, Ankara'da kaldığım aylar içinde *Venedik Amirali*'ni belki on kere oynadı, ben her keresinde ordaydım.
Şekspir'e hayranlığımı Abdullah Cevdet'in kötü çevirilerine borçluyum ama, Şekspir'i bana Vahram Papazyan'ın çırağı Otello Kamil anlattı."

Mustafa Kemal'in yakın arkadaşı, Batı Anadolu Kuvayı Milliye komutanı Ali Fuat paşa, Nazım Hikmet'in dayısıydı.

Nazım Hikmet, yakın arkadaşı Vala Nurettin'le birlikte, 1921'in yılbaşı günü İstanbul'dan gemiyle İnebolu'ya geçmiş, kah yürüyerek, kah at arabasıyla, dokuz günde Ankara'ya ulaşmıştı.

Ali Fuat'ın babası İsmail Fazıl paşa'nın aracılığıyla Meclis'e gitmiş, Mustafa Kemal'le tanışmıştı.
Nazım Hikmet'i Anadolu'ya geçtiği için tebrik eden Mustafa Kemal nasihatta bulunmuştu: "Bazı genç şairler modern olsun diye mevzusuz şiirler yazmak yoluna sapıyorlar, siz gayeli şiirler yazınız!"

Nazım Hikmet, Mustafa Kemal'le tanışmasını şöyle yazacaktı...

> *"Yüreğim çarpıyor.*
> *Sert bir mavilik gördüm.*
> *Sonra bir altın sarısı."*

Sovyet yardımı Karadeniz üzerinden taşınmaya devam ediyordu.
Sandık sandık tüfek, mermi, dinamit geliyordu.

Ankara'daki Sovyet temsilcisi, Mustafa Kemal'i ziyaret etti.
Jest olarak, 30 bin altın rubleyi bizzat teslim etti.
"Bu parayı anlaşma kapsamında değil, Yunan ordusunun kaçarken yakıp yıktığı yerlere yardım mahiyetinde kabul edin lütfen" dedi.

Anzavur Ahmet öldürüldü.

Üç defa ayaklanan vatan haini, Karabiga'daydı.
Yunan bölgesindeydi.
Kendisini pek güvende hissediyordu.
Bölgeye sızan Mehmet efe tarafından kafasına sıkıldı.

Vatan hainleri için güvenli bölge kalmamıştı.

Yunan ordusu, halkı silah zoruyla göçe zorluyordu.
Orhangazi halkının tamamı Gemlik'e gönderildi.
Boş kalan evler yağmalandı.
Ganimet, askerle çeteler arasında bölüştürüldü.
Sonra da binden fazla ev, komple ateşe verildi.

Bursa'nın Hamidiye köyünde erkekleri çırılçıplak soydular.
Köy meydanında sopalarla dövdüler.

Yalova Çınarcık'ı yaktılar.
Erkekleri birbirine bağlayıp, süngüyle delik deşik ettiler.

Aynı gün...
Yunan parlamentosunda kınama kararı alındı.
"Rumları katleden Kemalistler" kınandı!

Savaş kavramının bile ahlakı vardı ama...
Karşımızdakilerde yoktu.

Ve, yine tam o günlerde, esir alınan bir Yunan subayının üzerinden "hatıra defteri" çıktı... Yaşadıklarını, duygularını, düşüncelerini gün gün not almıştı.

Bu hatıra defteri, *Hakimiyet-i Milliye* gazetesinde yayınlandı.

İşgalci Yunan subayının ruh hali şöyleydi.

"Uyan ey kahraman ecdat, uyan Bizans... Senin taht ve tacını süvarilerine çiğneten Fatih'in, öldürülen askerlerine bak!
Çekirge sürüsü gibi tarlalara serpilmiş cesetleri.
Yüzüstü kapanarak yenilgilerini kabul ediyorlar.
Osmanlı sancağı, Yunan yaralılarının yaralarını sarmak, gönüllerini almak, gelip geçenlerin ayaklarını silmek için, Kızılhaç hastanesinin eşiklerine serilmiş, gelip geçen çiğniyor.
Atlarımızın ayakları altında taş yerine, kesilmiş kafalar var.
Toprak yerine, yumuşak cesetler çiğneniyor.
Şanlı Helen orduları, ayak bastıkları köylerde, Türk hakanının bütün zincirlerini kırıyor, onlara Hristiyanlığı kabul ettiriyor.
Çocuklar, kadınlar, kızlar, süngülerimizin parıltısını görür görmez, derhal Hristiyan oluyorlar.
Hayvan Türklerin kafalarını vücutlarından ayırıyoruz.
Vardığımız köylerde, batıl Türk itikadının uğursuz simgesi olan minareler, mescitler, mabetler, dinamitlerle uçuruluyor.
Yunan subayı, gelecek için görevini öylesine metin bir şekilde yerine getiriyor ki, Türkler bundan sonra memleketlerinde yabancı bir gezgin gibi dolaşacaklar.
Ne şerefli zafer!
Ben, Türk adıyla ele geçenleri öldürmeyi bir uygarlık borcu sayıyorum. Çünkü bu barbar insanlar, insanlık için gayet zararlı bir unsurdur.

Şefkat, Türkler için duyulmayacak, sezilmeyecek bir histir.
Onlar için şefkat, ateştir.
Türklere merhamet etmek, onları, hasretini çektikleri cennete göndermektir!"

İşgalcilerin hasta ruh hali, işte buydu.

İsmail Fazıl paşa vefat etti.

Ali Fuat paşa'nın babasıydı.
Ankara'daki cenaze töreninde Mustafa Kemal de vardı.
Katıldığı ender cenaze törenlerindendi.

Çünkü...
Manastır'dan gelip Harp Okulu'na kaydolduğunda, İstanbul'da hiç akrabası yoktu, tanıdığı kimse bile yoktu. Ama, tatil günlerinde yatılı izne çıkabilmesi için adres'e ihtiyacı vardı.
Kayıt sırasında tanıştığı Ali Fuat'tan rica etmişti.
Kuzguncuk Nakkaşbaba Caddesi üzerindeki 16 odalı köşk, Mustafa Kemal'in bu topraklardaki ilk ikametgah adresi olmuştu.
İzin akşamları Ali Fuat'la aynı odada kalırlardı.

Ali Fuat'ın babası İsmail Fazıl paşa, çok babacan adamdı.
Her izin gününde Ali Fuat'ın yastığının altına bir mecidiye, Mustafa Kemal'in yastığının altına iki mecidiye harçlık bırakırdı.
Oğluna neden daha az?
"Sen bugüne kadar harcadıklarına say, Mustafa Kemal gurbette okuyor, senden daha fazla ihtiyacı vardır" diyordu.

İstanbul işgal edildiğinde hiç tereddüt etmeden oğlu Ali Fuat'la birlikte Anadolu'ya geçtiğinde, 63 yaşındaydı.

Sivas Kongresi'nde delegeydi.
Kurucu TBMM'de Yozgat milletvekili olmuştu.
Bayındırlık bakanı olmuştu.

İsmail Fazıl paşa, Mustafa Kemal'in manevi babasıydı.
Yeri çok başkaydı.

23 Nisan 1921...
Milli bayram kanunu çıkarıldı.

23 Nisan günü, Hakimiyeti Milliye Bayramı oldu.

*

1921'de henüz çocuk bayramı değildi.
Ama sadece bir ay sonra, Himaye-i Etfal Cemiyeti kuruldu.

Milli mücadelede babasını kaybeden sayısız şehit çocuğu vardı.
Cemiyet'in görevi, bu kutsal emanetlere sahip çıkmaktı.

23 Nisan 1923'te TBMM'de yapılan Hakimiyet-i Milli Bayramı tören protokolünde, Mustafa Kemal'in talimatıyla, Himaye-i Etfal Cemiyeti'nin başkanına da yer verildi.
Bir yıl sonra, 23 Nisan 1924 törenlerinde, Himaye-i Etfal Cemiyeti'ni Mustafa Kemal'in eşi Latife hanım temsil etti.
Böylece...
Hakimiyet-i Milli Bayramı'yla Himaye-i Etfal Cemiyeti özdeşleşti, 23 Nisan denilince, şehit çocukları, şehit çocukları denilince, 23 Nisan akla gelmeye başladı. 23 Nisan 1926'dan itibaren resmen Çocuk Bayramı oldu.

Himaye-i Etfal Cemiyeti...
1935 yılında Çocuk Esirgeme Kurumu adını aldı.

1921 yılında TBMM'de "bayram" ilan edilirken...
Henüz Sakarya Meydan Muharebesi bile yapılmamıştı.
Vatan diyebileceğimiz bir toprak kalacak mı, o bile belli değildi.

İşte bu cüretkar davranış biçimi, bizatihi Mustafa Kemal'di.
O'nun özgüveniydi.
Etrafına yaydığı moral, silahtan, cephaneden kuvvetliydi.

Kurtuluş Savaşı sırasında kimsesiz çocuklara yönelik bir başka muhteşem girişim, Kazım Karabekir tarafından gerçekleştirildi.

"Gürbüz Çocuklar Ordusu" kuruldu.

Karabekir paşa 1919 yılında Doğu Cephesi'ne geldiğinde 50 binden fazla kimsesiz ve yardıma muhtaç çocuk olduğunu görmüştü. Evsiz barksız, mağaralarda, hatta ağaç kovuklarında barınan, ot yiyerek hayatta kalmaya çalışan çocuklar bile vardı. Yıllar süren korkunç savaşların, parçalanan, yokolan ailelerin neticesiydi.

İlk etapta dört bini erkek, iki bini kız, altı bin öksüz ve yetim çocuk, sokaklardan toplandı, Erzurum'da biraraya getirildi. Bu çocuklara sembolik olarak "gürbüz çocuklar ordusu" adı verildi.

Yaşları 7 ila 12 arasındaydı.

Tek tip askeri öğrenci kıyafetleri giydirildi.
Barınmaları için barakalar inşa edildi.
Askeri kışlalarda okullar açıldı, okuma yazma öğretildi.
Tarla, bahçe işleri öğretildi.
Terzilik, sıhhiyecilik, marangozluk öğretildi.
Otomobil tamiri, tren tamiri öğretildi.
Kuyumculuk öğretildi.
Meslek sahibi olmaları sağlandı.
Düzenli olarak spor yaptırıldı.
Güreş, futbol, kayak öğretildi, eskrim bile yapıyorlardı.
Müzik aletleri öğretildi.

Çocuk sayısı o kadar arttı ki, Erzurum, Sarıkamış, Kars, Kağızman, Iğdır, Ardahan, Artvin, Rize, Erzincan'da toplam 17 alay komutanlığında "çocuk kasabaları" kuruldu. Gayrimüslim çocuklara da sahip çıkıldı, etnik köken, din ayrımı yapılmadı, hepsine "insan evladı" olarak bakıldı, öksüz ve yetim kalmış Ermeni çocukları için Trabzon'da yurt ve okul tahsis edildi.

Sefil ve çaresiz vaziyetteyken, adeta ölüme terkedilmiş haldeyken kurtarılan çocuklar, vatana millete faydalı bireyler haline getirildi, subay oldular, hekim oldular, ebe oldular, öğretmen oldular.

Karabekir'in yüreği, sadece cesaretten ibaret değildi.
Aynı zamanda şefkatli bir yetim babası yüreğiydi.

Memlekette orman yangını vardı ama...
İnsan fidanları dikiliyordu.

1 Mayıs 1921...
İstanbul'da 1 Mayıs İşçi Bayramı kutlandı.

Tersane işçileri, Türkiye Sosyalist Fırkası'nın çağrısı üzerine, hem bir günlüğüne çalışmayarak tatil yaptı, hem de ellerinde kızıl bayraklarla Kasımpaşa'dan Şişli'ye yürüyüş yaptı.

İnönü Savaşları atmosferi değiştirmişti.
Ufak ufak pozisyon almaya çalışanlar vardı.

Şehzade Ömer Faruk efendi mesela...
Veliaht Abdülmecid'in oğlu,
Vahdettin'in damadıydı.
Bir İtalyan gemisine binerek, İnebolu'ya geldi.
Milli mücadeleye katılmak istediğini beyan etti!

Mustafa Kemal kabul etmedi.
Karaya ayak basmadan, aynı gemiyle geri gönderildi.

Eğer milli mücadeleye katılma niyetinde samimi olsaydı, Mayıs 1919'dan beri defalarca Anadolu'ya geçebilirdi, en azından Kuvayı Milliye'yle temas halinde olabilirdi.

İki yıl niye bekledi?
Bu sorunun cevabını elbette ancak tarihçiler verebilir.
Gerçek olan şu ki, çoook geç hamle yapmıştı.

*

Mustafa Kemal 1917 yılında Vahdettin'le birlikte Almanya seyahatine katılmıştı. Vahdettin o sırada veliahttı.

21 günlük seyahatten döndüğünde Pera Palas'ta kalıyordu. Vahdettin'in seccadecibaşı İbrahim efendi geldi...
Mustafa Kemal'in yaveri Cevat Abbas'a konuyu açtı.
Veliaht Vahdettin "Mustafa Kemal paşa'yı damat olarak görmek istiyor, kızı Sabiha sultan'la evlendirmeyi düşünüyor"du.
Seccadecibaşı bunu iletti.

Sabiha sultan, Vahdettin'in iki kızından biriydi.
24 yaşındaydı.
Mustafa Kemal kulağının üstüne yattı, cevabını vermeden önce, böbreklerinden tedavi olmak üzere Karlsbad'a gitti.
O sırada sultan Reşad öldü.
Vahdettin tahta çıktı.

Çiçeği burnunda padişah Vahdettin'in kızkardeşinin kızı Münibe sultan, Salih Fansa'nın İstiklal Caddesi'ndeki evine geldi.
Salih Fansa, Halep'ten beri Mustafa Kemal'in arkadaşıydı.
Sık sık Fansalara yemeğe gelir, yatıya kalırdı.
Salih Fansa'nın eşi Selma, Münibe sultan'ın yakın arkadaşıydı.
"Beni buraya zat-ı şahane gönderdi, kızları Sabiha sultan'ı Mustafa Kemal Paşa'ya vermeyi arzu

buyuruyorlar, kendisine bu meseleyi söyleyiniz, iki gün sonra sizden haber alırım" dedi.

Sonrasında neler yaşandığının en somut tanığı, doktor Rasim Ferid oldu... Bir gece eğlenceden dönerlerken, Mustafa Kemal görüşlerine değer verdiği arkadaşı Rasim Ferid'in koluna girdi, Sabiha sultan meselesinden bahsederek, ne düşündüğünü sordu.
Rasim Ferid lafı eğip bükmedi...
"Sultanla evlilik hayatı, sana ağır gelecek merasimlere tabidir, yanına gidebilmek için bile izin istemek zorundasın, bu evlilikten iki ay içinde sıkılırsın, bıkarsın" dedi.
Mustafa Kemal kahkahayı patlattı... "Tek gerçek dostum senmişsin doktor, herkes bu işi yapmam için bastırıyor" dedi.

Münibe sultan aracılığıyla geri haber gönderdi. "Sabiha sultan lütfedip burayı teşrif etsinler, görüşelim" dedi.

Olacak iş değildi tabii... Padişah kızının saraydan çıkıp, damat adayının evine gitmesi hayal bile edilemezdi.
Mustafa Kemal'in bu imkansız daveti, "hayır" demeden "sizinle evlenmek istemiyorum" manasına geliyordu.

O günlerde yine bir gece, doktor Rasim Ferid'le Akaretler yokuşundan iniyorlardı. Vişnezade Camisi'nin köşesine geldiklerinde, Mustafa Kemal hafifçe eğildi, "doktor sol ceket cebimde tabanca var, alır almaz tetiğini hazır et" dedi.
Demesiyle birlikte sağ cebindeki tabancayı çekti, kendilerini takip eden kişiye dönerek "kıpırdama!" diye bağırdı.

Arkadan gelenin adı İdris'ti.
İri yarı bir çavuştu.
Mustafa Kemal'in ani hamlesiyle paniğe kapılmış, belinden çekmeye çalıştığı tabancasını yere düşürmüştü. Doktor Rasim Ferid suikast tabancasını yerden aldı, önlerine katıp Akaretler'deki eve geldiler.
Mustafa Kemal'i öldürmekle görevlendirildiğini itiraf etti.

Vahdettin nazarında büyük itibarının olması, üstüne saraya damat yapılmak istenmesi, Mustafa Kemal'i hedef haline getiriyordu.
Özellikle de, saray damadı Enver Paşa'nın şimşeklerini çekiyordu.

Mustafa Kemal'in yurtsever ideallerinden haberleri yoktu.
O'nu da kendileri gibi kişisel ikbal peşinde sanıyorlardı.

Sabiha sultan...
Abdülmecid'in oğlu şehzade Ömer Faruk efendi'yle evlendi.

İnönü Savaşları'ndan sonra sürpriz şekilde İnebolu'ya gelerek "milli mücadeleye katılmak istiyorum"
diyen Ömer Faruk efendi, işte bu Ömer Faruk efendi'ydi.

Berthe Gaulis, Ankara'ya geldi.
Fransız kadın gazeteciydi.
TBMM binasına giren ilk kadındı.

En başından itibaren milli mücadelenin yanındaydı.
Haberleriyle destek oluyordu.

Aslında 20 yıldır İstanbul'da yaşıyordu. Eşi Georges da gazeteciydi. Bu toprakları öylesine benimsemişlerdi ki, Georges 1912'de ölünce Feriköy mezarlığında toprağa verilmişti.

Kızları İstanbul'da dünyaya gelmişti. İstanbul işgale uğrayınca, kızını Fransa'ya göndermiş, Eskişehir'e, Sakarya'ya, Afyon'a, Kastamonu'ya, Konya'ya giderek, cephelerden röportajlar yapmıştı.

Berthe'nin kalemi, Kuvayı Milliye'nin Avrupa'daki sesi olmuştu.

Fransa'da yayın yapan beş gazeteye haber yazıyordu.
İnönü Zaferi'nden sonra bölgeyi dolaşmıştı...
Dehşet gözlemlerini şöyle aktarmıştı:

"Yunan geri çekilmesinin kurbanı Söğüt'teyim.
Bursa'ya çok yakın.
Harabe haline gelmiş.
Savaşı kaybedip geri çekilmeye başladıklarında, böyle işler için özel olarak yetiştirilmiş artçı taburları tarafından yakılıp, tahrip edilmiş."

"Söğüt'ün hali, Birinci Dünya Savaşı'nda Almanların geri çekilmelerinden sonra gördüğümüz, bizim Roye ve Lassigny kasabalarını andırıyor. Önemli miktarda dinamit, yangın bombası ve patlayıcı kartuşlar kullanmışlar."

"Savaş esiri Yunan subayları, bu tahribatın İngiliz subaylarının nezaret ve direktifi altında yapıldığını söylediler. Kasabanın eşrafı da bu işin İngilizlerin nezaretinde yapıldığını anlattı.
Bunların dehşeti karşısında çok büyük üzüntü duydum."

"Yıkıntıların altında insanların cesetleri kalmış.
Bu cesetlerden o kadar tahammül edilmez bir koku havaya karışmakta ki, savaş alanı bunun yanında hiç kalır."

"Ortalığa akşamın alacakaranlığı çöktü.
Yanmış evlerin üzerinde tüneyen baykuşların sesleri duyuluyor.
Ağaçların birçoğu kömür haline gelmiş.
Camilerin hepsi yıkılmış.
Bostanlar, bağlar tamamen harap olmuş.
Maddi zarar çok büyük, Yunanlar her şeyi götürmüşler.
Fakat yağmalanan dükkanlardan daha kötüsü, evler yakılmış ve kadınlara, ihtiyarlara ve çocuklara hakaret edilmiş.
Bunlar Aydın'da yapılanların aynısı."

"Ertuğrul Gazi'nin türbesindeyim.
Müslümanların en kutsal ziyaret yerlerinden biri.
Çeşitli biçimde kirletilmiş, tahrip edilmiş.
Türbenin kapısı ile içindeki granit lahitin kapağı açılmış."

"Yolumun üzerinde karşılaştıklarım işte hep bunlar...
Henüz yakalanmış esir Yunan subaylarına "bunları niçin yaptınız?" diye sorulunca, hepsi aynı cevabı veriyor, "bunları biz istemedik, böyle yapmamızı İngilizler emretti" diyorlar.
Yunanlar bu savaşta bir piyon."

"Bilecik Garı'na geldim.
On sekiz ay önce buralardan geçerken gördüğüm güzel Bilecik şehri şimdi iskelet halinde... Felaket ve acılar diyarı olmuş.
Demin sözünü ettiğim ceset kokusu burada da dayanılmayacak kadar fazla. Henüz dumanı tüten bu taş yığınlarının altında kimbilir ne kadar insan gömülü.
Tahribatın büyüklüğü korkunç."

"Bilecik ve Küplü'de büyük facialar olmuş.
Buraların ahalisinden sağ kalanlar büyük bunalım içinde.
Tecavüze uğramamış genç kız veya kadın kalmamış.
Bilecik, Pompei gibi."

"Her yer kül, is ve kurum içinde.
Toprak sanki altüst olmuş.
Sık sık dinamit tahribatını gösteren taş yığınlarına rastlıyoruz.
Bazen de bu taş yığınları arasında iki güzel kız çocuğu ipek ipliği bükerken bizim kafilenin geçişini seyrediyorlar.
Biraz ötede, kızını kurtarmak isterken kafasına taşla vurularak öldürülmüş bir ihtiyarın mezarı var."

"Yapılan toptan imha işlerinden, her şehir ve kasaba payına düşeni almış. Saatlerce bu harabeleri gezdik ve anlatılanları dinledik."

"Savaş bölgesinin içindeyiz. Geçerken yol kenarındaki cesetlerle cephane yığınlarına şöyle bir göz attım. Hiç düşünmeden, alışılmış bir hareketle mendilimle burun deliklerimi kapadım, artık savaş alanındaki bazı görüntülere başımı çevirmeden bakabiliyorum."

"Pazarcık sekiz gün öncesine kadar Papulas'ın yönetimi altındaymış, kasaba halkı bunu hatırladıkça korkudan ürperiyor. Yanmakta olan İnegöl'ün üstündeki karlarla kaplı Uludağ'a son defa bakıyorum."

Mustafa Kemal hakkında "fitne fesat çıkarıyor, görüldüğü yerde öldürülmeli" diye "idam fermanı" çıkarıldığında, İngiliz-Yunan işgali altındaki topraklarımızda işte bunlar oluyordu!

Ve, tam o günlerde Yıldız Sarayı'nda düğün vardı.
Vahdettin beşinci eşiyle dünya evine giriyordu!

Beşinci zevce Nevzad hanımdı.
18 yaşındaydı.

Vahdettin o sırada 60 yaşındaydı.
18 yaşında kızla evleniyordu ama, kendi kızı 29 yaşındaydı.

Gündüz ziyafet verildi, akşama doğru kına gecesi yapıldı.
Padişahın öbür eşlerinin birer nedimesi, nikaha şahitlik etmek üzere saraya getirildi. Harem adetlerinin gereğiydi...
Kadınefendiler, yani padişahın ilk dört eşi, nedimelerine verdikleri vekaletle, yeni ortaklarını kabul etmiş olurlardı.
Emine Nazikeda kadınefendi, İnşirah kadınefendi, Müveddet kadınefendi ve Nevvare kadınefendi, nedimelerini gönderdiler.
Nevzad hanım beyaz ipekten gelinlik giymişti.
Başına pırlantalı taç takılmıştı.
Boynunda pırlantalı kolye vardı.
Yüzü beyaz tül'le kapalıydı.
Kanepede oturuyordu.
Hazinedar kalfa, yani en kıdemli cariye, maiyetindeki cariyelerle birlikte geldiler. Bilahare, padişahın baş imamı ve iki harem ağası geldi. En son Vahdettin geldi. Nikah merasimi başladı.
Padişah, gelinin yanına kanepeye oturdu.
İmam kanepenin karşısında yere oturdu.
Salondaki herkes merasim boyunca ayakta durdu.
Harem ağaları şahit olduklarına dair yemin ettiler.
Nedimeler, vekaleten yeni hanımefendiyi kabul ettiklerine dair yemin ettiler.
Nikah kıyıldı.
Hazinedar kalfa, padişahın önünde diz kırdı, elindeki gümüş kutuyu açtı, içindeki gümüş mührü çıkardı, Nevzad hanım'ın avucuna koydu, "sizi ikbal ilan ediyorum, inşallah

hayırlı bir zevce ve saray için şerefli bir hanımefendi olursunuz" dedi.
Padişah çıktı gitti, kadınları yalnız bıraktı.
Gecelere kadar şenlik devam etti.

Vatan evlatları toprağa kefensiz girerken...
Vahdettin kokular sürünüp, gerdeğe girdi.

Mustafa Kemal suikastın kıyısından döndü...
TBMM'de az daha öldürülecekti.

Aralarında saltanatçı milletvekillerinin de bulunduğu suikast şebekesi, Laz İsmail ve Gürcü Yusuf isimli tetikçileri İstanbul'dan Ankara'ya getirtmişti. Ceplerine bol miktarda para konulmuş, Parabellum marka tabancalar verilmişti.

Tetikçiler misafir davetiyesiyle Meclis'e giriyor, dinleyici sıralarında oturumları izliyormuş gibi görünüyor, keşif yapıyorlardı.
Dinleyici sıralarıyla Gazi'nin oturduğu yer arasındaki mesafeyi ölçüyor, fırlatacakları bombaların etki alanını hesaplıyorlardı.

Silahlı pusu planı da yapmışlardı.
Çankaya Köşkü'nün etrafında, Mustafa Kemal'in sık sık geldiği Ankara Kulübü'nün etrafında, sürekli kullandığı güzergahlarda inceleme yapmışlardı.
Saldırıdan sonra kaçıp saklanacakları çiftliği bile belirlemişlerdi.

Neyse ki Kuvvacıların kulağı delikti... Bu iki tuhaf kişinin habire Meclis'e gelmeleri, bazı milletvekilleriyle fısır fısır konuşmaları, hep aynı milletvekillerinin evlerine girip çıkmaları şüphe uyandırdı.
Gölge gibi takip başlatıldı.

Suikast şebekesi huylandı...
Baskın yiyeceklerini anladılar, planı iptal ettiler.
Tetikçiler apar topar İstanbul'a gönderildi.

*

Aynı ekip altı yıl sonra yine sahneye çıkacaktı.
Bu defa, Mustafa Kemal'in içinde bulunduğu makam otomobiline İzmir Kemeraltı'da bombalı saldırı planlamışlardı.

Karşılıklı iki dükkandan bombaları atacaklar, üstüne çapraz ateş açacaklar, yan sokakta bekleyen otomobille Urla tarafına kaçıp, balıkçı motoruyla Sakız adasına geçeceklerdi.

Motoru kullanması için 600 liraya kiralamak istedikleri Giritli Şevki, milli mücadelede Ege dağlarında vuruşmuştu, Sarı efe lakaplı Edip bey'in zeybeğiydi. Maalesef Sarı efe de suikast şebekesindeydi.

Giritli Şevki namuslu adam mıydı, yoksa yakalanırım diye korkmuş muydu, orası bilinmez ama, bu ihanetin içinde yeralmak istemedi.
İzmir Valisi'ne mektup yazdı, şebekeyi ihbar etti.

İzmir suikastı planı böyle çökecekti.

Bir başka suikast girişimi, yine Ankara'da yaşandı.
1921'de, İngiliz istihbaratı denedi.

Mustafa Sagir...
Hintliydi.
Çocuk yaşlarındayken Londra'ya getirilmiş, Oxford Üniversitesi'nde

okutulmuş, İngiliz gizli servisi tarafından eğitilmişti.
Türkçe, Arapça, Almanca, Farsça öğretilmişti.
Afganistan'daki görevi sırasında, bağımsızlık mücadelesi veren Afgan emiri Habibullah Han'ın suikastla öldürülmesini organize etmişti.

1921'de Hint Hilafet Cemiyeti kisvesiyle İstanbul'a geldi.
Yoksullara bol keseden para dağıttı.
Halk arasında sevilen sayılan biri oldu.
Kuvvacılarla temas kurdu.

Düzmece bir baskınla İngilizler tarafından güya tutuklandı.
17 gün hapis yattı.
Bu sahte hapis operasyonu sayesinde Kuvvacıların nazarında yurtsever (!) olmuştu, kendisine duyulan güven artmıştı.

Serbest kalır kalmaz Ankara'ya geçti, İngilizlerin zulmüne uğramış bir müslüman olarak (!) milletvekilleriyle dostluk kurdu.
Hint Hilafet Cemiyeti olarak üç milyon altın topladıklarını, bu yardım altınlarını bağışlamak üzere Ankara'ya getireceğini söylüyordu.

Halbuki...
İstanbul'dan Mim Mim grubundan çoktan haber uçurulmuştu.
"Mükemmel casustur, dikkatli olunmalı" mesajı gelmişti.
Mustafa Kemal ve yakın çevresi, hayırsever müslümanmış gibi davranan bu Hintli'nin örtülü kimliğini biliyordu.
Gizli ilişkilerini saptamak için takip edilmeye başlandı.

Mehmet Akif Ersoy'la samimiyet kurmuştu.
Taceddin Dergahı'na gidip geliyordu.
Hatta, Taceddin Dergahı'nı posta adresi olarak vermişti.
Hint Hilafet Cemiyeti'ne ulaştırılmak üzere mektuplar yazıyordu, kuryelerle İstanbul'a gönderiyordu, kuryelerle cevap mektupları geliyordu.

Önceleri "dindar" diye Mustafa Sagir'e kol kanat geren, sahip çıkan Mehmet Akif Ersoy, zamanla kuşkulanmaya başlamıştı.
Bu mektup trafiği konusunda Kuvvacıları bilgilendirdi.

Mektuplar gizlice ele geçirildi, incelendi.

Selam sabah içeren, sıradan mektuplar gibi görünüyordu.
Ama şekline biraz daha dikkatli bakılınca, anormallik vardı.
Bir iki satırlık mektup için fazla büyük kağıt kullanılmıştı.
Satırlar mektubun beşte birini bile kaplamıyordu, gerisi boştu.

Kuvvacıların kimyageri Avni Refik bey, mektubu mum ışığına tutarak hafif ısıttı. Bingo... Kağıdın boş alanlarındaki görünmeyen satırlar ortaya çıktı. Mürekkep yerine amonyakla yazılmıştı.
Hint Hilafet Cemiyeti'ne değil, İstanbul'daki İngiliz istihbarat merkezine, albay Nelson'a gönderiliyordu.
Mustafa Kemal'in yaşadığı yerler, sık sık uğradığı mekanlar, kullandığı güzergahlar, yakın arkadaşlarının evleri gibi "keşif" notları vardı.
İşbirlikçi muhbir ağıyla suikast hazırlığı yapıyordu.

Sorguya alındı, direnmedi, suikast planını itiraf etti.
Bu itirafı karşılığında pazarlık etmeye çalıştı.
Affedilmesi ve serbest bırakılması karşılığında İngiliz istihbarat teşkilatı hakkında bildiklerini anlatabileceğini söyledi.
İstiklal Mahkemesi'nde yargılandı, asıldı.

Ramazan ayı başlamıştı.

Uluslararası Kızılhaç heyeti geldi.
Yunan işgal bölgelerinde incelemeler yaptılar, tanıkları dinlediler.
İngiliz, Fransız, İtalyan ve Türk askeri temsilcilerin bulunduğu heyette, gözlemlerini haber haline getiren *The Manchester Guardian* gazetesinin muhabiri Arnold Toynbee de vardı. Gördüklerini objektif şekilde yazdığı için, Yunan vahşetini açıkça ortaya koyduğu için, İngiltere'deki Yunan diasporasının "düşmanı" haline gelmişti.

Heyet başkanı İsviçreli Maurice Gehri'nin raporuna göre...
Sırf Gemlik-Yalova bölgesinde altı bin civarında Türk öldürülmüştü.
Onlarca köy yakılmıştı.
Evlerde yağma yapılmıştı.
Kadınlara sistematik olarak tecavüz edilmişti.
Irzına geçilmiş 12 yaşında çocuk da vardı...
60 yaşında kadın da.

Yakılarak öldürmüş Türklerin kemiklerini fotoğrafladılar.
Resmi rapora eklediler.

Gemlik'in Kapaklı köyüne geldiler.
Öldürülerek sağa sola atılmış insanlar vardı.
Sekiz kadın, altı erkek, iki çocuk...
Bizzat heyet üyeleri tarafından toprağa verildiler.

Yunan ordusu Gördes'e girdi.
Komple yaktılar.

Aynı gün, Kuvayı Milliye karşılık verdi, Yunan takviye birliklerini Alaşehir'den Uşak'a taşıyan tren havaya uçuruldu.

Çok çok ağır bir darbeydi...
Cesetlerini toplamakta bile güçlük çektiler.
Bine yakın kayıpları vardı.

Yüzbaşı Halil bey, Çerkez Ethem'in kurmay başkanıydı.
Çerkez'le birlikte Yunan tarafına geçmişti.
Pişman oldu.
İstanbul üzerinden Ankara'ya geldi, af diledi.

İstiklal Mahkemesi'nde yargılandı, asıldı.
Son pişmanlıklar fayda etmiyordu.

Preveze gambotu, *Gazal* römorkörü, *Dara* yelkenlisi, Rusya'nın Tuapse limanı'ndan konvoy halinde ayrıldı, hepsinin ambarları silah ve cephane doluydu. Aynı dakikalarda, Rüsumat, Selamet ve Aydınreis gambotları aynı limanda yükleme yapıyordu. Aynı dakikalarda, Şahin vapuru, İnebolu'ya yanaşmıştı, 42 bin tüfek, bin 300 sandık cephane, 50 varil benzin boşaltıyordu.

Elimiz gün gün güçleniyordu.

Bir gemimiz geldiğinde, İnebolu halkı, genç yaşlı, kadın erkek demeden sahile koşuyordu, sandıklar elden ele, omuzdan omuza taşınıyor, evlere istifleniyor, üzerleri muşambayla örtülüyor, kağnı konvoylarıyla Anadolu'ya sevkedilene kadar başında nöbet tutuluyordu.

Yunan kralı'nın İzmir'e geleceği açıklandı.

O gece...
İzmir Mersinli'deki Yunan cephaneliği havaya uçtu.
Şehri deprem gibi silkelemişti.
Öylesine şiddetliydi.

Felah Grubu'nun sabotajıydı.
Kral'a hoşgeldin denilmişti!

Can ve *Yeni Dünya* vapurları İnebolu'ya yanaştı.
250 tondan fazla mühimmat indirildi.
Taşınması iki gün bir gece sürmüştü.

Hemen peşlerinden, Yunan donanmasının en güçlü savaş gemileri *Averof* ve *Kılkış* geldi. Bir yüzbaşı filikayla kıyıya yanaştı, İnebolu halkının ileri gelenleriyle görüştü. "Dün gece indirilen mühimmatın derhal kendilerine teslim edilmesini" istedi.

"Bizde mühimmat falan yok," cevabını aldı.

Karaya asker indirmeye çekiniyorlardı...
Averof ve *Kılkış* saatlerce İnebolu'yu bombaladı.

Ama, geç kalmışlardı.
Felah Grubu'ndan bunun istihbaratı çoktan gelmişti.
İndirilen mühimmat, ilk kez İnebolu içinde tutulmamıştı.
Menzil dışındaki köylere taşınmıştı.

Bir tek mermi bile kaptırılmadı.
Bir tek mermi bile heba edilmedi.

Yunan Kralı Konstantin, İzmir'e geldi.
Kordon'da karaya ayak bastı.

Çünkü...
İngiltere'nin efsanevi kralı Aslan Yürekli Richard, 1190 yılında, Selahaddin Eyyubi'yle vuruşup Kudüs'ü almak üzere, üçüncü haçlı seferine katılmıştı, 650 şövalyeden oluşan ordusuyla Marsilya üzerinden gemilerle yola çıkmış, İzmir'e gelmiş, Anadolu topraklarına bugünkü Kordon'da çıkmış, ordusunun karargahını bugünkü Karşıyaka'da kurmuştu.

Karşıyaka'nın o günkü ismi Cordelio'ydu.
Aslan Yürekli Richard'dan geliyordu.
Coeur de Lion'du.

Yunan kralı Konstantin, cesareti ve komutanlık kabiliyeti nedeniyle "Aslan Yürekli" lakabını taşıyan Richard'a özeniyordu.
Kendisini Aslan Yürekli Richard gibi hissediyordu!

Onu taklit ediyordu.

Yanında, veliahtı Nikola ve prens Andrea vardı.

Ayrıca, 53 bin yeni asker getirmişti.
Yunan işgal ordusu 6 bin 150 subay, 195 bin er'e yükselmişti.

Yunan ordusunda asker, silah, cephane, araç gereç vardı.
Ruh yoktu.
Yunan kralı işte bu manevi takviye için gelmişti.

Karşıyaka'ya yerleşti.
İplikçizade Köşkü'nü hazırlamışlardı.
Üç katlı, 15 odalıydı.
Üç dönüm üzerine kuruluydu.
Bahçesinde yel değirmeni ve tenis kortu vardı.

Merdivenlere Türk bayrağı serdiler...
Konstantin büyük bir keyifle bayrağımızı çiğneyerek köşke girdi.

*

İplikçizade Köşkü'nü İzmir'in kurtuluşunda 9 Eylül'de, Mustafa Kemal için hazırlayacaklardı, üç gece bu köşkte kalacaktı.

Misilleme yapmak için merdivenlere Yunan bayrağı sereceklerdi ama, bu tür intikam gösterilerinden hiç hoşlanmazdı.
"Bayrak bir milletin onurudur, Yunan kralı gaflet yapmış diye aynı gafleti bizim yapmamıza imkan yok, derhal kaldırın," diyecekti.

*

Mustafa Kemal, bugün yerinde bir apartman bulunan bu köşkü, 1924 yılında, Sağır Dilsiz ve Körler Müessesesi adıyla, engelli çocuklarımızın eğitimine tahsis edecekti.
İşgalciler tarafından krala layık görülen, Kuvvacılar tarafından Mustafa Kemal'e layık görülen bu muhteşem köşk, Mustafa Kemal vizyonuyla Cumhuriyet'in ilk engelliler okulu olacaktı.

Yunan kralı'nın Karşıyaka yalısındaki İplikçizade Köşkü'ne yerleştiği gün...
Mustafa Kemal, Çankaya'ya taşındı.

Üç seçenek vardı.
Biri Etlik'te, biri Keçiören'de, biri Çankaya'daydı.
Mustafa Kemal'in gezip görmeye vakti yoktu.
Ruşen Eşref'le beraber Fikriye'yi gönderdi.
Çankaya Köşkü'nü Fikriye seçti.

Bağ eviydi.
İki katlıydı, bodrumu vardı.
Kaba yontu, taşla inşa edilmişti.
Döşemeleri ve çatısı ahşaptı, kiremitliydi.

Pencereleri ahşap kepenkliydi.
Altta ve üstte ikişer oda bulunuyordu.
Giriş katının ortasında fıskiyeli süs havuzu vardı.
Bahçesi kavak ve meyve ağaçlarıyla kaplıydı.

Ankara müftüsü Börekçizade Rıfat, tüccarlardan bağış toplamış, 4 bin 500 liraya satın almış, Ankara halkı adına armağan etmişti.

Mustafa Kemal kendi adına kabul etmedi.
Tapusunu Türk Ordusu adına kaydettirdi.

Yol yoktu, atla gidiliyordu.
Elektrik yoktu, gaz lambasıyla aydınlatılıyordu.

Gösterişten uzaktı, yalındı.
Ama "manevi mücevher kutusu"ydu.
Çalışma odasının duvarında Osmanlı'nın kurucusu Osman Gazi'nin karakalem portresi asılıydı.
Kütüphanesinde Timur'un 530 yıllık Kuran-ı Kerim'i vardı.
İran'ın hediyesiydi.
Masasında aksesuar olarak, altın işlemeli kama duruyordu.
Yerde, devasa boyutlarda bembeyaz bir ayı postu seriliydi.
Rus elçisi Aralov getirmişti.

Çapanoğlu Halit bey teslim oldu.
Yozgat ayaklanmasının elebaşıydı.
Yargılandı, asıldı.

Kandıra geri alındı.
Adapazarı geri alındı.
Sapanca geri alındı.

Yunanlar İzmit'i boşalttı.
Fransızlar Zonguldak'ı terketti.
İtalyanlar Muğla ve Antalya'dan ayrıldı.

Vatan karış karış geri alınıyordu.

Mustafa Kemal'in İtalya ve Fransa'ya yönelik diplomatik hamleleri, Amerikan basınını çıldırtıyordu... *The New York Times* gazetesi "Mustafa Kemal denilen küstah Türk düzenbazı, itilaf devletlerini birbirine düşürmeye çalışıyor" diye yazıyordu.

Onlar işgale kılıf uydurunca, diplomasi oluyordu...
Biz diplomasiyle işgale direnince, küstah düzenbaz oluyorduk!

Sakarya Savaşı'ndan hemen önce, Ankara'ya sürpriz bir Amerikalı ziyaretçi geldi, Mustafa Kemal'le görüşmek istiyordu.

Barnum Brown.
Paleontologtu.
Dünyanın en ünlü dinozor avcısıydı!

T-Rex...
Yani, Tyrannosaurus'u ilk bulan kişiydi.

New York'taki Amerikan Doğa Tarihi Müzesi'nde sergilenen dünyanın en büyük dinozor fosil koleksiyonunu tek başına oluşturmuştu. Hindistan'da, Küba'da, Burma'da, Guatemala'da, Patagonya'da araştırmalar yapıyordu. O yılların ilkel seyahat şartlarında, adeta Indiana Jones filmlerini andıran coğrafyalarda dolaşıyordu.

Aslında düpedüz casustu.

ABD'nin petrol ve maden çıkarları için çalışıyordu.
Stratejik jeolojik veriler topluyordu.

Arkeoloji maskesi artık yetmiyordu...
Paleontoloji maskesi takıyorlardı.

Ankara'ya Amerikan Doğa Tarihi Müzesi'ni temsilen gelmişti.
Yeraltı zenginliklerimiz hakkında araştırma yapmak istiyordu.
Halide Edip'in aracılığıyla Mustafa Kemal'le görüştü.

"Anadolu'da fosil araştırması yapabilir miyim?" diye sordu.
Mustafa Kemal'in cevabı beklendiği gibiydi.
"Hayır!"

Barnum Brown eli boş döndü.

Ama, bu girişim iki gerçeğe işaret ediyordu...
Bir, Anadolu'da petrol vardı.
İki, Amerikan devleti henüz Sakarya Savaşı bile başlamadan önce, Anadolu'daki mücadeleyi Mustafa Kemal'in kazanacağından emindi.

Yunan ordusu genel saldırıya geçti.
Kütahya'ya yürüyorlardı.
Yunan karargahı Uşak'a taşındı.
Afyon'u aldılar.
Bilecik'i üçüncü kez ele geçirdiler.

Yunan boruları aralıksız hücum marşı çalıyordu.
Türk ordusu oyalama savaşları yaparak geri çekiliyordu.

Süngülerini aynı anda birbirlerinin göğsüne saplamış, birbirlerine süngüleriyle bağlı halde can vermiş Türk-Yunan askerleri vardı.
Çarpışmalar gece de durmuyordu.
Göz gözü görmeyen zifiri karanlıkta bile kan banyosu vardı.

Tehlike Ankara'ya bu kadar yakınken, Temmuz 1921... Henüz Sakarya Savaşı bile yapılmamışken, TBMM'nin Kayseri'ye taşınması söz konusuyken, memleket diye bir toprağımızın kalıp kalmayacağı bile belli değilken... Maarif Kongresi toplandı!

Mustafa Kemal'in talimatıyla Ankara Öğretmen Okulu'nda düzenlenen kongreye, 40'ı kadın 180 eğitimci katıldı, bir hafta sürdü.

Mustafa Kemal savaşın o en kritik döneminde bir günlüğüne cepheden ayrıldı, "cahillikle savaş düşmanla savaştan daha az önemli değildir" dedi, Ankara'ya geldi, kongrenin açılış konuşmasını yaptı.

"İstikbal için hazırlanan vatan evlatlarına, hiçbir zorluk karşısında teslim olmayarak, sabırla metanetle çalışmalarını, ebeveynlerine de yavrularının tahsili için hiçbir fedakarlıktan kaçınmamalarını tavsiye ederim.
Silahıyla olduğu gibi dimağıyla da mücadele mecburiyetinde olan milletimizin, birincisinde gösterdiği kudreti ikincisinde de göstereceğine asla şüphem yoktur.
Bu görev sizlere, öğretmenlere düşüyor.
Hükümetimizin siz öğretmenlerin refahını temin edemediğini biliyorum. Fakat, milletimizi yetiştirmek gibi mukaddes vazifeyi yerine getirirken, metanetle yürüyeceğinizden şüphem yoktur.
Vazifeniz pek mühim ve hayatidir.
Muvaffak olmanızı cenab-ı hak'tan temenni ederim."

*

Maarif Kongresi'nden hemen sonra, İsmail Hakkı Tonguç gibi seçkin öğretmenleri, Almanya'ya eğitime gönderdi.
Kurtuluş Savaşı'nın ortasında yurtdışına giden İsmail Hakkı Tonguç, Köy Enstitüleri'nin kurucusu ve uygulayıcısı oldu.

Mustafa Kemal adeta filmin sonunu izlemişçesine rahattı.
Memleketin her köşesi işgal edilmişken, akıbetimiz belirsizken, Kurtuluş Savaşı sanki çoktan kazanılmış gibi, Cumhuriyet sanki çoktan ilan edilmiş gibi davranıyordu.

Dünya tarihinde bu davranış biçimine sahip bir başka lider yok.

Hem çevresine özgüven aşılıyordu, hem de üç yıl sonra adım adım başlatacağı devrimlerin altyapısını oluşturuyor, zaman kazanıyordu.

Kütahya düşmek üzereydi.
Çekilmemiz gerekiyordu.
Ancak, ana kuvvete çekilme fırsatı yaratabilmek için, Altıntaş tepelerinin son saniyeye kadar savunulması gerekiyordu.
Yani, ölümüne fedakarlık ihtiyacı vardı.

Dördüncü tümene kendisini feda etme emri verildi.

Son askere kadar...
Kanlarının son damlasına kadar orayı tuttular.

Komutanları yarbay Nazım bey dahil, daracık tepede dokuz bin şehit verdik... Siperlerden dalgalar halinde fırladılar, ölümün üstüne üstüne koştular, çoğu makineli tüfek ateşiyle biçildi, üst üste yığıldılar. Dördüncü tümenin tamamı kaybedildi.

Ama, hayati görev başarılmıştı.
Ana kuvvet sağ salim kurtarıldı.

Kütahya düştü.
Evlere beyaz bayraklar çekildi.

Yunan gazeteleri, Türk askerlerinin isyan ettiğini yazıyordu. Genelkurmay başkanı İsmet paşanın çadırına el bombası atıldığını, ağır yaralandığını, kurmay başkanının öldürüldüğünü yazıyordu.

İstanbul'daki saray gazeteleri de Yunan gazetelerinden bu felaket haberini fotokopi gibi alıp, sevinçle yayıyordu.

Elbette hepsi yalandı.
Amaç, İstanbul'un umutlanmasını önlemekti.

Yunan uçakları Eskişehir'i bombalıyordu.

Mustafa Kemal cephe karargahına geldi.
"Sakarya'nın doğusuna çekilin" emri verdi.

Nehrin 10 kilometre doğusunda, engebeli arazide konuşlandık.

Sakarya Savaşı'nda asker mevcudumuz 120 bindi.
Ama, kağıt üstünde 120 bindi.
Aslında 48 bini firar etmişti.
Cepheden kaçmışlardı.

Askerlerimizin kimisi, kar yağarken çıplak ayakla siperde süngü hücumunu bekleyecek kadar cesurdu, yazlık elbiseyle nöbette donarak ölecek kadar yürekliydi.
Kimisi kendisine teslim edilen tüfekle sıvışacak kadar korkaktı.

En yoğun firarlar, sevkiyatlar sırasında yaşanıyordu.
Mesela, trene 200 asker bindiriliyor...
Yolda atlaya atlaya, vardıkları yerde anca 30'u iniyordu.

"Savaş" kavramını, trajik şekilde ortaya koyan bir durumdu...
Düşmana kurşun sıkarak topluca kurtulmak yerine, İstiklal Mahkemesi'nde asılmayı göze alarak, bireysel kurtuluşu tercih edenler oluyordu.

Oğlunu saklayan babalar da vardı...
Cepheden kaçan oğlunu ihbar eden babalar da.

Sahteci doktorlar peydah olmuştu.
Asker kaçaklarına rüşvetle çürük raporu veriyorlardı.

Sahte nüfus kağıdı şebekesi türemişti.
Yaşını küçük göstermek isteyenlere satıyorlardı.

En hazini...
Firar edip, düşman saflarına katılanlar vardı.

Kendi milletinin kaybedeceğine kesin gözüyle bakıyor...
"Kazanan tarafta olmayı hayal ediyorlar"dı.

Yarbay deli Halit...
Deliliği cesaretinden geliyordu.
Bu sıfatı ona Mustafa Kemal takmıştı.

Dokuz defa gazi'ydi.
Yemen'den Trablus'a, savaş meydanlarında dokuz defa yaralanmıştı.

İki tabanca taşıyordu.
Belinin sağındakine namuslu, solundakine namussuz diyordu.
Düşmana namuslu'yla, cepheden kaçana namussuz'la sıkıyordu!

Hücuma geçmeden önce Fetih suresi'ni okur, sonra da haykırırdı:
"Vatan bizimdir
kaçan haindir
düşmana sırtını döneni vururum
ben dönersem siz de beni vurun!"

Yarım tümen askerle, koskoca Yunan kolordusunu esir almıştı.
Bizim askerler, Yunan kurşunundan çok, Halit'ten korkuyordu.

Konya ayaklanmasının elebaşı delibaş Mehmet, en yakın adamlarından biri tarafından sırtından vurularak öldürüldü.
Güya en güvendiği adamıydı...

En güvendiği adamı, tabancayla vurup öldürmekle kalmadı, delibaş'ın kellesini kesti, kanıt olarak garnizona getirdi, teslim oldu, af diledi.

Su testisi su yolunda kırılmıştı.

Hain...
En yakınındaki hain tarafından infaz edilmişti.

Eskişehir düştü.

Çerkez Ethem kuvvetleri, Yunan ordusunun içindeydi.
Rehberlik ediyorlardı.

500'den fazla şehit vermiştik.
Birliklerimizde büyük moral çöküntüsü yaşanıyordu.

Yunan kralı, Eskişehir'e geldi.
Zafer sarhoşluğuyla başı dönüyordu.
Komutanlarına madalyalar dağıttı.

Atina'da şenlik vardı.
Kütahya ve Eskişehir şerefine top atışları yapılıyordu.

Yunan başkomutanı Papulas,
Seyitgazi'ye geldi.
Battal Gazi'nin türbesini gezdi.

Sandukanın sekiz metre boyunda olduğunu görünce çok şaşırmıştı.
"Neden bu kadar uzun?" diye sordu.
Battal Gazi'nin büyük bir komutan olduğunu, toplumdaki manevi değerinin çok yüksek olduğunu, bu yüzden böylesine büyük bir sanduka yapıldığını anlattılar.

Papulas dinledi dinledi...
Kendi ruh halini ortaya koydu.
"O halde benim mezarım 20 metre olacak" dedi!

Ankara düşmek üzereydi.
Bazı milletvekilleri telaşlanmıştı.
TBMM'nin Kayseri'ye taşınması için çalışmalar başlamıştı.
Kayseri Lisesi'ne konuşma kürsüsü bile yerleştirilmişti.

Fevzi paşa...
Hem başbakan, hem milli savunma bakanıydı.
Üç günlük sakallıydı.
Tıraş olmaya vakti yoktu.
Gözlerinin çevresi uykusuzluktan kararmıştı.
Üniforması toz toprak içindeydi.
Kürsüye çıktı...
Gayet soğukkanlı, gayet keskin, gayet net izah etti.

"Düşmanın Anadolu içlerine doğru uzanmak isteyen kolları, mezarlarına yaklaşıyor, bu yaptıkları sefer, düşmanın ölüm yolculuğudur, zaferimizden emin olun" dedi!

Balkanlar'da, Çanakkale'de, Kafkaslar'da, Suriye'de çarpışmış olan bu tecrübeli komutanın kendinden emin sözleri, en korkak yüreklerde bile cesaret yaratıyordu.

Fevzi paşa'dan sonra Diyap ağa elini kaldırdı.
Yemin töreni haricinde hiç kürsüye çıkmamıştı.
İlk defa konuşmak istiyordu.
Dersim milletvekiliydi.
67 yaşındaydı.

Mustafa Kemal, Meclis'e geldiğinde her zaman, kapıdan girince sol taraftaki sırada, Diyap ağa'nın yanında otururdu. Bitlis'in kurtuluş mücadelesinden beri tanırdı. Sadece yaşına değil, yurtsever karakterine de saygı duyardı. Ağabey hürmeti gösterirdi.

İşte bu Diyap ağa elini kaldırdı, kürsüye çıktı.
"Efendiler!" dedi...
"Buraya kaçmaya mı geldik, kavga edip ölmeye mi?
Meclisi taşımak istiyorsanız, buyrun gidin.
Ben tek başıma da kalsam son kurşunuma kadar savaşırım.
Son kurşunu da kendime sıkarım!"

Başka tek kelime etmedi.
Kürsüden indi.

Tartışma bitmişti.
Meclis, Ankara'da kalacaktı.

Yunan başkomutanı Papulas kendi ordusuna genelge yayınlayıp "zaferinizle gurur duyun" derken, Yunan gazeteleri Papulas'ı öve öve bitiremezken, Büyük İskender'e filan benzetirken... Aslında tam olarak, Fevzi paşa'nın söylediği mezar'a doğru yürüyorlardı.

Kütahya Başmelek Kilisesi'nde zafer duası yapılıyordu.

Rum ortodoks ibadethanesiydi.
Mutluluk gözyaşlarıyla "te deum" ilahisi söyleniyordu.
Bugünleri gösterdiği için Tanrı'ya şükrediyorlardı!

Yunan uçakları köylere bildiri atıyordu.
"Amacımız Türk askerini yoketmek değil.
Sizi Mustafa Kemal işkencesinden kurtarmaya çalışıyoruz.
Sakın orduya katılmayın.
Köylerinizde kalın.
Serbestçe işinizle uğraşın" deniyordu.

Karayolu yoktu.
Demiryolu yoktu.
Şark cephesinden Garp cephesine bir tek cephane sandığını götürebilmek için 1.200 kilometre aşılması gerekiyordu.

Bu 1.200 kilometre, kağnıyla bir ay sürüyordu!

Bu 1.200 kilometre boyunca, kağnıyı kullananlara, kağnıyı çeken hayvanlara, neredeyse taşıdıkları yük kadar yiyecek gerekiyordu.

Elimizde motorize kuvvet yoktu.
Deve, katır, öküz, manda...
Dünya tarihinde sadece bizde "kağnı komutanlığı" vardı.

O gıcırdayan kağnılar...
Türk milletinin çektiği acıların, sıktığı dişin gıcırtısıydı.

Sakarya Savaşı'nda lojistik kavramı işte buydu.

Kağnıcıların tamamına yakını kadındı.
Erkekleri cephede olan veya erkekleri şehit düşmüş kadınlardı.

Emzikli bebelerini sırtlarına bağlıyorlardı... Tapaları ıslanmasın diye, çocuklarını açıkta bırakıyor, mermileri örtüyorlardı.

Zaferden sonra Fransız kadın gazeteci Berthe Gaulis'e röportaj veren İsmet paşa "Sakarya Savaşı'nı Türk kadınları kazandı" diyecekti.

Kağnı kollarımız, Konya'daki depolarla Sakarya cephesi arasında mekik dokuyordu. Develi kağnılarımız öylesine süratliydi, öylesine etkili çalışıyordu ki... Son model kamyonlarla aynı sevkiyatı başaramayan Yunan ordusu gözlerine inanamıyordu.

Sakarya Savaşı'nın bir başka kadın kahramanı, Müfide Ferit'ti.
Türkçülük akımının edebiyat temsilcilerindendi.
Kalemiyle savaşıyordu.
Hakimiyet-i Milliye'de makale yazıyordu.
Coşkulu üslubuyla, okuyanları yüreklendiriyordu.

İstanbul işgal edilince eşiyle birlikte Anadolu'ya geçmişti.
Eşi, Ahmet Ferit Tek, kurucu TBMM'nin maliye bakanıydı.

*

Yurtsever görüşlerinin yanısıra, feminist'ti.
Milli mücadele öncesinde *Türk Kadını Mecmuası*'nda yazıyordu.
Kadın özgürlüğünü, kadın-erkek eşitliğini savunuyordu.
Erkeğe itaat etmeyi reddediyordu.
Taaa nisan 1919'da mesela, şunları yazmıştı...
"Beşeriyet, yarısı erkekten, yarısı kadından mürekkep bir küldür/bütündür. Bu küllün yarısını

atıl bırakıp, diğer yarısını yürütmek imkanı var mıdır? Nasıl ki bir vücudun yarısı atıl kalınca o vücut yürüyemez, kuvvetle yaşayamaz ve nihayet ölmeye mahkum olur, işte öylece kadınını yürütmeyen, ilerletmeyen, yükseltmeyen cemiyet de yürüyemez ve yaşayamaz."

Bu cümleler öylesine etkileyiciydi ki...
Hemen hemen aynı kelimelerde, 1925 yılında Mustafa Kemal tarafından cumhurbaşkanı sıfatıyla dile getirilecekti.

TBMM, Mustafa Kemal'e başkomutanlık yetkisi verdi.
Sadece üç ay süreyle verdi.

11 milletvekili hayır demişti.
13 milletvekili çekimser kalmıştı.
177 evet'le kabul edildi.

Ordumuzun yüzde 80'inde üniforma yoktu.
Cephede yiyecek sıkıntısı yaşanıyordu.
Askerimiz tütün yerine ot içiyordu.
Subaylara astsubaylara dört aydır maaş ödenmemişti.
Siper kazmak için kazma-kürek bile yoktu.

Başkomutan, ilk iş...
Tekalif-i Milliye emirlerini yayınladı.

Tekalif...
Arapça teklif kelimesinin çoğuluydu.
Mükellef olma, sorumluluk manasındaydı.

Milli yükümlülük emirleri şunlardı...

Halkın tamamı elindeki silah ve cephaneyi orduya teslim edecek.
Her aile –iççamaşırından çorabına– bir askeri giydirecek.
Herkes elindeki yiyeceğin yüzde 40'ını orduya verecek.
Bunlar tek tek kayıt altına alınacak.
Savaştan sonra geri ödenecek.
Herkes elindeki binek hayvanlarının yüzde 20'sini orduya verecek.
Herkes elindeki taşıt araçlarının yüzde 20'sini orduya verecek.
Benzin, gres yağı, otomobil lastiği, tutkal, kablo, tel gibi maddelerin yüzde 40'ına el konulacak. Demirci, dökümcü, nalbant, terzi ve marangozların tamamı ordu emrinde çalışacak.
Her ilçede komisyon kurulacak, bu yükümlülüklerin yerine getirilip getirilmediği bu komisyonlarla takip edilecek.

Çarıktan tüfeğe, buğdaydan kağnıya...
Milli seferberlik'ti.

Ruşen Eşref, o gün, *Hakimiyeti Milliye*'deki köşesinde duygularımızın gerçeğini şöyle yazıyordu: "Düşmanı ezmeye sadece mecbur değil, mahkumuz, millet son kağnısı, son meteliği, son damla kanıyla, Mustafa Kemal'den köylü Mehmet'e kadar cephededir."

*

Peki, kayıt altına alınan, özellikle tüccarlardan alınan malzemelerin parası, Kurtuluş Savaşı'ndan sonra gerçekten ödendi mi?
Türk sanayisinin kurucusu kabul edilen Vehbi Koç, 1973 yılında yayınlanan "*Hayat Hikayem*" isimli kitapta, bu sorunun cevabını şöyle verecekti.

"Ordu için gerekli malzemeler mağazalardan alınır, bedelinin yüzde 60'ı ödenir, geri kalanı için de – tekalif-i harbiye– denilen bir borç makbuzu verilirdi. Zaferden sonra bu paraların hepsi Hükümet tarafından esnafa ödendi."

*

Peki, Tekalif-i Milliye illa gerekli miydi?

Milli savunma bakanı Refet paşa, Sakarya Savaşı'ndan sonra Meclis kürsüsüne çıkacak ve Tekalif-i Milliye'nin ne anlama geldiğini şöyle anlatacaktı...

"Madem ki derdimizi dökeceğiz, o halde her şeyi söyleyeyim...
72 bin silah lazımdı, elimizde 28 bin vardı.
Matara bile yoktu.
Süngü yoktu. Süngü yaptık.
Süngü demirini topladığımız yüzde 40 demirlerden aldık.
Buğdaya el koyduk, değirmenler yaptık, fırınlar yaptık.
Ordu buradan ekmek yedi.
Silahlarımız Konya'daki depolardan geldi, Erzincan'dan geldi, Elazığ'dan geldi, bunları 20 gün zarfında getirdik, Samsun'daki cephane dört günde geldi, bunun için yolda insanlar öldü.
Ben kendim elbise yapmaya muktedir değilim.
Bana elbise vermezseniz ben ne yaparım? Ben bu elbiseyi askere giydirebildiysem, Tekalif-i Milliye'nin topladığı kumaştan giydirdim.
Her verdiğinizi kullandım.
Hak yere kullandım.

Arkadaşlar, bir kaputun üç sene miadı vardır.
Biz altı ayda bir kaput veriyorduk, yine yetişmiyordu.
Çünkü kaputu alan, kaçıyordu.
30 binden fazla kişi firar etti.
Bu kaçanların hepsini asmalı mıydım?
Bunları söylemek istemezdim...
Ama, söylemek mecburiyetinde kaldım.
Orduyu giydiriyorduk, 15 gün sonra ordu yine çıplak kalıyordu, 30 binden fazla kişi elbiselerle firar etti, yerlerine gelenlerde yine elbise olmuyordu.
Tekalif-i Milliye işte buydu."

Mustafa Kemal, düşmanı İzmir'de denize döktükten sonra "Kurtuluş savaşı matematik mimaridir" diyecekti... "Yenmekten yenilmeye kadar hesaplanmamış hiçbir yanı yoktur, Büyük Taarruz böyle bir mimarinin zirvesinde başlamıştır" diyecekti.

Tekalif-i Milliye, işte o bahsettiği matematik'ti.

Son hazırlıklar için Polatlı'ya, cephe karargahına gitti.
Ayağı üzengideyken atı ürktü, sırtüstü yere düştü...
Taşa denk geldi, iki kaburgası kırıldı.

Ciğerine baskı yapıyordu, nefes alamıyordu.
Hastaneye yatmayı kabul etmedi.
Bandaj yapıldı.

Ömürleri cephede geçen, korku eşiğini çoktan aşmış bir jenerasyondu. Her günün "son gün" olabileceğini düşünerek, can pazarında bile hayatın güzelliklerini yaşamaya gayret ediyorlardı.

O en kritik dönemde mesela...
Kılıç Ali'nin kızkardeşi Naime evleniyordu.
Mustafa Kemal kırık kaburgalarının ıstırabına rağmen nikaha katıldı, gelinin vekili oldu, ertesi sabah cepheye döndü.

Halide Edip, kaburgası kırık Mustafa Kemal'i şöyle anlatacaktı:
"Bir zabit beni karargaha götürdü.
Köy yolları karanlık ve çamur içindeydi.
Geceyarısıydı. Muhafızlar kapıdaydı.
Tek gaz lambası yanan bir Anadolu odasıydı, girdim.
Mustafa Kemal Paşa koltuktan güçlükle kalkmaya çalıştı.
Kaburga kemikleri ağrılar içindeydi.
Safa geldiniz hanımefendi dedi.
O mütevazı odada, bir millet yaşasın diye ölmeyi göze alan kararı temsil ediyordu... Ne saray, ne şöhret, ne herhangi bir kudret, onun o odadaki büyüklüğüne yaklaşamazdı. Paşa'ya doğru kalbimde mutlak bir hürmetle yürüdüm,
elini öptüm."

Yaralansa bile, bir gün olsun dinlenme lüksü yoktu.
Daima gözönünde bulunmak zorundaydı. Hem cephedeki askerin, hem TBMM'nin, hem işgal altındaki halkın morali buna bağlıydı.

Kurban Bayramı'ydı.
Konstantin "Ankara'ya!" emri verdi.

Yunan ordusu bütün gücüyle saldırıya geçti.
Ankara'yı bir an önce ele geçirmek için çok hevesliydiler.
Alay komutanları önde gitmek için birbirleriyle yarışıyordu.

Türk ordusu ise adım adım gerileyerek, olup biteni kavrayamayan Yunan ordusunu meydan savaşına doğru çekiyordu.

Yunan ikmal hattı lastik gibi uzuyor...
İstila sarhoşluğuyla farkına varamıyorlardı.

Keşif uçuşu için Malıköy'den havalanan Nafiz-1 isimli uçağımız, geri dönmedi... 50 kilometre uzakta, Beylikköprü'de yanarak düştüğü anlaşıldı.
Yüzbaşı Sırrı'yla sivil pilot Behçet bey, şehit oldu.

Hava aşırı sıcaktı.
Türk ordusunu güneyden kuşatabilmek için Tuz Gölü'nü geçmeye çalışan Yunan ordusu kavruluyordu, daha savaşmadan insan kaybediyorlardı.

Cephemizde yemek sıkıntısı başgöstermişti.
Köyleri tarlaları ateşe veren işgalciler, bölgede ot bile bırakmamıştı.
Askerimize sadece buğday kavurması verilebiliyordu.

Mustafa Kemal Duatepe'ye geldi, gece vaktiydi.
Kolordu kurmay başkanının hazırlattığı yemeğe oturdular.
Yer sofrasıydı.
Cılız bir tavuk, dört beş dilim ekmekten başka bir şey yoktu.

Kurmay başkanına döndü...
"Askere ne verdiniz?" diye sordu.
Hık mık ettiler.
"Buğday kavurması tedarik ettik" filan diyebildiler.

Ayağa kalktı.
Tek kelime etmeden, çıktı gitti.
Ne tavuğa el süren oldu, ne ekmeğe...
O gece hepsi aç yattı.

İtalyan bandıralı gemiler, Anadolu'ya taşımak üzere Varna Limanı'ndan sandık sandık tüfek ve cephane yüklüyordu.

Mustafa Kemal'in Sofya günlerinden arkadaşları devreye girmişti.
Bulgaristan'dan silah satın alınıyordu.

Rusya'dan gelen tüfek sayısı 30 bine ulaşmıştı.
32 bin sandık da cephane gelmişti.

Henüz tamam değildik ama...
Elimizden geldiği kadar hazırdık.

Sakarya Savaşı başladı.

100 kilometrelik cephe üzerinde...
22 gün 22 gece sürecekti.

Tarihin en kanlı savaşlarından biriydi.

Yunan tarafı dört bin subay, 180 bin er.
Türk tarafı yedi bin subay, 90 bin er'di.

Ya hep, ya hiçti.

Türk karargahının emri kesindi...
Süngü savaşından kaçan, idam edilecekti.

Ağustos olmasına rağmen, fırtınalı bir hava vardı.
Sağanak yağmur önden vuruyordu.
Türk askerinin görüşünü engelliyordu.
Top sesleri Ankara'dan duyuluyordu.

Gecenin karanlığında şimşekler çakıyordu.
Hayalet misali görüntüler oluşuyordu.

Savunma pozisyonundaydık.
Yunan ordusu ilk gün Sakarya Nehri'ni geçti.

Gün doğuyor, karanlık basıyor...
Tekrar sabah oluyor, tekrar gece oluyor...
Vuruşma aralıksız devam ediyordu.
Soluklanmak için duran, ölüyordu.

Türbetepe'yi aldılar.
Paramparça cesetleriyle geri aldık.
Paramparça cesetlerimizle geri aldılar.
İnanılması güç bir savaştı.

Mangaldağı düştü.
İki günde altı defa el değiştirdi.

Niğde Büyük Cami'de dua ediliyordu.
Giresun'da, Mardin'de, Kastamonu'da miting yapılıyordu.
Maraş'tan Amasya'dan Ankara'ya destek telgrafları yağıyordu.
Trabzon halkı sokaklara dökülmüştü.
Sivas halkı hükümet konağı önünde toplanmıştı.
Haberler kulaktan kulağa ulaştırılıyordu...
Düzce'de mevlit okunuyordu,

Üçüncü gün çok kritikti.

İlyastepe düştü.
Kartaltepe düştü.
Yıldıztepe düştü.

Yunan topçusu çok başarılıydı, göz açtırmıyordu.
Havanın kararması bizim işimize yarıyordu.

Asker üç gündür uyumuyordu.
Sinirler tel gibi gerilmişti.
Gözünü kırpmak bile mümkün değildi.
Savaş alanı, gözalabildiğine ölü beden doluydu.

Beşinci gün... Sürpriz hamleler yapan bir süvari tümenimiz, Yunan ordusu başkomutanına ait olduğunu bilmeden bir karargahı bastı.
Papulas esir düşmekten kılpayı kurtuldu.

Savaş o an, tesadüfen bitebilirdi.

Ankara'da panik başlamıştı.
Ahaliden şehri terkedenler vardı.

Milli mücadelenin özeti de aslında buydu...
İşgal başladığından beri, bazıları cesaretle düşmanın üstüne doğru koşuyor, bazıları korkaklıkla aksi yöne kaçıyordu.

Halbuki...
İstanbul yok.
Adana, Antep, Mersin yok.
İzmir yok, Ege yok.
Trakya yok.
Vatan elden gitmiş...
Daha nereye kaçılabilirdi ki?
Kaçtığın yeri sana bırakırlar mıydı?

Yunan tarafında 20 binin üzerinde yaralı vardı.
Bizim yaralıları Ankara'ya taşımak nispeten kolaydı...
Yunan yaralılarının götürüleceği yer yoktu.

Sahra hastanelerinin yetmesi mümkün değildi.
Yaralıları birer birer hayatını kaybediyor, Yunan ordusunda komutanlarına yönelik homurtular yükseliyordu.

Ölenler taşınmıyordu.
İşgal etmeye çalıştıkları toprağa veriliyorlardı.

O kadar çok ceset vardı ki, zaman zaman gömmeye bile vakit bulunamıyordu, çürüyorlar, ağır kokudan nefes alınamıyordu.

Yeryüzü cehennemiydi.

Türk subaylar en önde vuruşuyordu.
Öylesine fazla subay kaybımız vardı ki, koskoca alay komutanlıkları mecburen yedek teğmenlere kalıyordu.

Duatepe düştü.
Polatlı boşaltıldı.
TBMM'nin Kayseri'ye taşınması hazırlıkları hızlandı.
Türk cephesinin kilit noktası Çaldağı düştü.

İstanbul Beyoğlu'nda Yunan konsolosluk binasına, kral Konstantin'in dev boyutlarda resmi asıldı... Resmin altına "geliyoruz" yazılmıştı!

Onuncu gün...
Yunan hâlâ ısrarla yükleniyordu.
Ama kaçınılmaz olarak ikmal sorunları başgöstermişti.

Son beş gündür ciddi yiyecek sıkıntısı yaşıyorlardı.
Askerlerine günde sadece çeyrek ekmek verebiliyorlardı.

Geceleri ayazdı, yakacak kalmamıştı.
Askerlerin ayakkabıları paramparçaydı, yenilenemiyordu.
Süvari tümeninin raporuna göre, 10 kilometrelik çevrede ot kalmamıştı, atları bile aç kalıyordu, nal sıkıntısı yaşıyorlardı.

Su sıkıntısı çekiyorlardı.
Dizanteri salgını başlamıştı.

Bursa'dan kamyonlarla mermi taşıyorlardı.
Ama, cephe gerisine sızan süvarilerimiz kamyonları vuruyordu.
Cephane musluğu kesiliyordu.

On günde 30 binden fazla ölü vermişlerdi.
Sadece 15 kilometrelik arazi elde edebilmişlerdi!

Yunan başkomutanı Papulas gerçekleri görmeye başlamıştı.
Atina'ya, başbakanına gönderdiği raporda itiraf ediyordu...
"Düşman birbirini izleyen hatlar halinde araziyi inatla savunuyor, Ankara'yı alma isteğimiz felaketimize sebep olabilir," diyordu.

Aslında kibarca "geri çekilelim" demeye getiriyordu.

Büyük lokma ye, büyük söz söyleme derler ama...
Aslında büyük lokma da yememek gerekiyordu.

Hem büyük büyük laflar eden, hem de büyük lokma yemeye kalkışan Yunanlar, Ankara'ya yürüyerek çiğneyebileceklerinden fazlasını ısırmışlardı.

Mustafa Kemal, kurmaylarıyla toplantıdaydı.
Haritadan başını kaldırdı, sigarasından bir nefes çekti.
Öngörüsünü net olarak ortaya koydu:
"Savaşın sonucu yarın belli olur!"

Tam olarak öyle oldu.

11'inci gün...
Yunan ordusu el freni çekilmiş otomobil gibi durdu.

İki taraf da mevzilerine çekildi.

Dört gün sürecek suskunluk dönemi başlamıştı.
Sadece karşılıklı keşif saldırıları yapılıyordu.

Bu dört günün sonunda, İsmet paşa, Fevzi paşa, albay Kazım, Zafertepe'deki karargaha çağırıldı, Başkomutan'ın çadırına girdiler.
Mustafa Kemal, harita üzerinde anlattı.
"Yarın düşmanı sürmeye başlıyoruz" dedi!

Sabah 07.30...
Türk topçusu gümbürdedi.

Yunan ordusu sanki bu anı bekliyordu...
Düğmeye basılmış gibi Sakarya'nın batısına çekilmeye başladılar.

Emir komuta çözülmüştü.
Kaçarcasına ricat ediyorlardı.

Gündüz kavurucu güneş, gece sis vardı.
Gece gündüz ısı farkı en sağlam bünyeleri bile mahvediyordu.

Kontr yumruğun vakti gelmişti.

Mustafa Kemal, albay Halit beye emir verdi.
"Kırgız Dağı'nı bütün şiddetinle sök ve al" dedi.

1.300 metre rakımlıydı.
Yukarı Sakarya Ovası'nın en yüksek noktasıydı.

Karşı saldırının en kritik hamlelerinden biriydi.
Kırgız Dağı'na ölümüne saldırdık, söktük, aldık.

Ankara'daki hastaneler dolup taşıyordu.

Albay Kazım bey, yaralıları ziyaret ediyordu.
Cebeci Hastanesi'ni dolaşırken, boğazına kadar yorgan örtülü birini gördü, tanıyordu, teğmen Refik'ti.
"Yaran ağır mı oğlum" diye sordu.
Acısı yüzünden okunuyordu ama, belli etmek istemiyordu.
"Hiçbir şeyim yok, iyiyim komutanım" cevabını aldı.

Yorgan kaldırıldı...
Refik'in iki bacağı da yoktu.

Hastanelerde yer kalmayınca, kamu binaları hastaneye dönüştürüldü, oralar da dolunca artık başka çare yoktu, hastanelere yakın evler hastane odası olarak kullanılmaya başlandı.

Ağaç dallarından sedye yapılıyor, üzerine battaniye seriliyor, eşeklerin yanına bağlanıyor, ambulans gibi kullanılıyordu.

Kloroform yoktu.
Pamuk bile yeterli değildi.
Çığlık çığlığa ameliyatlar yapılıyordu.
Parçalanmış kollar bacaklar bu halde kesiliyordu.

Kadın öğretmenler hemşire olarak görev yapıyordu.

21'inci gün...
Aslında savaş bitmişti.
Yunan siperlerinde asker kalmamıştı.

Helen ihtirası, Sakarya Nehri'nin sularında boğulmuştu.

22'nci gün...
Sakarya Zaferi dünyaya ilan edildi.

Tarihe "subaylar savaşı" olarak geçen Sakarya'da, yedisi tümen komutanı, 350'si subay 15 bin şehit verdik.
İsmail oğlu Ramazan, 17 yaşındaydı.
Mustafa oğlu Bahri, 18 yaşındaydı.
Nuri oğlu Ahmet, 19 yaşındaydı.
İbrahim oğlu Mehmet Emin, 22 yaşındaydı.
Mustafa oğlu Aziz, 27 yaşındaydı.
Salih oğlu Halil, 31 yaşındaydı.
Naim oğlu Mehmet Ali, 38 yaşındaydı.
Ahmet oğlu Mehmet, 39 yaşındaydı.
Osman oğlu Abdullah, 41 yaşındaydı.
Şehitlerimizin bazılarıydı.

Erlerimiz arasındaki yaş farkı, milletin eli silah tutan bütün yurtsever erkeklerinin topyekûn cephede olduğunun kanıtıydı.

Sakarya Meydan Muharebesi, sadece Kurtuluş Savaşı'nın dönüm noktasından ibaret değildi. Aynı zamanda... 13 Eylül 1683'te Viyana'da başlayan kesintisiz geri çekilmenin, 238 yıl sonra nihayet durdurulması anlamına geliyordu.

Bundan böyle, hattı müdafaa yoktu, sathı müdafaa vardı.
O satıh, bütün vatandı.

Mustafa Kemal'e TBMM'de "mareşal" ve "gazi" unvanı verildi.
Başkomutanlık vermek istemeyenler, şimdi alkışlıyordu.

İstifa ettiğinden beri, askeri üniforma giymemişti.
Sakarya Savaşı'nı sivil kıyafetle yönetmişti.

Tarihteki ilk sivil mareşal'di!

Gazeteci Ruşen Eşref'in hatıralarına göre... "Savaşı sivil spor kıyafetiyle idare edip kazandıktan sonra, böğrü ağrıya ağrıya, sancısından adeta düşe kalka yürüyerek, kimseye haber vermeden, karşılama töreni beklemeden, alkış beklemeden, gündelik işini görmekten dönüyormuş gibi, yıpranmış bir vilayet taksisi sanılacak Ford otomobilin sadeliği içinde, ellerinde güderi eldivenleri, o sivil kıyafetle Çankaya'ya dönmüş"tü.

Şehir girişinde karşılamaya gelenler yetişememişti.
Tebrik etmek için Köşk'e koşturanların gülümseyerek ellerini sıkıyordu. Komutanlığını tartışma konusu yapanlarla alay ederek, "ben galiba şu askerlik işini fena yapmıyorum" diyordu!

Alime
Şükriye
Hafize
Ümmühan
Osman kızı Fatma
Bektaş kızı Fatma

Mustafa kızı Fatma
İbrahim kızı Fatma
Hasan kızı Fatma
Musa kızı Ayşe
Veli kızı Ayşe
Ali kızı Ayşe

TBMM kararıyla 12 kadına İstiklal Madalyası verildi.

Beşikleriyle birlikte sırtlarında cephane taşımışlardı.
Her kadın her defasında 40 ila 60 kilo taşıyordu.
Her defasında en az 15 kilometre yürüyorlardı.

Kara Fatma'nın rütbesi onbaşılıktan çavuşluğa yükseltildi.

"Kadın" sıfatıyla değil, "asker" rütbesiyle çarpışıyordu...
Bu nedenle ona henüz madalya yoktu.
İstiklal Madalyası'nı göğsüne takabilmek için, diğer subay, astsubay ve erler gibi, milli mücadelenin sonunu bekleyecekti.

Sakarya Savaşı'nın öncesinde Türk ordusunun yaşadığı firar sıkıntısını, Sakarya Savaşı'nın sonunda Yunan ordusu yaşadı.

Yunan ordusunun dörtte biri, yerli Rumlardan oluşuyordu.
İşler tersine dönünce, yerli Rumlar kaçmaya başlamıştı.
Sırf İzmir'de 20 binden fazla firari Rum vardı.

Yunan kralının kardeşi, prens Andrea, öfkesinden burnundan soluyordu, Anadolu Rumlarına hakaret yağdırıyordu.
"Buradaki halk hakikaten tiksindiricidir, bu değersiz insanları tekmeleyip atması için Mustafa Kemal'e teslim etmek gerçekten yerinde olacaktır" diyordu!

İzmir'i işgal ederken, kahkahalarla kucaklaşıyorlardı ama...
Şimdi böyle olmuşlardı.

Yaralılarını bile savaş meydanında bırakmışlardı.
Toplarını, tüfeklerini, cephane sandıklarını bırakıp kaçmışlardı.

Yunan esirler perişan haldeydi.
Aralarında bir haftadır ekmek bile yememiş olanlar vardı.

Sakarya ceset akıyordu.

Yunan hayalleri Türk süngüsüne takılmıştı.

İngiliz Savaş Bakanlığı acil koduyla şu raporu hazırladı:
"Sakarya muharebesinden sonra açıkça görüldü ki, bize düşman olabilecekler arasında en güçlü olasılık, milliyetçi Türkiye'dir.
Türklerin bize saldırısına fırsat verirsek, belki bir felaketle ya da kesin bir prestij kaybı tehlikesiyle karşılaşacağız.
Bölgede harcamış olduğumuz bütün emekler heba olabilir.
Tek çıkar yol, Ankara'yla tez elden dostluk kurmaktır."

Evet... Sakarya Savaşı öncesinde Mustafa Kemal'le diplomatik ilişki kurmayı bile zayıflık kabul eden İngiltere, şimdi acilen "dostluk kurmanın yollarını arayalım" diyordu.

Üç Türk yaralı esir bulundu.
Yunan bir doktor, yaralarını sarmış, yanlarına su bırakmıştı.
O meçhul doktor, Yunan işgal ordusunda insanlık sınavını geçebilen ender askerlerden biriydi.

Geri çekilirken geçtikleri köylerde taş üstünde taş bırakmadılar.
Altın, buğday, koyun, götürülebilecek ne varsa götürdüler.
Tarlaları ateşe verdiler, okulları yaktılar.
Kadınların kızların ırzına saldırdılar.
Eskişehir'de tecavüze uğrayan sekiz yaşında çocuk vardı.
Kucağında bebeğiyle yakılarak öldürülmüş kadınlar vardı.
Camileri dinamitle havaya uçuruyorlardı.

Mihalıççık, Emirdağ, Haymana, Sivrihisar'da neredeyse köy bırakılmamıştı. Zengin bir yer olan Mihalıççık ev ev yağmalanmıştı.

Polatlı yakınlarındaki Üzümbeyli ve Çekirdekler köylerinde, insanlık tarihinde ender görülen vahşetler yaşanmıştı.
Evler yakılmıştı.
Pencerelerdeki demir parmaklıklara yapışmış eller vardı.
İnsanları tıkıp, diri diri ateşe vermişlerdi.

Sokaklarda kazılmış kül dolu çukurlar vardı.
İnsanlarımızdan geriye sadece kafatasları, kemikleri kalmıştı.

Yollarda, aklını yitirmiş talihsiz kadınlar dolaşıyordu.

Halide Edip birine rastladı.
"Acı hatıralarımdan biri" diyerek, anlattı...

"Soğuk korkunçtu, hava kararmıştı, at sırtındaydık, binbaşı Tahsin, yüzbaşı Cemil ve fotoğrafçımızla beraber, harap olmuş Köseağaç köyünden Gecek köyüne gidiyorduk.
Eşeğini çekiştiren bir kadın gördük.
'Tahsin oğul, Tahsin oğul' diye feryat ediyordu.

Sesi bütün vadiyi tarıyor gibiydi.
Binbaşı Tahsin çok müteessir oldu.
Atını durdurdu...
'Ben buradayım ana, gel ne söyleyeceksen söyle' dedi.
Kadın şöyle bir baktı.
'Üniformayı nereden buldun, bıyıkların nasıl çıktı?' diye sordu.
Sonradan öğrendik ki, 23 yaşındaki oğlunu öldürmüşlerdi.
Kafası altüst olduğu için, binbaşı Tahsin'i oğlu zannetmişti.
Binbaşı Tahsin, oğlu olmadığını söyleyince... 'Bulun öyleyse benim Tahsin oğulu, bulun benim oğulu' diye diye uzaklaştı.
Tahsin oğul, Tahsin oğul diye diye arayıp tarıyordu."

Esir alınan Yunan askerleri sorgulanıyordu.
"Geride bırakılan köyleri mutlaka yakın emri aldık" diyorlardı.
"Bu emri komutanımız Prens Andrea verdi" diyorlardı.
Sivrihisar'ın Karkın Köyü'nü bizzat tutuşturmuştu.

*

Prens Andrea...
Kral Konstantin'in kardeşiydi.

Çok gaddardı.
Kendi askerlerine karşı bile çok acımasızdı.
Kurtuluş Savaşı'nın sonunda,
uğradıkları büyük hezimet nedeniyle, Yunanistan'da vatan haini ilan edildi, tutuklandı, idama mahkum edildi, kurşuna dizilecekti. Ancak, İngiltere'nin Atina'daki diplomatik girişimleri sonucunda affedildi, Fransa'ya sürgüne gönderildi.

Andrea'nın dört kızı, bir oğlu vardı.
Oğlunun adı, Philip'ti.

Philip, İngiltere'de okudu, Kraliyet Donanması'na subay oldu.
İkinci Dünya Savaşı'na savaş gemisi komutanı olarak katıldı.
1947 yılında İngiltere tahtının varisi Elizabeth'le evlendi.
Elizabeth 1952'de tahta geçti, kraliçe oldu.
Philip de kraliçenin kocası oldu.

Evet...
Yunan Kralı Konstantin'in kardeşi sıfatıyla Anadolu'da Türk kıyımı yapan prens Andrea, bugünkü İngiltere Kraliçesi'nin kayınpederiydi!

İngiltere veliaht prensi Charles'ın baba tarafından dedesi, Türk köylerini bizzat ateşe veren, Yunan kasabı olarak anılan Andrea'ydı.

Sakarya Savaşı'nın zaferle sonuçlandığı gün, Balıkesir'de yayınlanan saray yanlısı *Adalet* gazetesinde şu satırlar yeralıyordu...

"Ey milleti İslamiye, Yunan kuvayı işgaliyesinden bu ana kadar hanginizin malına, canına, ırzına taarruz edildi?
Ramazan-ı şerif'te Yunan memur-u aliyesinin gösterdiği ulvi hamiyet ve muavenet ve insaniyet, hangi Müslüman'ın kalbinden çıkar?
Kütahya ve Eskişehir'deki muharebelerde haksız şekilde itlaf edilen cenazelerin kemikleri, büyük katil Mustafa Kemal'den

intikam diye bağırıyorlar, lanet bu vatan hainine, lanet katil ve zalim Mustafa Kemal'e!"

Bu satırları kaleme alan *Adalet* gazetesinin sahibi Ali Sami'ydi.
Yunan'dan daha fazla üzülmüştü.
Çünkü, Yunanistan'dan para alıyordu.

*

Milli mücadelenin sonunda Yunanistan'a kaçtı.
Dinini değiştirdi.
Adını değiştirdi.
Mustafa Kemal'e suikast düzenlenmesi için tertipler yaptı.
Ölene kadar Türkiye Cumhuriyeti'nin aleyhine çalıştı.

Ali Sami gibi Yunan'dan çok Yunancı olanlar, maalesef az değildi.

Sakarya Savaşı'ndan hemen sonra İzmir-Manisa sınırında çekilen ve Yunan arşivlerinde yeralan bu fotoğraf mesela...
İçimizdeki Yunancılara çarpıcı bir örnekti.

Atina'dan kumpanyalar geliyordu.
Açık arazilere sahne kuruyorlar, şarkılar, danslar, tiyatrolarla, morali dibe vurmuş Yunan askerlerini coşturmaya çalışıyorlardı.

Milli sanatçılarıyla cesaret toplamaya gayret eden Yunan askerlerinin arasında daima, işte böyle sarıklı-cübbeli işbirlikçiler oluyordu.

Sakarya yenilgisinin faturası, Yunan ordusunun başkomutanı Papulas'a kesilmişti, derhal görevden alındı. Onun yerine Hacıanesti getirildi.

Hacıanesti'nin akli dengesi yerinde değildi.

Bazen subaylarıyla sohbet ederken saçmalıyor, bacaklarının kırılabilir bir maddeden, şekerden, camdan yapıldığını söylüyordu!
Fazla yürürse bacaklarının kırılabileceğini söylüyordu.
Bazen de "uyurken öldüğünü" anlatıyordu.

Bir yıl sonra gerçekleşecek olan Başkomutanlık Meydan Muharebesi'nde Yunan ordusunu, işte bu ruh sağlığı bozuk general yönetecekti.

Sadistti.
Kendi askerlerine bile eziyet ederdi.

İstanbul halkı sokağa dökülmüştü, şenlik vardı.
Camilerde mevlitler okunuyordu.
Fener alayları düzenleniyordu.

İşgal kuvvetleri bu şenliklere odaklanmışken, fırsat bu fırsat, bir gecede 90 ton ağırlığında cephane Anadolu'ya kaçırıldı.

Düşmanı denize dökmek için topyekûn saldırı hazırlığı başladı.

Sakin, soğukkanlı, akılcıydılar.
Zafer sarhoşluğuna kapılmıyorlardı.
Hesap yapıyorlardı.

Ankara Keskin'de fişek fabrikası kuruldu.
Topçu mühimmatı üretiliyordu.
Piyade tüfekleri burada tamir ediliyordu.
Yurtsever mühendisler, ustalar, işçiler... Milli mücadelenin isimsiz kahramanları gecelerini gündüzlerine katıyorlardı.

Çalışanlar arasında 11 yaşında çocuk da vardı.
77 yaşında olan da.
Vurulup kolunu kaybettiği için, bacağını kaybettiği için cepheye gidemeyenler, fabrikada işin ucundan tutuyordu.

İstersen bir milyon kişilik ordu kur...
Onlar olmasaydı, olmazdı.

Yunan Kralı, Atina'ya döndü.
Tantanayla gelmiş, sessiz sedasız, tırıs tırıs gitmişti.

Sakarya'da bir taşla iki kuş vurmuştuk.
Yunanistan'la birlikte Fransa'yı da yenmiştik.

Çünkü, Sakarya Savaşı sona erince, Fransa da savaşa son verdi.
Paris, masaya oturmaktan başka çare bulamadı.
Hatay hariç, güney sınırımızı belirleyen anlaşmaya imza attılar.

Bu anlaşma, Ankara Hükümeti'nin ilk kez Batılı bir devlet tarafından resmen tanınması anlamına geliyordu.

Adana'yı boşalttılar.
Mersin'i boşalttılar.
Kilis'i boşalttılar.
Osmaniye'yi boşalttılar.
Ve, Gaziantep'i boşalttılar.

İşgal macerasında 10 binden fazla Fransız ölmüştü.

55 bin Ermeni tası tarağı topladı...
Adana ve Antep'ten Suriye'ye kaçtılar.
Komşularına neler yaptıklarını en iyi kendileri biliyordu.
Kimsenin yüzüne bakacak halleri olmadığını biliyorlardı.

Adana valisi Abdurrahman efendi, Adana savcısı Zihni hoca, Adana belediye başkanı şeyh Kemal, Ermenilerle birlikte kaçtılar.

Keser dönmüş, sap dönmüştü...
Fransız işbirlikçilerinin de insan içine çıkacak hali kalmamıştı.

Türk ordusu Adana'ya girdi.
105 metre uzunluğunda bayrak dikilmişti.
200 kişi tarafından bando eşliğinde sokaklarda gezdirildi.

İzmir'deki Fransız konsolosluğu Yunan askerleri tarafından taşlandı.

Kendilerinin kaçmalarında sorun yoktu...
Fransızların kaçmasına çok bozulmuşlardı!

Fransızlarla barışmamız, İstanbul'dan Anadolu'ya silah kaçırmamızı kolaylaştırmış ve hızlandırmıştı... Hem kendi kontrollerindeki cephane depolarını göz göre göre Kuvayı Milliye'ye açmışlar, hem de Fransız bandıralı gemilerin kiralanmasını sağlamışlardı.

Ararat bu gemilerden biriydi.
Fransız şirketinden kiralanmış, 400 ton cephane kaçırılmıştı.

Ararat'ın İngilizlerin gözünün önünde Boğaz'dan Karadeniz'e açılabilmesi için, evraklarında kalem oynatılmıştı.
Bunu sağlayan, Arman Pandikyan'dı.
Edirne doğumlu Ermeni asıllı vatandaşımızdı.
İstanbul'daki İngiliz istihbarat teşkilatında tercüman olarak çalışıyordu ama, Felah Grubu'na bilgi sızdırıyordu.

*

Arman Pandikyan, milli mücadelenin sonunda, on kadar Ermeni vatandaşımızla birlikte İstiklal Madalyası aldı.

İngiliz istihbaratı talimat verdi...
Vahdettin bu talimat gereği ferman buyurdu.
İstanbul'da Çerkez toplantısı yapıldı.

Şeyh Şamil'in torunu Hamza bey de davet edilmişti.
Akılları sıra, Çerkezleri kışkırtacaklar, Çerkez Ethem'in etrafında toplayacaklar, Ankara'nın üstüne yürüteceklerdi.

Hamza bey gayet açık konuştu, kestirdi attı...
"Türküz, Çerkeziz, daima kardeşiz. İzmir'deki bir iki

sefilin hareketi bütün Çerkez alemini müteessir etti. Bu topraklarda, Türkiye'de Çerkez istiklali istemek kadar gülünç bir şey düşünülemez" dedi.

Çerkez planı suya düştü.

Prens Sait Halim Paşa, Roma'da öldürüldü.
Tehcir sırasında başbakandı.

Ermeni tetikçi, Arşavir Şıracıyan'dı.
Yakalamadılar, göstere göstere kaçtı.

Bu tetikçi, bir yıl sonra bu defa Berlin'de, Teşkilat-ı Mahsusa kurucularından Bahattin Şakir'le Cemal Azmi'yi vuracaktı.
Yine yakalamayacaklar, yine kaçacaktı.

Ermeni terörü, Avrupa'da açıkça korunuyordu.

Bir yandan Fransız üniforması altında Türkiye topraklarında işgal terörü estiriyorlar, bir yandan Avrupa topraklarında suikast terörü estiriyorlar, bir yandan 100 yıl sonra bile Türkiye'nin başına bela edilecek olan sözde soykırım yalanının temellerini döşüyorlardı.

İstanbul'da patrik seçimi yapıldı.
Venizelos'un arkadaşı Meletios Metaksaki kazandı.
Kral Konstantin'e karşı bir papazdı.

Konstantin'in Atina hükümeti anında tepki gösterdi.
"Seçimi tanımıyoruz, patriği kabul etmiyoruz" denildi.

Kral'ı ne ordu seviyordu, ne kilise seviyordu...
Ama halk oylamasıyla gelmişti.
Yunan halkı Kral'ı destekliyordu.

Atina'yla İstanbul Rumlarının arası öylesine açılmıştı ki, Atina'nın Fener Patrikhanesi'ne yaptığı maddi yardım tamamıyla kesildi.
Bunun üzerine patrikhane konseyi toplandı...
Konstantin'i aforoz edip etmemeyi bile tartıştı.

Yunanistan ruhen darmadağındı.

Patrikhaneyi İstanbullu zengin Rumlar ayakta tutuyordu.

Bunlardan biri, Prodromos Bodosakis Athanasiadis'ti.
Kapadokya doğumluydu.
İlkokul mezunu bile değildi ama, kurnazın önde gideniydi.
Gıda tüccarıydı.
Osmanlı'nın Alman mareşali Liman von Sanders'in bir akrabasıyla evlenmişti, Liman von Sanders'in Osmanlı ordusuna yön verdiği dönemde, ordunun silah hariç bütün ihtiyaçlarını karşılıyordu.
Bu sayede muazzam servet yapmıştı.
Pera Palas'ın sahibiydi.

*

Athanasiadis, Kurtuluş Savaşı zaferle sonuçlanınca, mecburen Atina'ya göçetti. Venizelos'un iktidarında, patrikhanenin desteğiyle ve Osmanlı'dan kazandığı paralarla silah fabrikaları kurdu, madenler satın aldı, Yunanistan'ın sanayi imparatoru oldu.

Aralık ayı sonlarıydı.
Ağır kış vardı.
Hava bıçak gibiydi.

İnebolu'dan cephane yükleyen manda kağnıları, Küre Dağları'ndan geçerken kar fırtınasına tutulmuştu, tipi yüzünden göz gözü görmüyordu, kafileden kopup kaybolanlar olmuştu.
Kastamonu'dan arama ekipleri çıkarıldı.
Bir bebeğin ağlama sesini duydular...
Donarak ölmüş annesinin kucağında buldular.
Mucizeydi.
Annesinin kolları arasında hayata tutunmuştu.
Kağnıyı çeken hayvan da donarak ölmüştü.
Kağnıdaki cephane battaniyeyle örtülüydü!
Kahraman kadın, ne kendini örtmüştü, ne evladını...
Donmasınlar diye top mermilerini sarıp sarmalamıştı.
Şerife'ydi.
Henüz 21 yaşındaydı.

1922 yılbaşına böyle girdik.

İstanbul'da vur patlasın çal oynasın devam ediyordu.

Mehmet Akif öneri sundu.
TBMM bildiri hazırladı.
"Anadolu'da kan akıtılırken, İstanbul'da Türklerin de katıldığı içkili eğlencelerin devam etmesi, Müslüman kadınların balolarda yabancı subaylarla dans etmesi" resmi olarak kınandı.

Bu bildirinin yayınlandığı gün, İstanbul'daki belediye işçileri, beş aydır maaş alamadıkları gerekçesiyle greve başladı.

Beş aydır maaş alamayan subaylar astsubaylar, hiç maaş talep etmeyen askerler cephelerde hayatını ortaya koyarken, beş aydır maaş alamayan belediye işçileri "çalışmayız" diyordu.

Osmanlı İstanbul'uyla Anadolu'nun farkı, tam olarak buydu. Ruh'tu.

Veliaht Abdülmecid, TBMM'ye mektup gönderdi.
"Başarı dileklerini" sundu.

Cevap verilip verilmemesi genel kurulda tartışıldı.

"Şimdi mi aklına gelmiş" görüşünde karar kılındı.
Mektuba cevap verilmedi.

Pontus hayallerinin üstüne yürüme vakti gelmişti.

Büyük Taarruz arifesinde sırtımızdan bıçaklanmamak için, Karadeniz bölgesinde kapsamlı askeri harekat başlatıldı.

Rum köyleri basıldı.
Yedi bin civarında ev yıkıldı.
Beş bin Pontus militanı öldürüldü.
25 binden fazla gözaltı ve tutuklama yapıldı.

Köy köy yerlerinden alındılar, iç bölgelere taşındılar.
Güya devlet kuracaklardı...
Köylerinden bile oldular.
Evleri barkları dağıldı.

Akıncı milisleri Sındırgı'da toplanmışlardı.
Uzun süredir çatışma yaşanmıyordu.
Sürpriz Yunan baskınına uğradılar...
Gördesli Makbule şehit düştü.

20 yaşındaydı.
Manisa Gördes doğumluydu.
Halil efe'yle evlenmiş, Akıncı müfrezelerine katılmıştı.

Aşkları, zeybekler arasında efsane gibi anlatılıyordu.
Milli mücadelenin başından beri dağlardaydı.
Müthiş nişancıydı.
Kısa namlulu, Japon filintası kullanırdı.
Siyah pantolon, siyah ceket, siyah çizme giyerdi.
Siyah başlık takardı.
Defalarca çatışmaya girmiş, asla cesaretini kaybetmemişti.
Aç kalmış, donma tehlikesi atlatmış, bana mısın dememişti.

Maalesef, o baskında alnından vuruldu.

Halil efe'nin dünyası yıkıldı.
O günden sonra neredeyse hiç konuşmadı.
İki ay geçmeden o da şehit düştü...
Makbule'sine kavuştu.

Makbule toprağa verilirken, Vahdettin'in doğumgünü kutlandı.

Padişahımız efendimiz, Yıldız Sarayı'nda tebrikleri kabul etti.
Ziyaretçiler için defter açılmıştı.
Övgüler yağdırıldı.

Aman İngilizler yanlış anlamasın diye hassas davranıldı...
Geleneksel top atışları yapılmadı!

Doğumgünü hediyesi olarak bir çanta getirildi.

Ankara Hükümeti'nin dışişleri bakanı olan Yusuf Kemal bey'in evrak çantasıydı, sarayın casusları tarafından çalınmıştı.
İçinde altı mektup vardı.
Mustafa Kemal ve İsmet paşa'yla yazışmalardı.
Padişahımız efendimiz pek memnun oldu.
Derhal kopyaları çıkarıldı.
İngiliz yüksek komiserliğine takdim edildi.

Vahdettin varken İngiliz casuslarına gerek yoktu!

Mustafa Kemal, Akşehir'e gitti.
Cephede denetlemeler yapıyordu.
Beraberindeki heyette Sovyet elçisi Aralov da vardı.

Bir dinlenme anında sohbet ederlerken "buraya çok yakın, Cigidiya adında bir Rus köyü olduğunu biliyor musunuz?" diye sordu.
Aralov çok şaşırdı.
Bilmiyordu.
"Hadi sizi götüreyim" dedi.

1850'li yıllarda, Birinci Nikola döneminde, Çarlık rejiminin baskısından kaçarak, Osmanlı topraklarına göçeden Kazaklar'dı.

Peşpeşe iki otomobille gittiler.

Aralov'un şaşkınlığı biraz daha arttı.
60-70 hane vardı.
Tipik Rus kıyafeti giyen köylüler tarafından karşılandılar.
Rusçayı Türkçeden daha iyi konuşuyorlardı.
Kiril alfabesini biliyorlar, Slav yazı dili kullanıyorlardı.
Halbuki hemen hepsi burada dünyaya gelmişti.
Aralarında Rusya'yı hatırlayan, gören yoktu.
İkonalarla süslü kiliseleri bile vardı.
Gelenek göreneklerini koruyorlardı, bunca yıl boyunca köyün kızlarından sadece biri Türk'le evlenmişti.

*

Cigidiya köyünün sakinleri, 1960'lı yıllarda Sovyetler Birliği'ne geri döndüler, bazıları da ABD'ye akrabalarının yanına göçetti.
Bölgede hiç Kazak kalmadı.
Köyün adı Gürsu olarak değiştirildi.

Mustafa Kemal, Akşehir'den Konya'ya geçti.
Önceden haber vermeden bir medreseyi ziyaret etti.

17-18 yaşında mollalarla doluydu.
Cübbeli sarıklı hocalarıyla birlikte avluya dizildiler.
Yerlere kadar eğilerek selamlama yapıyorlardı.

Büyük Taarruz öncesinde düzenli orduya asker toplanıyordu. Din eğitimi adı altında medreselere saklananların en büyük korkusu, askere alınmaktı. Sürpriz ziyaretin sebebi de acaba bu muydu?

Kıdemli sarıklılardan biri Mustafa Kemal'e yaklaştı, binbir ağladı övgüden sonra lafı bu mevzuya getirdi, medrese talebelerinin askere alınmamasını istirham etti.

Mustafa Kemal zaten kendini zor tutuyordu, patladı...
"Memleket harp ediyor, istiklal ve mevcudiyetini kurtarmaya çalışıyor, siz burada Arap lisanıyla vakit geçiriyorsunuz. Sizin için bu medreseler, Yunan'ı mağlup etmekten, halkı zulümden kurtarmaktan daha mı kıymetlidir? Millet kan içinde yüzerken, milletin çocukları cephelerde yurt için canını feda ederken,
siz burada sapasağlam delikanlıları besiye çekmişsiniz"
diye bağırdı!

Öfkeyle çıktı gitti.

O dönem, memlekette beş bin civarında medrese vardı.
Kullanılmayan "kolordu" büyüklüğündeydi.

Mustafa Kemal otomobille uzaklaşırken yatışmamıştı.
"Buna son vereceğiz" diyordu.
"Buna mutlaka son vereceğiz."

İngiltere üçlü zirve organize etti.
Fransa ve İtalya'yla birlikte Paris'te toplandılar.
İstanbul ve Ankara hükümetlerine "barış" önerisinde bulundular.

Şartları şöyleydi...
Yunan ordusu çekilecek ama, Trakya'yı alacak.
Doğu Anadolu'da Ermenistan kurulacak.
Türkiye tazminat ödeyecek.
Kapitülasyonlar yumuşatılacak.
Türk ordusunda sadece 40 bin asker olacak.

İstanbul hükümeti derhal kabul etti!

Ankara hükümeti ise, kısa bir mektupla cevap verdi:
"Anadolu'yu derhal boşaltın!"

Karadeniz'de seyreden Yunan şilebine el koyduk.
Şilebin ismi Enosis'ti.

Enosis, Balkan Savaşı'nda ortaya çıkan bir terimdi.
Girit adası'nın Yunanistan'a ilhakı sırasında kullanılmıştı.
"Bir ülkenin sınırlarına dahil olma, birleşme" manasına geliyordu.

Yıllar sonra aynı terimi Kıbrıs için kullanacaklardı.

Bir yandan da, propaganda savaşı yürütüyorduk.

Atina'da *Rizopastis* adıyla bir gazete çıkıyordu.
Yunan komünist partisi'nin yayın organıydı.
Savaş karşıtıydı.
Yunan genelkurmay başkanlığı, bu gazeteyi "Türk yanlısı" ilan etmişti, Yunan askerleri tarafından okunması yasaklanmıştı.

Ankara bunun farkındaydı.
Rizopastis gazetesi İzmir üzerinden gizlice Anadolu'ya getiriliyor, Ankara'ya ulaştırılıyor, Türk uçakları tarafından Yunan birliklerinin üzerine atılıyordu!

Sadece havadan değil, karadan da harekat yürütülüyordu. Yunan tel örgülerine kadar yaklaşılıyor, balyalar halinde *Rizopastis* gazetesi bırakılıyordu, böylece siperdeki Yunan askerlerinin eline geçmesi sağlanıyordu.

Mustafa Kemal'in üç aylık başkomutanlık süresi doldu.
TBMM'de bunalım çıktı.

İngiltere'nin ve Saray'ın meclisteki uzantıları devreye girmişti.
Bazı paşaların da egoları ağır basmıştı.
Mustafa Kemal'i tasfiye etmeye çalıştılar.

Başkomutanlık yetkisinin uzatılmasına gerek olmadığını söylediler.
"Artık barış dönemindeyiz" diyen bile vardı.
"Başkomutanlık Yasası'nda ısrar edilirse, bu yasaya onay vermemek için gerekirse meclisi kapatalım" diyen bile vardı.
Tekalif-i Milliye'yi iptal etmeye kalkıştılar.

Oylama yapıldı.
Kılpayı kabul edildi.
Başkomutanlık yetkisi üç ay daha uzatıldı.

Belki de ömründe ilk kez bu kadar üzgün görünüyordu.
Haksız eleştirilere alışkındı, hatta asılsız suçlamaları bile yadırgamazdı ama, komutanlığına "ret" oyu verilmesine çok kırılmıştı, "çekimser" kalınmasını kabullenemiyordu.

"İnsan çiğ süt emmiş derler, bu atasözünün değerini, ne anlama geldiğini maalesef bugün mecliste anladım" dedi.

Ramazan bayramıydı.

Averof ve Kılkış savaş gemilerinin de aralarında bulunduğu Yunan filosu, Samsun'u bombaladı, 400 atış yaptılar, onlarca ev yıkıldı.

Mustafa Kemal, İzmit'e gitti.
Claude Farrère ile buluştu.
Onuruna çay partisi düzenledi, teşekkür etti.

Fransız gazeteci-yazar, kendi ülkesine karşı Kuvayı Milliye'yi savunan yazılar yazıyordu, kelimenin tam manasıyla "kara gün dostu"ydu.

Mustafa Kemal ise kelimenin tam manasıyla iletişim deha'sıydı.
Bu görüşmenin Batı'da yaratacağı etkiyi gayet iyi biliyordu.

*

Claude Farrère'in adı sonradan Sultanahmet'teki bir caddeye verildi: Klodfarer Caddesi.

Taksim Stadyumu'nda İdman Cemiyetleri Kupası düzenlendi.
Fenerbahçe, Galatasaray'ı 3-0 yendi, kupayı kazandı.

Taksim Stadyumu, aslında Topçu Kışlası'ydı.
Avlusu bomboş duruyordu.
Vahdettin tarafından Fransız şirketine satılmıştı.
Fransız şirket, kışlayı yıkacak, yerine apartmanlar dikecekti.
Bunun için, Bank-ı Osmani-i Şahane'den kredi almıştı.
Bank-ı Osmani-i Şahane'nin isminde Osmanlı vardı ama, aslında İngiliz-Fransız ortaklığıydı, bildiğin Galata bankeriydi.

Fransız şirket inşaat işini beceremedi, krediyi geri ödeyemedi.
Bunun üzerine, banka kışlaya el koydu.
İşadamı Çelebizade Said Tevfik bey talip oldu.
Kışlayı bankadan kiraladı, ahşap tribünler yaptırdı.
Sekiz bin seyirci kapasiteli stadyum haline getirdi.
İşletmeyi başaramadı.
Malta uyruklu Yunan işadamına devretti.
Yunan işadamı uyanık adamdı, alttan girdi üstten çıktı, işgal ülkeleriyle maç yapmayı boykot eden Türk kulüplerini ikna etti.
Bugünkü futbol federasyonu'nun kökeni olan İdman Cemiyetleri İttifakı adıyla kupa tertipledi, hasılat rekorları kırdı.
Fenerbahçe'nin kaldırdığı kupa, işte bu turnuvanın ilkiydi.

*

Bu stadyum, Cumhuriyet'in ilanından sonra park oldu.
Gezi Parkı adını aldı.

Vahdettin'in tahta çıkışının dördüncü yıldönümü kutlandı.

Ali Kemal'in sahibi olduğu *Peyamı Sabah* gazetesi, bu yıldönümü haberini şöyle veriyordu: "Halife-i muazzamamız ve şehriyar-ı âli-tebarımız Sultan Mehmet Han-ı Sadis hazretleri, bugün dördüncü sene-i devriye-i cülusunu afiyetle kemal eylemiştir, bu mesut sene-i devriye, hiç şüphe yoktur ki, alem-i İslam'da ve muhiti Osmani'de büyük ve derin meserretle karşılanacak ve şehriyar-ı muazzamamız şerefine pek har ve samimi tezahürlere vesile olacaktır."

Ortada taht maht kalmamıştı ama...
Yalakalık bu seviyedeydi.

TBMM'de özel kanun çıkarıldı.
Mebusların müteahhitlik yapmaları yasaklandı!

Bugüne aitmiş gibi görünen pek çok şey, o gün de aynıydı.

Kimisi canını ortaya koyup, devleti inşa etmeye çalışıyordu.
Kimisi inşaat dikip, cebini doldurmaya çalışıyordu.

Cemal Paşa, Tiflis'te öldürüldü.

İttihat ve Terakki'nin üç liderinden biriydi.
Tehcir kararını alan kadrodandı.

Enver paşa ve Talat paşa'yla birlikte İstanbul'dan kaçmışlardı.
Moskova'ya gitmiş, oradan Afganistan'a geçmişti.
Afgan ordusunun yeniden örgütlenmesinde görev yapmıştı.
Bu çerçevede Almanya ve Fransa'da bazı temaslarda bulunmuş, Afganistan'a dönüyordu, yaveriyle birlikte katledildi.

Tetikçiler, Stefan Çekiçyan ve Bedros D. Bogosyan'dı.

*

Cemal Paşa, yukarda adı geçen Ermeni teröristler tarafından mı öldürüldü, yoksa Sovyet istihbaratı tarafından mı öldürüldü, bugün bile hâlâ tartışılan bir konudur.

Temmuz ayıydı.
Büyük Taarruz'a günler kalmıştı.

Mustafa Kemal, cephe karargahı Akşehir'e gitti.
Charles Townshend'le buluştu.

İngiliz general, milletvekili sıfatıyla gelmişti.
İngiliz parlamentosu adına pazarlık etmek istiyordu.

Akşam yemeği için sofraya oturdular.
Mustafa Kemal kolundaki saati çıkardı, İngiliz generale uzattı.
"Biz Türklerde adettir, misafire hediye veririz, benim hediyem bir emanettir, bu saati bana Anafartalar'da bir Türk askeri verdi" dedi.

Ve, anlattı...

Altı yıl önceydi.
Çanakkale Savaşı'nın en şiddetli günleriydi.
Conkbayırı'nı temizlemek için süngü hücumu başlatmıştı.
Aniden bir şey çarptığını hissetti...
Elini göğsüne götürdü, üniforması yırtılmıştı, kan vardı.
Sağ cebindeki saatine şarapnel isabet etmişti.

O akşam, Liman von Sanders'in karargahına gitmişti.
Ortak lisanları Fransızcaydı.
Lancashire ve Wiltshire alaylarının imha edildiğini anlatmış, sonra da paramparça saatini cebinden çıkararak, "bugünün muvaffakiyet hatırası olarak kabul buyurmanızı rica ederim" demişti.

Mustafa Kemal'in vurulduğu sırada, hemen yanında, maalesef ismini bilmediğimiz bir teğmen vardı, bileğindeki Zenith marka saatini çıkarmış, komutanına vermişti.

Altı yıl sonra...
İngiliz general Townshend'e hediye ettiği saat işte buydu.

Peki, neden İngiliz generale böyle bir hediye veriyordu?
Onu da anlattı...

"Biz Türklerde adettir, misafire hediye veririz, benim hediyem bir emanettir, bu saati bana Anafartalar'da bir Türk askeri verdi, hayatını kaybeden bir İngiliz subayından almış, saatin arkasında o subayın künyesi var, o zamanlar da şimdiki gibi savaştaydık, ailesini arayıp bulma imkanım yoktu, sizden ricam, İngiltere'ye dönüşünüzde o subayın ailesini bulun ve emanetini teslim edin, minnettar olurum" dedi.

Bu emanet saatle birlikte, elinden hiç düşürmediği kırmızı mercan tespihini de hediye etti.

General Townshend o geceye dair hatıralarını şöyle anlatacaktı:
"Pek çok hükümdarla devlet başkanıyla görüştüm, defalarca resmi-özel konuşmalar yaptım, o geceki kadar ezildiğimi hatırlamıyorum!"

Akşehir'den havalanan keşif uçağımız, Afyon üzerindeyken iki Yunan uçağının saldırısına uğradı, Gazlıgöl civarında düşürüldü.
Yunan hatlarının gerisine çakılmıştı, İstanbullu pilot yüzbaşı Reşit Bahattin'le Yanyalı pilot üsteğmen Cemaleddin, şehit oldu.

Yunan ikinci kolordu komutanı Trikupis'ti.
Şehit Türk pilotları için askeri tören yaptırdı.
Kendisi de katıldı.
Asker ahlakı olan bir komutandı.

Subayları tarafından bu tören konusunda eleştirilince, "biz buraya ölenlerle değil, canlı ve silahlı olanlarla savaşmaya geldik" dedi.

Temmuz 1922...
Anadolu Ajansı bir "spor" haberi yayınladı, ordu birliklerinden oluşturulan futbol takımlarının Akşehir'de maç yapacağını duyurdu.

Saha hınca hınç doldu.
Mustafa Kemal paşa, batı cephesi komutanı İsmet paşa, genelkurmay başkanı Fevzi paşa, birinci ordu komutanı sakallı Nurettin paşa, ikinci ordu komutanı Yakup Şevki paşa... Seyirciler arasındaydı.

Ankara'daki ve cephedeki gelişmeleri saat saat takip eden İngiliz ve Yunan istihbaratı "moral maçı" olduğunu zannetti. Bütün komutanlar orada olduğuna göre, bu kadar rahat göründüklerine göre, Türklerin daha uzun süre taarruza kalkışmayacağı anlaşılıyordu.

Halbuki maç kamuflajdı.

İşgal istihbaratı tarafından adım adım izlendiklerini gayet iyi bilen Mustafa Kemal, farklı cephelerdeki komutanları maç seyretmeye geliyorlarmış gibi biraraya getirmişti. Sahanın kenarına kurulan çadırda Büyük Taarruz'un planları tartışıldı, netleştirildi.

Maç 2-2 bitti.

Tam bir ay sonra Büyük Taarruz başlayacaktı.
Top oynadığımızı zannedenler, gol'ün nereden geldiğine şaşıracaktı.

Aynı günlerde, yeni bir ihanet girişimi başlatıldı.
"Anadolu Cemiyeti" icat edildi.
Elbette yine İngiliz tezgahıydı.
Vahdettin yanlısı işbirlikçiler ve yerli Rumlardan oluşuyordu.

"Batı Anadolu Özerk Devleti" kurmak istiyorlardı!

Atina'ya başvuruda bulundular.
Bu utanç verici tekliflerine göre...
Özerk devlet, padişaha bağlı olacaktı.
Yunan ordusu tarafından korunacaktı.
Yunan valisi tarafından yönetilecekti.
İsmi, İyonya Devleti olacaktı.
Sınırları, kabaca Ege bölgesini kapsayacaktı.
Başkenti İzmir olacaktı.
İzmir, Edremit, Bergama, Manisa, Ödemiş ve Söke...
Bu altı şehirden oluşacaktı.
Bir milyon nüfusa sahip olacaktı.
İngiltere ve ABD'den finansal destek sağlanacaktı.
Böylece güya, Yunan işgali "meşruiyet kılıfı" kazanmış olacaktı.

Bu maket devletin en ateşli savunucuları arasında, İzmir metropoliti Hrisostomos'la birlikte, "Yunan ordusu halifenin ordusudur" diyen, Vahdettin'in şeyhülislamı Mustafa Sabri de vardı.

Vahdettin'in zavallılığı bu seviyeye kadar inmişti.
Kuvayı Milliye'nin olmasın...
Yunan'ın olsun, razıydı.

30 Temmuz 1922.
İyonya Devleti'ni resmen ilan ettiler.

Konak Meydanı'nda tören yaptılar.
Yunan valisi kuruluş bildirgesini okudu.
Toplaşan bir avuç vatan haini alkışladı.

Bu kukla devletin ömrünün sadece beş hafta olacağından...
Sadece 40 gün sonra denize dökülceklerinden haberleri yoktu!

Enver Paşa öldürüldü.

Sovyet devrimine karşı ayaklanan Basmacılarla beraber mücadele ediyordu... Tacikistan'da, Pamir Dağı eteklerinde Kızılordu müfrezesinin baskınına uğradılar.
Yedi yerinden kurşunla yaralandı.
Son nefesini verdi.

Sultan Abdülmecid'in torunuyla evliydi.
Osmanlı Hanedanı'nın damadıydı.
Bir dönem padişahtan bile güçlü adamdı.
Hürriyet Kahramanı'ydı.

Maalesef, maceraperest ruhu, aklının önünde gidiyordu.

Vatanından taa dört bin kilometre uzakta, kuş uçmaz kervan geçmez coğrafyada, küçücük Abıderya köyünde toprağa verildi.

Kurban bayramı'ydı.

17 Ağustos...
Mustafa Kemal gizlice Ankara'dan ayrıldı.
Akşehir'e gitti.
Görüşmek isteyen olursa "hastalandı, yatıyor" denilecekti.

Yunan kontrolündeki bölgede sabotajlar başladı.
Her gün bir başka noktada tren hattı patlatılıyordu.
Denizli'de Yunan müfrezesine saldırıldı.
Bilecik'te Yunan karakolu basıldı.

Yunan karargahının dikkati dağıtılıyordu.

Firar eden bir Türk askeri, Yunan'a esir düştü.
Sorgulandı.
"Büyük bir saldırıya hazırlandığımızı" anlattı.

Yunan istihbaratı bu ifadeye güvenmedi, güvenemedi.
Bu askerin, kendilerini kandırmak için gönderildiğini düşündüler.

Oysa, hazırlıklarımız tamamdı.

Sakarya Savaşı'yla Büyük Taarruz arasındaki bir yıl boyunca ordunun beslenebilmesi için 27 milyon kilo buğday, iki milyon kilo et, dört milyon kilo sebze gerekiyordu. Ayrıca, süvarilerin atlarıyla, kağnıları çeken hayvanlar için bir o kadar miktar yem gerekiyordu. Bunların hepsi Konya ve Muğla bölgesinden temin edilmişti.

Askerlerimizin yüzde 90'ında ayakkabı yoktu.
Çarık giyiyorlardı.
Yüzbinlerce metre elbiselik kumaş satın alınmış, 500 bin adet iç çamaşırı dikilmiş, 2.5 milyon çift çorap toplanmıştı.

En ciddi eksiğimiz çadırdı.
Arazide barınma için 150 bin çadıra ihtiyaç vardı.
Anca yedi bin çadır bulunabilmişti.
Ama, Mehmetçik bunu asla dert etmiyordu.
Battaniyeye sarınıp, vatan toprağına uzanıyorlardı.

İstanbul'da yurtsever gençler ayaklanmıştı...
Darülfünun'da, yani üniversitede boykot başlamıştı.

Olayların fitili 4.5 ay önce ateşlenmişti.

Vahdettin'in eğitim bakanı olan ve Sevr anlaşmasını imzalayan heyette de yeralan Rıza Tevfik, felsefe dersi veriyordu.
Fuzuli'nin Türk değil, Acem olduğunu iddia etti.
"Türklerin, asırlardır bileğinde salladığı kılıcından başka herhangi bir özelliği olmadığını" söyledi.
"Düvel-i Muazzama'nın, yani büyük devletlerin İslamiyet'e olan hürmeti sayesinde bugün hâlâ İstanbul'da oturabildiğimizi" söyledi.

Yurtsever öğrenciler protesto etti, salon karıştı.
Rıza Tevfik kaçtı.
Tıbbiye öğrencileriyle sarıklı öğrenciler yumruklaştı.

Aslında, bardağı taşıran damlaydı...
İngiliz işbirlikçisi öğretim görevlileri, derslerde devamlı milli mücadele aleyhinde konuşmalar yapıyordu, devamlı saray'dan yana tavır alıyorlardı. Bu tahrikler yüzünden üniversite için için kaynıyordu.

Öğrenciler bildiri hazırladı, üniversite yönetimine rest çekti.
"Her fırsatta milli hisleri renciden eden, milliyet hislerine yabancı olan Rıza Tevfik, Ali Kemal, Hüseyin Daniş, Cenap Şahabettin ve Marujan Barsamyan'ı boykot ediyoruz, bunlar üniversiteden uzaklaştırılana kadar derslere girmeyeceğiz" denildi.
"Bunlardan tiksiniyoruz, bunlardan gelecek ilim, bizden ırak olsun, bunları hoca olarak değil, vatandaş olarak bile tanımayacağız" denildi.

Ali Kemal, vatan haini gazeteciydi, Vahdettin'in hem eğitim bakanı, hem içişleri bakanıydı, Türklerin bağımsızlığa layık olmadığını yazıyordu, Artin Kemal lakabıyla tanınıyordu.

Hüseyin Daniş, İran asıllıydı, Türk milletinin bilim açısından "hiç" olduğunu, Türklerin daima "işgalci" olduğunu söylüyordu, aralıksız 23 yıl boyunca Düyun-u Umumiye'de görev yapmıştı.

Cenap Şahabettin, edebiyatımızın sembol isimlerinden biriydi ama, Yunan milletini övüyor, milli mücadeleyi küçümsüyordu.

Marujan Barsamyan'a gelince... Azerbaycan Cumhuriyeti'nin içişleri bakanı Behbud Han Cevanşir, İstanbul'da Pera Palas Oteli'nin önünde, Ermeni terörist Misak Torlakyan tarafından öldürülmüştü, Torlakyan suçüstü yakalanmış, işgal kuvvetleri mahkemesinde güya yargılanmış, bir İngiliz doktorun "cezai ehliyeti yoktur" raporu üzerine, beraat ettirilmişti. Barsamyan, işte bu tetikçinin avukatıydı.

İngiliz istihbaratından korkan Türk matbaacılar, üniversite öğrencilerinin boykot bildirisini basmak istememişti, bildiriyi gizlice bir Ermeni matbaacı bastı.
Üniversitenin her köşesine asıldı.
Tramvaylara asıldı.

Tıp, eczacılık, hukuk, edebiyat... Boykot yayıldı.
Haydarpaşa Tıp Fakültesi'nde derslere girerek boykotu kırmaya çalışan Rum öğrenciler fena halde dövüldü.
Rektöre yumurta atıldı.
Fen fakültesinin camları kırıldı.
İstanbul hükümeti, üniversiteyi kapattı.

Boykot dört ay 20 gün sürdü.

Adı geçen beş kişi nihayet istifa etti, üniversiteden ayrıldı.
Öğrenciler üniversiteye döndü.

İşgale, işbirlikçilere, saraya karşı "zafer" kazanılmıştı.

Takvimler, 25 Ağustos'u gösteriyordu.
26 Ağustos'un müjdecisiydi.

Hava usuuul usul kararmıştı.
Mustafa Kemal, Kocatepe'ye çıktı.

Açık ve berrak bir gökyüzü vardı.
Ay, ince hilal şeklindeydi.

Sadece 24 saat kalmıştı.
O gece, heyecandan kimse uyumadı.

Tık.
Telgraf sustu.
Anadolu'nun dünyayla bağlantısı kesildi.
Yunan karargahı, işte anca o anda anladı.

Türk'ün yumruğu kalkmıştı.

208 bin askerimiz vardı.
Karşı tarafta 225 bin.

93 bin tüfeğimiz vardı.
Karşı tarafta 90 bin.

İki bin makineli tüfeğimiz vardı.
Karşı tarafta üç bin.

350 topumuz vardı.
Karşı tarafta 400.

İşgalin başladığı günden beri ilk kez, eşittik.

Arkasına İngiltere'yi alarak, hazırlıksız yakalanan Anadolu'ya 3.5 yıldır kan kusturan Yunanistan, ilk kez "er meydanı"na çıkıyordu.

26 Ağustos 1922

Sabah saat 03.00.
Mustafa Kemal, atıyla Kocatepe'ye geldi.

Emir erleri yoluna fener tutuyordu.
Hiç konuşmuyordu.
Sakindi.
Sigara tüttürüyor, ufka bakıyordu.

Şafak vakti, hafif kızıllık belirdi.
Saat 05.00.
Türk tarihinin dönüm noktasıydı.

Toplarımız gümbürdemeye başladı.
Öylesine çok sayıda top mermisi aynı anda düşüyor ve patlıyordu ki, Yunan siperleri adeta fokur fokur kaynıyor gibi görünüyordu.

Büyük Taarruz diyoruz...
Aslında gerçek adı "sad" harekatıydı.

Arap alfabesinin sad harfiydi... Kozmik gizliliğe sahip taarruz planlarının üzerine "ص" işareti konuluyordu.

Mustafa Kemal zekasının ürünüydü.

Türk ordusunun savaş sahasına diziliş şeklini çizin...
Karşınıza "ص" şekli çıkar!

Büyük İskender, Attila, Hannibal gibi askeri dehaları incelemişti, analiz etmişti. Sad harekatının planlarını hazırlarken, Hannibal'ın Roma ordusunu darmadağın ettiği Cannae Muharebesi'nden esinlenmişti.
Düşmanı dört bir yandan çevirmeyi tercih etmemiş, kaçmasına fırsat tanımıştı. Hannibal'den farklı olarak, hızlı ve amansız takip için, adeta süpürmek için süvari gücü oluşturmuştu.

Amerika Birleşik Devletleri ordusu, 1990 yılında Birinci Körfez Savaşı'nda Mustafa Kemal'in taktiğini uygulayacaktı.
Amerikan medyasında yayınlanan "çöl fırtınası" belgeselinde "general Norman Schwarzkopf, Mustafa Kemal Atatürk'ün süvariyle yaptığını tankla yaptı" denilecekti.

Birinci Ordu'nun komutası Nurettin paşa'daydı.
Sakallı Nurettin paşa olarak tanınıyordu.
Fransızca, Almanca, Rusça, Arapça biliyordu.
Makedonya'da, Yemen'de, Irak'ta vuruşmuştu.

İkinci Ordu'nun komutası Yakup Şevki paşa'daydı.
Fransızca, Rusça, Arapça biliyordu.
Çanakkale'de, Galiçya'da, Kafkasya'da vuruşmuştu.
Harbiye'de askeri taktik ve strateji öğretmeniydi.
Mustafa Kemal "hocam" diye hitap ederdi.

Sakallı Nurettin paşa

Yakup Şevki Paşa

İsmet İnönü

Fevzi Çakmak

Kazım Karabekir

Refet Bele

Bu iki ordudan oluşan Batı Cephesi'nin komutanı,
İsmet paşa'ydı.
Fransızca, Almanca, Arapça biliyordu. İngilizceyi de 50'li yaşlarından sonra öğrendi diye biliyoruz.
31 Mart gerici ayaklanmasını bastıran Hareket Ordusu'nun karargah subayıydı, Yemen'de, Balkan Harbi'nde, Suriye-Filistin cephesinde vuruşmuştu, iki kere gazi'ydi.

Genelkurmay başkanı Fevzi paşa'ydı.
Fransızca, Almanca, Arapça biliyordu.
Çanakkale'de, Kafkas cephesinde Suriye'de vuruşmuştu.

Sırtımızı koruyan, Doğu Cephesi'nin komutanı Kazım paşa'ydı.
Fransızca, Almanca, Rusça, Bulgarca biliyordu.
31 Mart gerici ayaklanmasını bastıran Hareket Ordusu'nun subayıydı, Balkan Harbi'nde Çanakkale'de Kafkasya cephesinde vuruşmuştu.

Güney Cephesi'nin komutanı Refet paşa'ydı.
Fransızca, Almanca, Arapça biliyordu.
Trablus'ta, Balkan Harbi'nde, Sina-Filistin'de vuruşmuştu.

Türk komuta kademesinin savaş tecrübesi eşsizdi.
Ömürleri cephede geçmişti.

Yunan karargahının kurmay heyeti ise, kağıt üstünde kurmaydı, savaş tecrübeleri yoktu, bizimkilerin yanında emir subayı bile olamayacak seviyedeydiler.
Ama kibirden gözleri dönmüştü...
Bu ölümcül gerçeğin farkında değildiler.

Mehmetçik, süngü hücumuna kalktı.
Mermi sağanağına karşı koşuyorlardı.

Düşmanla bütün cephede aynı anda temasa geçildi.

Tınaztepe alındı.
Belentepe alındı.
Türkmentepe alındı.
Daha üç saat önce Afyon'daki balodan dönmüş olan ve çadırlarında mışıl mışıl uyuyan Yunan subayları, üniformalarını, postallarını giymeye bile vakit bulamışlardı.

Saray'ın gazetecisi Ali Kemal, Büyük Taarruz'un başladığı gün şu satırları yazıyordu... "Kuvayı Milliye bugüne kadar yaptıklarıyla asla kazanmamış, daima kaybetmiştir. Ankara bizi doğru yola girmekten alıkoyuyor. Ankara başımızda olduğu müddetçe bu keşmekeşten hayır doğmaz. Bu düşüncelerim hakkında yanılırsam, yalnız kalemimi kırmam, insanlığımdan bile istifa ederim. Fakat olaylar gösterecektir ki, yanılmış olmayacağım!"

26 Ağustos, öğle saatleriydi...
Pilot yüzbaşı Fazıl bey, Afyon'da düşman uçağı düşürdü.

Havacılık tarihimizde ilk'ti.

Osmanlı'nın elinde hepi topu 45 uçak vardı.
Anca yarısı uçabilecek durumdaydı.
Tayyare istasyonu İstanbul Maltepe'deydi.
Kuvvacı pilotlar üçünü kaçırmaya çalışmıştı ama, başaramamışlardı.

Üsteğmen pilotlarımız Muhsin, Emin Nihat, Rafet, astsubay pilot Hayri ve makinist Eşref, öncü olarak Anadolu'ya geçmişler, Konya'da tayyare istasyonu kurmuşlardı. Almanya'dan, Fransa'dan ve İtalya'dan satın alınan uçaklar buraya getiriliyordu.

Almanya'dan uçak satın alma işini Mustafa Kemal'in en yakın arkadaşı Nuri Conker'le Baha Said bey halletmişti, 29 uçak alınmıştı.
Bu uçaklar, gemiyle Baltık limanlarına taşınmış, trenle Novorossiysk limanına getirilmiş, Şahin vapuruna yüklenmiş, düşman ablukası nedeniyle Samsun'a götürülememiş, Trabzon'a getirilmiş, oradan karayoluyla Samsun'a, oradan Konya'ya taşınmıştı.
O ilkel şartlarda bunca yol neticesinde neredeyse tamamı harap olmuş, 29 uçaktan sadece 2'si cepheye gönderilebilmişti.

Fransa'dan 10 uçak, İtalya'dan 20 uçak satın alındı.
Mersin limanı üzerinden sağ salim Konya'ya ulaştırıldılar.
Ama bu uçaklarda da silah yoktu...
Konya deposunda Osmanlı'nın Alman uçaklarından kalma makineli tüfekler vardı, söküldü, yeni alınan uçaklara monte edildi.
Bu uçakları ilk defa Büyük Taarruz'da kullandık.

Pilotlarımız, o günkü teknolojinin imkansız saydığı havalarda, sağanak yağmurda bile canlarını hiçe sayıp, keşif uçuşlarını gerçekleştiriyorlardı.

Kuvayı Milliye'nin hava kuvvetleri, Kartal Müfrezesi'ydi.
Filo komutanımız yüzbaşı Fazıl bey'in fikriydi.
Uçaklarımızın kanatlarına "ayaklarında bomba taşıyan kartal" resimleri çizdirmişti, Kartal Müfrezesi'nin adı buradan geliyordu.

*

Türk havacılık tarihinin en büyük kahramanlarından biri olan Fazıl bey, İşkodra doğumluydu. Harp Okulu'ndan mezun olduktan sonra İngiltere'ye gönderilmiş, Bristol Havacılık Okulu'nda pilot olmuştu. Çanakkale Savaşı'nda, Kut'ül Amare'de, Medine muharebesinde çarpıştı, İstanbul işgal edilince hiç tereddüt etmeden milli mücadeleye katıldı, İstiklal Madalyası aldı. Kurtuluş Savaşı'ndan sonra binbaşı rütbesiyle İzmir'e atandı, Hava Okulu'nda uçuş başöğretmeni oldu. 1923'te eğitim sırasında, öğrencisi astsubay Mehmet Emin'le birlikte düştüler, İzmir Hava Şehitliği'nde yatıyor.

Ahmet Ali...
Afro Türk'tü.
Dünyanın ilk siyahi savaş pilotuydu!

Anneannesi Nijerya kökenliydi.
Osmanlı'da kölelik yoktu ama,
Afrika'dan para karşılığında getirilenler
saraylarda, konaklarda hizmetkar
olarak kullanılıyordu.

Annesinin adı Zenciye'ydi.
Zenciye hanım kendisi gibi Afrika kökenli Ali bey'le evlendi.
Ahmet Ali dünyaya geldi.
İzmir doğumluydu.
Bizim topraklarımızda etnik köken, ırk, renk ayrımı söz
konusu olmadığı için, Osmanlı vatandaşı olarak büyüdü.
Subay oldu.
Almanya'ya eğitime gönderildi.
Pilot oldu.
İlk resmi uçuşunu, Birinci Dünya Savaşı'nda 1916'da yaptı.
Bu uçuşla "dünyanın ilk siyahi savaş pilotu" unvanını aldı.

İstanbul işgal edilince, Anadolu'ya geçti.
Konya'daki tayyare istasyonuna katıldı.
Keşif kollarında görev yaptı.

*

Kurtuluş Savaşı'ndan sonra İzmir'de Hava Okulu'na öğretmen olarak atandı. Çelikten soyadını aldı. İki oğlu iki kızı oldu, oğulları da kendisi gibi pilot oldu, hem Türk Hava Kuvvetleri'nde hem Türk Hava Yolları'nda görev yaptılar.

Türk havacılık tarihine damgasını vuran sembol isimlerden biri olan Ahmet Ali bey, albay rütbesiyle emekli oldu, 1969 yılında 86 yaşındayken rahmetli oldu.

Bir de "çılgın dadaş" vardı...
Nafiz Kotan.
Yurtsever bir Erzurumluydu.
Halı ticaretiyle zengin olmuştu.
Uluslararası ihracat ilişkilerini kullanarak ve parasını kendi cebinden ödeyerek İtalya'dan dört adet uçak satın aldı, Ankara Hükümeti'ne bağışladı. Bununla yetinmedi... Osmanlı Bankası'nda bulunan bütün nakit servetini milli mücadelenin emrine verdi.

İnebolu üzerinden yurda getirilen uçaklardan ikisi maalesef taşıma sırasında hasar gördü, kullanılamaz hale geldi, diğer ikisi Polatlı'ya sağ salim ulaştırıldı, sayısız keşif ve bombalamada görev yaptılar, biri Sakarya Savaşı'nda, biri Büyük Taarruz sırasında düştü.

O yoklukta, teknik sorunlara yaratıcı çözümler üretiliyordu.

Uçakların kanatları bez'dendi... Rüzgarın ve basıncın etkisiyle esniyorlar, gergin kalma özelliklerini kaybediyorlardı.

Gergin kalmalarını sağlayacak kimyasal, elimizde yoktu.
Yumurta ve paça suyunu karıştırıp, kanatlara sürüyorlardı.
Etkisi elbette binde bir bile değildi.
Ama başka çareleri yoktu.
Deniyorlardı.

27 Ağustos sabahı saat dört...
Dalgalar halinde saldırmaya başladık.

Yunan ordusunun bir yıldır tahkim ettiği, duvar örercesine dikenli tellerle sağlamlaştırdığı siperler, adeta kağıt gibi yırtılıyordu.

Daha birinci gün, Afyon'a girdik.
Yunan ordusu çöp gibi Sincanlı ovası'na süpürülmüştü.
Ağustos, yaz gündönümü itibariyle uzun günlere sahipti.
Bizim için doğan güneş...
Yunan için batmak bilmiyordu.
Hava kararsa da ara versek diye dua ediyorlardı.

Türk ordusunun subay kalitesi bariz üstündü.

Yunan ordusunun henüz savaş bile yaşamamış olan kurmayları, Çanakkale'den Galiçya'ya, Yemen'den Trablus'a, Sina'dan Kafkaslara, hayatları boyunca çarpışmış olan Türk kurmayları karşısında, ters yumruk almış boksör gibi sallanıyordu.

Reşad bey, albaydı.
İstanbulluydu.
Çanakkale'de, Muş'ta, Suriye'de Mustafa Kemal'in emri altında vuruşmuştu, madalyalı, kahraman bir subaydı.

Çiğiltepe'yi temizlemesi emredilmişti.
Muharebenin kaderini etkileyecek noktalardan biriydi.
Dumlupınar'a kadar en stratejik engeldi.

Çiğiltepe'nin öneminin farkında olan Yunan karargahı, büyük zayiat vermelerine rağmen oraya bütün gücüyle tutunmaya çalışıyordu.

Saat 10.30...
Mustafa Kemal sahra telefonunu kaldırdı.
"Daha ne kadar sürecek?" diye sordu.
Albay Reşad bey "kuşatmayı tamamladık, ateş yememek için açıktan dolaştık, yarım saat içinde tepeyi alacağım" diye cevap verdi.

Saat 10.45...
Mustafa Kemal tekrar aradı.
"Reşad geç kalıyorsun, temizle artık!" diye bağırdı.

Saat 11.00...
Tekrar aradı.
Bu defa üsteğmen Bozkurt Kaplangı açtı.
Ağlıyordu.

Geç kalmanın nelere malolabileceğini gayet iyi bilen albay Reşad bey, bu sorumluğun üzüntüsüyle kahrolmuştu, "söz verdim, yapamadım" demişti.
Son sözleri bu olmuştu... Belinden tabancasını çıkarmış, kafasına dayamış, aman demeye kalmadan tetiğe basmıştı.

Mustafa Kemal, üsteğmeni teselli etti.
"Allah rahmet etsin, Reşad büyük vatanseverdi, dünyanın hiçbir ordusunda yüreği Türk askerinden daha temiz, daha sağlam bir askere rastgelinmemiştir" dedi.

Sonra da, teselli ettiği üsteğmene emretti.
"Tepeyi derhal temizleyin" dedi!

Yıldırım Kemal, süvari teğmendi.
İzmirli'ydi.
Hastalanmıştı, Konya hastanesine yatırılmıştı.
Büyük Taarruz başlayınca, duramadı, hastaneden firar etti.
Cepheye geldi.

Süvari kolordusu komutanı Fahrettin Altay'ın karşısına çıktı.
"Komutanım, iyileştim geldim," dedi.
"Beni en ileri hatlarda çarpışan alaylardan birine verin," dedi.

Aslında yüzü sapsarıydı.
İyileşmediği belliydi.
Fahrettin Altay, fedakar teğmenini alnından öptü.
Küçükköy İstasyonu'nu ele geçirmeye çalışan birliğe gönderdi.

Yıldırım Kemal orada şehit oldu.
Ele geçirilen istasyonun bahçesine defnedildi.

Kesin emir vardı.
Teslim olan Yunan askerlerinin kılına bile dokunulmuyordu.

Yunan üniformasıyla Türk ordusuna silah çeken yerli Rumlar ise, esir sayılmıyor, yakalandıkları yerde vatan haini olarak asılıyorlardı.

28 Ağustos, pazartesi...
Yunan cephesi yarılmıştı.

Süvarilerimiz arkalarına sarkıyor, telgraf hatlarını kesiyordu.
Tümenlerinin birbirleriyle iletişimi kopmuştu.

Sad harekatının sürpriz hamlesi, süvari kolordumuzdu.
"ص" harfinin kuyruk kısmına süvariler yerleştirilmişti.

Çengel gibi saplanıyorlardı.

550 subay
9 bin 900 er
9 bin 480 at
6 bin 450 tüfek
4 bin 800 kılıç'tan oluşuyordu.
Veteriner hekimleri vardı.
Nalbant birlikleri vardı.
Seyyar hastanesi vardı.

Süvari kolordumuzun Büyük Taarruz hazırlıkları ve eğitimi, tümen tümen Denizli'de sürdürülmüştü, organize hareket edebilmek için defalarca tatbikat yapılmıştı, neticede Konya Ilgın'a konuşlanmıştı.

Mustafa Kemal sık sık geliyor, bizzat denetliyordu.
Süvari denetlemeleri sırasında beline kılıç takıyordu.
Başkomutan'ı kılıçlı gören süvariler, psikolojik olarak coşuyordu.

Süvari kolordusu komutanı, Fahrettin paşa'ydı.
Balkan Harbi'nde Çanakkale'de, Filistin'de vuruşmuştu.
Mustafa Kemal'le Çanakkale'den tanışıyorlardı.

Süvarilerin farkında bile olmayan Yunan karargahı, Türk ordusunun Afyon'dan, sıklet merkezinden taarruz edeceğini zannediyordu.
Hesaplarını buna göre yapmışlardı.
Savunma hatlarını bu tahmine göre oluşturmuşlardı.
Tren hatları ellerindeydi, ayrıca dört bin kamyonla ikmal sağlıyorlardı, piyade ve silah sayıları katbekat fazlaydı, açık araziden ve karşıdan gelecek taarruzu rahatlıkla defedebileceklerini düşünüyorlardı.

Oysa vaziyet hiç de hesapladıkları gibi değildi.
Süvarilerimiz tıpkı sad harfinin çengeli gibi, sarp kayalık bölge olduğu için Yunanların savunmaya gerek görmediği Ahır Dağı üzerinden arkaya sızmışlardı, işgal ordusunun cephe gerisini adeta salam gibi dilimlemeye başlamışlardı.

Hayalet misali bir oradan bir buradan çıkıyor, birliklerin arasına dalıyor, blok halinde hareket etmesi gereken Yunan ordusunu dilim dilim bölüyorlardı.

Birbirleriyle irtibatları kesilen, önünü arkasını kaybeden Yunan tümenleri çil yavrusu gibi dağılıyordu.
Korku ve panik gözlerinden okunuyordu.
Çok hızlı ve amansız takip vardı.

İnanması gerçekten çok güç ama, kovaladıkları Yunan askerlerinden bile önce İzmir'e giren süvarilerimiz olacaktı.

Siperler Yunan ölüleriyle doluydu.
Binlerce firar vardı.
Panik halindeydiler.
Mustafa Kemal, Afyon'a geldi.
Şehir yanıyordu.

29 Ağustos, salı...

Yumruk öylesine şiddetliydi ki, Yunan ordusu hangi yönlerden kuşatıldığını bile kavrayamıyordu, öne bakıyorlar, bizi görüyorlar, arkalarına bakıyorlar, gene bizi görüyorlardı.

Toplarını bile bırakıp kaçıyorlardı.

Yunan karargahındaki kurmay subayların dörtte üçü, savaşa devam etmenin faydasız olduğunu dile getiriyorlardı.

Üç yıl hazırlık yapmışlar...
Üç günde darmadağın olmuşlardı.

Mustafa Kemal dürbünle Adatepe'ye baktı.
1340 rakımlıydı.
Yunan'ın tutunabildiği tek yükselti bölgeydi.
"Savunma düzeni almaya çalışıyorlar, müsaade etmeyelim, Adatepe'yi mümkün olan en kısa sürede ele geçirin, süngü hücumuyla düşmanı oradan atın" dedi.

Saatine baktı.
18.30'u gösteriyordu.

Başkomutan'ın emri, kulaktan kulağa ağızdan ağıza yıldırım hızıyla en öndeki hatlarımıza ulaştı, Allah Allah Allah diye kükreyerek, aslanlar gibi fırladılar, yokuş yukarı çılgınca koşuyorlar, ilk süngüyü saplayan olmak için birbirleriyle yarışıyorlardı.

Saat 19.25...
Adatepe'yi ele geçirdik.
Sadece 55 dakika sürmüştü.
Yunan karargahı şoktaydı.
8 bin ölü vermişlerdi.
2 bin yaralıları vardı.
Bir o kadar esir alınmıştı.
Sadece 55 dakikada.
Sadece süngüyle.

Başkomutan ve Mehmetçik arasındaki duygu bağı tarifsizdi...
Mustafa Kemal'in askerlerinin önünde durabilmek, artık mümkün değildi.

30 Ağustos, çarşamba'ydı.

Mustafa Kemal haritadan başını kaldırdı.
"Bugün bitiriyoruz" dedi.

Sabah saat 06.30...
Başkomutanlık Meydan Savaşı başladı.

Akşamüstü saat 17.30...
Tam olarak söylediği gibi, bitmişti.

Yunan ordusunun taş atacak hali bile kalmamıştı.

Savaş alanını gezdi...
Onbinlerce Yunan ölüsü seriliydi.
Tepeler, vadiler, dereler ceset doluydu.
Gözalabildiğine terkedilmiş toplar, tüfekler, otomobiller vardı.
"Düşman ordusunun uğradığı felaketin dehşeti, kıyamet gününü hatırlatıyor. Meşru müdafaamız için buna mecbur kaldık, fakat, bu manzara ilerde insanlığı utandırabilir" dedi.
Fotoğraf çekilmesini yasakladı.

Dehasının bir başka örneğiydi.
Çünkü aslında, savaşın her anını görüntüleyen askeri fotoğrafçılarımız vardı, zafer kazanmanın coşkusuyla Yunan ölülerinin bol bol fotoğrafları çekilebilir, düşmanı nasıl yokettiğimizi gururla gösterebilmek için kullanılabilirdi.

Ama bu işin yarını da vardı.
Bugün zafer görüntüsü sayılan fotoğraflar...
Yarın katliam görüntüsü diye kullanılırdı.

Batı'nın çirkin propaganda konusundaki ustalığını gayet iyi bilen Mustafa Kemal, haklı ve meşru zaferimizin, sonradan aleyhimizde kullanılmaması için, Yunan ordusunun vahim halini gösteren tek kare fotoğraf bile çektirmedi.

Çamur içinde bir Yunan bayrağı gördü.
Yerden kaldırttı.
"Bayrak, her milletin istiklal alametidir, saygı lazım" dedi.

Eskişehir'i kurtardık, yanıyordu.
Kütahya'yı kurtardık, yanıyordu.
Uşak'ı kurtardık, yanıyordu.

Yunan başkomutanı Trikupis esir alındı.
300 subayı, beş bin askeriyle teslim oldu.

Batı cephesi kurmay başkanı Asım paşa, karşısında tir tir titreyen işgal subaylarına davudi sesiyle gürlüyordu...
"Sizleri düzenli bir ordunun zabitleri olarak mı görsem, yoksa hunhar bir çetenin efradı olarak mı, mütereddidim!"

Uşak'a getirildiler.
Bitkin durumdaydılar.
İsmet paşa dişlerini sıkıyordu.
Nurettin paşa, kılıcını çekip biçmemek için kendini zor tutuyordu.
Fevzi paşa, vurdu vuracaktı.

Mustafa Kemal geldi.
Dostça ellerini sıktı!

"Vicdanınıza karşı görevinizi yaptığınızı düşünüyorsanız, içiniz rahat olsun, en büyük komutanların bile bazen yenildikleri, hatta esir oldukları tarihte yazılıdır, söz gelişi Napolyon," dedi.

Yunan generalleri bu hiç beklemedikleri yücegönüllük karşısında iyice ezilmişlerdi. Trikupis ağlamaklı oldu. "Yaverlerim dahi beni yalnız bırakarak kaçtılar, intihar etmeliydim," diye mırıldandı.

Mustafa Kemal yumuşak ses tonuyla karşılık verdi. "Misafirimizsiniz, her bakımdan emin olabilirsiniz, herhangi bir isteğiniz olursa çekinmeden bize bildiriniz," dedi.

İsmet Paşa'ya dönerek, emir verdi:
"Yorgundurlar, rahat etmelerini sağlayınız."

Ertesi sabah Trikupis'in İstanbul'daki eşine telgraf geldi.
"Kocanızın sağlığı gayet iyi" deniyordu.
"Mustafa Kemal'in misafiri olduğu" belirtiliyordu.

Hilal-i Ahmer, yani Kızılay aracılığıyla ulaştırılan bu insani telgraf, zaten darmadağın olmuş Yunan ordusunu tamamen çökertti.

Trikupis bir yıl boyunca Kayseri'de tutuldu.
Esir kampı değildi, Kızılay kampıydı.
Neredeyse silahlı nöbetçi bile yoktu.

Hemen gönderilseydi, Yunanistan'da iç hesaplaşma başlamıştı, kesinlikle asılacaktı. Bu nedenle, savaş tamamen sona erene kadar bekletilecek, Yunanistan'da sular durulunca gönderilecekti.

Böylece, hem Trikupis'in hayatı kurtarılmış olacak, hem de esir değişiminde kullanmak üzere büyük bir koz tutulmuş olacaktı.

*

Biz, Yunan esirlerine daima "insan" gibi davrandık.
Peki ya onlar?

Kurtuluş Savaşı boyunca 22 binden fazla Türk, esir düştü.
Aralarında kadınlar da vardı.
20 civarında çocuk da vardı.

İşgal ettikleri şehirlerden köylerden tutukladılar, İzmir üzerinden denizyoluyla Yunanistan'a veya Yunan adalarına götürdüler.
31 farklı esir kampına yerleştirdiler.
Sorgulamak istedikleri subayları hücrede tuttular, diğerlerini taş ocaklarında, tarlalarda, yol inşaatlarında adeta köle gibi çalıştırdılar.

10 binden fazla Türk, kamplarda hayatını kaybetti.

Maalesef binlercesinin ismini bile bilmiyoruz.
Çünkü, kimleri esir olarak götürdüklerini net olarak bilmiyoruz.

Kimler taşınma sırasında gemi ambarlarında öldü?
Kimler denize atıldı?
Kimler zevk için vuruldu?
Kimler hastalıktan vefat etti?
Kimler dayaktan son nefesini verdi, bilmiyoruz.

Aslına bakarsanız, 22 binden fazla Türk'ün esir alındığını da, Yunanistan'ın verdiği resmi rakamlara göre söylüyoruz.
Bu rakamların da kesinlikle doğru olmadığını biliyoruz!

*

En büyüğü, Atina'da Lusiya kampıydı.
Dört bin kadar Türk burada tutuluyordu.
Açlık, sefalet, hastalık, maalesef çok azı hayatta kalabildi.

Kelimenin tam manasıyla "Türk mezarlığı"ydı!

Bina yoktu.
Çadırlarda barınıyorlardı.
Her çadırda on kişi kalıyordu.
Toprak zeminde yatıyorlardı.
Yaz mevsiminde idare ettiler ama, kış ölümcüldü.

Günde iki defa yemek veriliyordu.
Ya fasulye, ya patates, ya da sardalya çıkıyordu.

Çalışmaya 40 kişi gidiyorsa mesela, 35 kişi dönüyordu.
Ölenlerin, sebepsiz yere öldürülenlerin haddi hesabı yoktu.
Dayak zaten rutindi.
Günlerce kan tüküre tüküre can verenler vardı.

Tuvalet yoktu.
Çadırlardan beş yüz metre kadar uzakta çukurlar vardı.
Bir metre genişliğinde, bir metre derinliğinde on metre uzunluğunda çukurlar... Üzerinde kalaslar vardı. Kalasın üstüne çıkarak, dengede durmaya çalışarak, ihtiyaçlarını görmeye çalışıyorlardı.
İçine düşenler oluyordu.
Bazen de, kalasların üzerinde durmaya çalışan esirlere uzaktan ateş ediyorlar, ağaç dalındaki kuşlar gibi vuruyor, kahkahalar atıyorlardı.

Dizanteri yaygındı.
Bulaşıcı hastalığa kapılanlar aynı çadırda toplanıyordu.
Hepsi ölünce, çadırla beraber yakılıyorlardı.

(Oralarda neler çektiklerini, bu kamplarda esir tutulan ve Kurtuluş Savaşı'nın sonunda esir değişimiyle yurda dönenlerin hatıralarından öğreniyoruz.)

İhanet, burada da faaliyetteydi.
Kendisini Karamürsel'de esir alınan milis yüzbaşısı Mehmet bey olarak tanıtan kişi, aslında dinini bile değiştirmiş, Yunan hafiyesiydi.
Esir Türk subaylarıyla dostluk kuruyordu.
Duyduklarını ispiyonluyordu.

Yunan subaylarının, Anadolu'daki görevleri sırasında zorla hizmetli olarak kullandığı ve zorla Yunanistan'a getirdiği Türk kızları vardı.
İşgalci subayların hevesi geçince (!) Lusiya kampına atılıyorlardı.
Çok sayıda Türk kızının dinini değiştirdiler.
Kiliselerde çalıştırıyorlardı.

Kim olduğu belirsiz talihsiz Türk kızlarının başına gelenler, bu kitap için araştırma yaparken, kaleme alırken, en sarsıldığım noktalardan biriydi...
Yazılmayan, hatırlanmayan trajediler yaşanıyordu.

Namaz kılınmasına izin vermiyorlardı.

*

Milos adasında esir kampı vardı.
Gemiyle taşıma sırasında 600 kadar Türk denize atılmıştı.
En fazla 400 kişinin sığabileceği, hayvan dışkısıyla dolu, havalandırma penceresi bile olmayan ambara 1.800 kişi tıkmışlardı.

Nefessizlikten boğuluyorlardı.
Kimi ölmüştü, kimi sadece baygındı, denize attılar.

Milos adasında iki bin civarında Türk tutuluyordu.
Günde, altı kişiye bir ekmek veriliyordu!

Bir Fransız firmasında mühendis olarak çalışan İsviçre vatandaşı Oscar Lusignan, aynı zamanda

Osmanlı vatandaşıydı, Kütahya'da Türklerle birlikte
esir alınmış, Milos adasına götürülmüştü.
Kızılhaç'ın çabalarıyla kurtarılan Oscar Lusignan,
adadaki feci koşullarla alakalı olarak bir rapor
hazırlayarak, Kızılay'a verdi.
1965 yılında gazeteci Ömer Sami Coşar tarafından
Milliyet gazetesinde yayınlanan bu raporda, şu
korkunç satırlar yeralıyordu.

"Milos adasına 3 bin 800 sivil esir götürülmüştü.
600 kadarını gelirken denize atmışlardı.
Üç ay sonra sayım yaptılar, 2 bin 400'ü kalmıştı.
500'den fazla esir, soğuktan, kötü muameleden
ölmüştü.
Ölme noktasına gelen 80 kadar esiri, kampın hemen
yakınlarında bir mağaraya götürüp, birbirlerinin
üzerine yığılmış şekilde attılar, girişini de kayalarla
kapattılar.
Esirler tifüsten, tüberkülozdan hastalanıyorlardı."

Ne hazindir ki...
Milos adası, bugün turizm cenneti olarak sunuluyor.
En yoğun şekilde giden turist kafileleri, Türklerden
oluşuyor.

*

Selanik'teki Beyaz Kale, esir kamplarına aktarma
istasyonu olarak kullanılıyordu. Burada iki ay kalıp,
iki ay boyunca günde çeyrek ekmekten başka hiçbir
şey yiyemeyen vardı.
İki gün üç gün bir damla su verilmediği bile
oluyordu.

Penceresiz koğuşlar o kadar kalabalıktı ki, bırakın
uzanıp yatmayı, neredeyse oturabilmek bile
imkansızdı.
Tuvalet yoktu, her koğuşa iki gaz tenekesi
bırakmışlardı.

Değiştirmiyorlardı.
Dayanılmazdı.

*

Korfu adasında esir kampı vardı.
Komutanı kimdi bilmiyoruz ama, imha kampıydı.
Muhtemelen bulaşıcı salgın vardı.
Bu kampa getirilen her beş esirden dördü hayatını kaybetti.

*

Lefkada adasında esir kampı vardı.
Mezar taşından intikam alınır mı?
Alıyorlardı.

Eczacı yüzbaşı İbrahim Hakkı bey vefat etti.
Bu kampta son nefesini veren çok sayıda şehitten biriydi.
Arkadaşları defnetti.
Sağdan soldan topladıkları taşlarla kabrin etrafını çevirdiler.
Bu bile çok görüldü...
Yunan askerleri tekmeleye tekmeleye taşları dağıttı.
Ellerinden gelse, toprağa bile verdirmeyeceklerdi.

*

Filmleri yapılmalıydı.
Belgeselleri yapılmalıydı.
Kitapları yapılmalıydı.
Okullarda anlatılmalıydı.
Bu kamplarda iki sene kalan insanlarımız bile oldu...

Türk milletinin haberi bile olmadı.

*

Köle olarak para karşılığında satılanlar bile vardı.

Eskişehir'de esir düşen ve Kurtuluş Savaşı'ndan sonra mübadeleyle yurda dönebilen Niğdeli yedek subay Mehmet Rıfat, soruşturma komisyonuna anlattı...

"15 subay ve 1400 asker esirdik.
Atina'ya gelinceye kadar kaç kişinin hiç sebepsiz şekilde süngülerle katledildiğini sayamadık, yol kenarlarında biriken Yunan ahalisi üzerimize taş atıyordu, domates atıyordu, tükürüyordu.
Lefkada adasına getirildik.
Adanın kalesinde tek tek seçtiler.
Aramızdan 100 kadar kişiyi ayırdılar.
Bu 100 kişiyi zengin ahaliye para mukabilinde sattılar.
Bu arkadaşların akıbetleri hakkında bir daha haber alamadık."

*

Sakız adasında esir kampı vardı.
Lütfedip çadır bile vermediler.
Girişine nöbetçi dikip, adeta hayvan gibi mağarada tuttular.

Bugün... Sakız adasında Nea Moni manastırı var, o manastırın içinde kafataslarıyla dolu camekanlı bir dolap bulunuyor, kafataslarının üzerindeki levhada "Osmanlılar tarafından hunharca katledildiler" yazıyor. Bir başka levhada ise "1822 Sakız katliamı" yazıyor.
Ve, Sakız adasına turist olarak giden Türk vatandaşları, bu kiliseyi geziyor, dilek diliyor, mum yakıyor, o Yunanca levhalarda ne yazdığını bile bilmeden, sosyal medya hesaplarında paylaşıyor, Sakız adasının "gönüllü" olarak reklamını yapıyor.
Ama aynı Sakız adasında, Kurtuluş Savaşı sırasında

esir alınan, hayvan ambarlarına tıkılarak zorla adaya getirilen, adada maruz kaldığı kötü şartlar ve işkenceyle hayatını kaybeden Türklerden, hiç kimse bahsetmiyor!

*

Dedeağaç'ta esir kampı vardı.
Bin kişi tıkmışlardı.
Sadece dört duvardan oluşan, harabe bir binaydı.
Çatısı yoktu.
Günlerce yağmura ve soğuğa maruz kaldılar.
Bir kişi bile sağ çıkamadı.
Toplu mezarlara gömüldüler.

Bugün... "Aleksandropolis" olarak bilinen Dedeağaç, Türk halkının haftasonu tatilinde bile gittiği, bayramlarda Türkiye'den adeta hücuma uğrayan, en meşhur turistik beldelerin başında geliyor!

*

Girit adasında esir kampları vardı.
Hanya'da ve Kandiye'deydi.

*

Midilli adasında esir kampı vardı.

*

Aegina adasında esir kampı vardı.
Balıkesir'den getirdikleri sivil Türkleri buraya tıkmışlardı.
Bu adanın komutanı, sırf keyif için insan asıyordu.

Bugün... Bu ada, yat sahibi Türklerin en gözde adalarından biri.

*

Kıbrıs'ta esir kampı vardı.
Lefkoşa'daydı.

*

Parapigmata hapishanesi, esir kampı olarak kullanılıyordu.
Atina'daydı.
Buradakilerin çoğu dizanteriden hayatını kaybetti.
Doktor raporu filan yoktu.
Hapishane müdürü ve "rahip"lerin onayıyla gömülüyorlardı.

*

Atina'daki Palamidi hapishanesi, düpedüz mezardı.
Zindanları yeraltındaydı.
1.021 basamaklı merdivenle iniliyordu.
Kedi büyüklüğünde lağım fareleri vardı.

Türk istihbaratının efsanesi, "gavur Mümin" lakaplı üsteğmen Mümin Aksoy, işte bu mezarda 11 ay kalmış ve sağ çıkmayı başarmıştı.

*

Patras'ta, Larissa'da esir kampları vardı.
Larissa'ya getirilen kafilede 14 kadın, dört aylık bir bebek, altı yaşında üç kız çocuğu ve bir hamile kadın vardı.
Bu hamile esir kadın, Bursa Orhangazi Camisi'nin imamı Mehmet Refet efendinin kızı ve esnaf Hasan efendinin eşiydi.

Kız çocuğu dünyaya getirdi.
Bebeğe "ada" manasına gelen "Cezire" adı verildi.

*

Peki, Yunan esirler açısından durum neydi?

Bizim elimizde, 25 bin civarında Yunan esir vardı.
Hapishanede veya esir kampında tutulmuyorlardı.

Kızılay kontrolünde, askeri garnizonlarda
tutuluyorlardı.
Türk hekimlerinin yanısıra, esir Yunan hekimler de
görev yapıyordu.

Esir Taburları Komutanlığı kurulmuştu.
Karargahı İzmir'deydi.
Bu hiyerarjik disiplin sayesinde, en ufak
hukuksuzluk yaşanmadı.

Düzenli olarak uluslararası denetimlere izin verildi.
İnsanlık dışı tek vaka kaydedilmedi.

Trikupis'in aralarında olduğu generaller,
Kayseri'deydi.
Subaylar ve erler, Kayseri ve Kırşehir'deydi.

Esir erler, yol inşaatlarında, ev inşaatlarında
çalıştırılıyordu.
"Yıktığınız yerleri inşa edeceksiniz" deniyordu.
Subaylar muaf tutulmuştu.

Zaman zaman düzenli taburlar halinde sevkedildiler,
Manisa, Trabzon, Samsun, Gümüşhane, Tokat,
Sivas, Çorum, Antalya, Burdur, Afyon, Kastamonu,
Çankırı ve Ankara'da çalıştırıldılar.

Yemek ayrımı yapılmadı.
Türk askeri ne yiyorsa, Yunan esirlere de o verildi.

Gül renginde üniforma dağıtıldı.
Ayakkabı dağıtıldı.
Tek tip ve temiz giyinmeleri sağlandı.
İççamaşırı dağıtıldı.

Hastalıktan ölenlere tören yapıldı.
Kendi din ve inanışları çerçevesinde defnedildi.

Kızılhaç tarafından yapılan bir denetleme sırasında,
uluslararası heyet Trikupis'la görüştü...

"Bize gösterilen iyi muamele nedeniyle, bütün esirler adına Türklere, Kızılay'a teşekkür ederim" dedi.

Özellikle Yunan basını çok uğraşacaktı ama, mübadeleyle ülkesine dönen Yunan esirler arasında "kötü muamele gördük" diyen bir kişi bile olmayacaktı.

Mustafa Kemal, Çal köyü'ne geldi.
Yakılmış bir evin bahçesindeydi.
Kırık bir kağnının üzerine serilen haritayı inceledi.
Yanında İsmet paşa ve Fevzi paşa vardı.

O tarihi emrini orada verdi.
"Zalim ve gururlu bir düşman ordusunu, akıllara durgunluk verecek kadar kısa sürede, inanılmayacak kadar az zamanda imha ettiniz.
Büyük milletimizin fedakarlıklarına layık olduğumuzu kanıtladınız.
Sahibimiz olan büyük Türk milleti, geleceğinden emin olmalıdır.
Bütün arkadaşlarımın bunu gözönüne alarak ilerlemesini, herkesin akıl gücünü, yiğitlik ve hamiyet kaynaklarını yarışırcasına vermeye devam etmesini talep ederim.
Ordular!
İlk hedefiniz Akdeniz'dir, ileri!"

*

O dönemde Ege kavramı yoktu.
Ege Denizi tanımı 1941'de coğrafya kongresinde konulacaktı.

Bu tarihi emir, sadece Yunanistan için değil, İngiltere, Fransa, ABD, hadiseye dahil olmuş bütün devletler için sürpriz'di.

Çünkü, Başkomutanlık Meydan Muharebesi'ni kazanınca, bu zaferle yetineceğimiz, orada duracağımız zannediliyordu... Elimizdekini korumak için savunma hattı kuracağımız düşünülüyordu.

Mustafa Kemal her zamanki gibi çoktaaan hesabını yapmıştı.
26 Ağustos'ta daha başlarken, hedefi İzmir'di.
İzmir'le beraber İstanbul'un kilidini açacağını biliyordu.

Müthiş takip başlamıştı.

Kaçıyordu Yunan...
Ecel peşlerinde.

Emir komuta zinciri bozulmuştu.
Hepsi kendi canını kurtarmanın derdindeydi.

Kaçarken akılalmaz katliam yapıyorlardı.
Sivil halktan öç alıyorlardı.

Polatlı'da henüz iki saat önce doğum yapmış olan genç bir kadını kıstırdılar, peşpeşe tecavüz ede ede öldürdüler.
Sekiz yaşındaki kız çocuğunun ırzına geçe geçe öldürdüler.
Son nefesini verene kadar bırakmıyorlardı.

Köylerde, insanlık suçlarının her türlüsü yaşandı.
Kadınlara kocalarının gözü önünde, kızlara babalarının gözü önünde tecavüz edildi, sonra da kadınların, kızların gözü önünde kocalar babalar öldürüldü.

Yaşadıkları nedeniyle aklını yitiren kız çocukları vardı.

Koçaş köyü'nde sekiz yaşındaki Emine'yle on yaşındaki ablası Esmahan, samanlığa saklanmışlardı. Komşu kızı 18 yaşındaki Zeynep de oradaydı. Balyaların arkasında adeta nefes bile almadan dışardaki seslere kulak kabartıyorlardı.

Bir Rum kökenli asker içeri girdi.
Türkçe biliyordu.
"Buraya saklandığınızı gördük, dışarı çıkın" diye bağırdı.
"Korkmayın dokunmayacağız" diye bağırdı.
Kızlardan ses seda çıkmadı.
Samanlığı yaktılar.
Alev alev...
Kızlar çıkmadı.

İnsan nasıl olur da böylesine manyak bir ruh haline bürünebilir...
Çocukları damlardan atıp, aşağıda süngüyle tutuyorlardı!

Köy meydanında dışkılıyor...
Kendilerini Kuran'ı Kerim sayfalarıyla siliyorlardı.
Camilerden aldıkları Kuran'ı Kerim'leri parçalayıp, sayfa sayfa hela çukurlarına atıyorlardı. İnsanlarımız bu sayfaları tek tek toplayıp, yıkayıp, temizleyip, ağlaya ağlaya toprağa gömüyorlardı.

Koyun, keçi, sığır, at, eşek, ne bulurlarsa götürüyorlardı.
Binlerce, sürüler halinde götürdüler.
Götüremediklerini süngüleyerek öldürüyorlardı.

Un, bulgur, mercimek, buğday, patates...
Yükleyebildikleri kadarını çaldılar.
Gerisini yakıyorlardı.

Tahrip taburları vardı.
Görevleri savaşmak değildi, imha etmekti.

Kendilerine gururla lakap takmışlardı.
Kendilerine "şeytan taburu" diyorlardı!
Üç bin kişilik kuvvet ayırmışlardı.
Süvariydiler.
Gazyağı ve dinamit taşıyan kamyonları vardı.

Tulumba kullanıyorlardı... Çıkardıkları yangınların daha çabuk ve daha yaygın olması için, gazyağını bu tulumbalarla döküyorlardı.

Gözleri süngüyle oyulan insanlarımız vardı.
Elleri bileklerinden kesilerek koparılanlar vardı.
Ağaçlara asıyorlardı.

Camileri sadece yakmıyor, zevk için dinamitle havaya uçuruyorlardı.
Özellikle camiye götürülüp tecavüz edilen kadınlar vardı.

Gecek köyü'ne gelen Yunan binbaşı, "korkmayın sizi koruyacağım" yalanıyla, bütün kadınları biraraya topladı, ziynet altınlarını gaspetti, gözüne kestirdiği Cennet isimli kadını sürükleyerek otomobiline aldı. Köy çıkışında otomobilden atlayarak kaçmaya çalışan talihsiz kadın, yaylım ateşle katledildi.

Cennet'in naaşı, altı gün sonra köye giren Türk birlikleri tarafından bulundu... Ayakları vahşi hayvanlar tarafından parçalanmıştı.

Mercan köyü'nde teslim olmayan 17 kadını öldürdüler.
Naaşları çürümüştü, kimlik tespiti bile yapılamadı.
Biri hariç... Çünkü, sekiz aylık hamileydi.
Sadece onun kim olduğu anlaşılabildi.
Holanta köyü'nü yağmaladılar, köyün en zengin kişisi Tevfik efendi'yi samanlığın direğine bağladılar, samanlıkla beraber yaktılar.

Akviran köyü'nü üç çocuk kahraman kurtardı.
Hasan, Halil ve İsmail.
12 yaşlarındaydılar.

Köyün erkekleri bile saklanırken, bu küçücük çocuklarımız birer mavzer'le köyün girişindeki Gündüzün tepesi'ne çıkmıştı.
Kayaların arkasında nişan alıp beklemişler, altı askerden oluşan Yunan öncü birliği köye girerken, peşpeşe tetiğe basmışlardı.
Türk askerinin kendilerinden önce bölgeye gelip yerleştiğini düşünen Yunan öncü birliği, paniğe kapılarak kaçmıştı.
Üstelik, yanlarında getirdikleri dört gaz tenekesini de bırakıp kaçmışlardı.

Bu mangal yürekli çocukların cesareti sayesinde, hem Akviran köyü, hem de bitişiğindeki Karakaya köyü kurtulmuştu.

İhanet, bazen hiç beklenmedik yerden geliyordu.

Okçu köyü'nde mesela...
Ahali, düşman gelmeden önce yükte hafif pahada ağır ne varsa toplayıp, dağlara kaçacaktı. Köyün imamı Yusuf efendi engel oldu. Yunan komutanlarla konuştuğunu, kendilerine yiyecek içecek verilmesi halinde, köylüye zarar gelmeyeceğini söyledi.
Köyün yarısından fazlası imamı dinlemedi, kaçtı.
Maalesef bazıları inandı, kaldı.
Köyde ağır vahşet yaşandı.
Tecavüzler oldu.
Köyde kalanların neredeyse tamamı katledildi.
Cami dinamitlendi, evler yakıldı.

Yaralı kurtulanların ifadesi, hazindi...
Yusuf efendi, kızını da alarak, Yunan ordusuyla birlikte gitmişti.

Canını kurtarmak için Yunan subaylarının çadırlarında uşaklık yapan, gaspedilen malların taşınması için hamallık yapanlar vardı.

Eskişehir alev alevdi.

Köyler panikle, telaşla boşaltılıyordu.
Dağlara ormanlara kaçılıyordu.
Bu kaçış sırasında aileler parçalanıyor, çocuklar kayboluyordu.

Türk ordusu memleketi köy köy geri alırken, ağaç kovuklarında günlerce aç kalmış, titreyerek sayıklayan minicik çocuklar buluyordu.
Maalesef, hayatını kaybetmiş çocuklar da bulunuyordu.

bir bahçeye giremezsen
durup seyran eyleme
bir gönül yapamazsan
yıkıp viran eyleme

Yunus Emre'nin türbesini imha ettiler!

Mihalıççık'tan ayrılırken, yerli Rumların rehberliğinde Sarıköy'e, türbeye geldiler. Ömrü boyunca insan sevgisini anlatan o güzel insanın, tee 600 yıl önce toprağa verildiği kabrini, dinamitle havaya uçurdular. Kinlerini alamadılar, gaz döküp, toprağını bile yaktılar.

Bilecik'i adeta haritadan sildiler.
Köylerde canlı kedi bile kalmamıştı.

İnsanlarımızın cenazelerini bile ateşe veriyorlardı.
Camileri top mermileriyle yıkıyorlardı.

Kadınların memelerini kesiyor, bıçakla duvara saplıyorlardı.

Yerli Rumlar hem Yunan ordusuna rehberlik yapıyor, hem de katliamlardan sonra yağmaya ortak oluyorlardı. Soyulan evlerden daha fazla mal kapabilmek için eşlerini, çocuklarını beraberinde getiren, ailece yağma yapan Rumlar vardı.

Ertuğrul Gazi Türbesi zaten enkaz halindeydi.
Bir kadıncağızı sürükleyerek getirdiler.
Türbede topluca ırzına geçtiler.
Memelerini keserek öldürdüler.
Oradan ayrılmadan önce kabire dışkılarını yaptılar.

Bölgeye ilk girecek olan albay İzzettin bey, şu tüyler ürpertici raporu yazacaktı: "Söğüt, Yeniköy, Sıraca, Aşağıköy, Akçapınar, Karabayır, Yeniköy kamilen yakılmış, pek az hane kalmış. Ertuğrul Türbesi'nin görüntüsü pek acı verici... İstilaya uğrayan köylerin harp bölgesi haricine çıkaramadıkları bilumum hayvanatı, düşman tarafından sürülüp götürülmüş. Hububat tamamen yağma edilmiş. Camilerden aldıkları Kur'an-ı Kerimleri yırtıp abdesthanelere atmışlar. Söğüt'ten Şahine hanımı, fabrikatör Sabri Efendi'nin validesi ve tahsildar Mahmut Efendi'nin validesini yakarak şehit etmişler. 13 yaşında bir çocuğun kızlığını bozmuşlar. Civar ormanlarda saklanan kadınları yakalayarak uygunsuz işler yapmışlar."

Bursa Osmangazi'deki Maskara Köyü'nden geçerken, yedi yaşındaki Ferhat'ın, sekiz yaşındaki Şükriye'nin, dokuz yaşındaki Ahmet'in karınlarını süngüyle boydan boya yarmışlardı.

Panayır köyünde, 11 yaşında bir kız çocuğunun ırzına geçip, başını taşla ezerek katletmişlerdi. Vahşice öldürülenler arasında iki yaşında, üç yaşında bebeler bile vardı.

Panayır köyüyle Tepecik köyü arasındaki yolun kenarında, kimliği belirsiz cesetler görülüyordu, kurşunla öldürülmüşlerdi.

Uluslararası soruşturma heyeti tarafından fotoğraflanan Fatma isimli talihsiz bir kadın vardı... Kucağına sardığı sekiz aylık oğlu Ali ve iki yaşındaki oğluyla birlikte öldürülmüştü.

Köy isimlerine gerek yok... Zahide, Ayşe, Fatma, tek tek isimleri tespit edilmiş 20 kadının cansız bedenleri, tamamen çırılçıplaktı.

Dört Yunan askeri tarafından tecavüz edile edile öldürülmüş, sonra da naaşı ateşe verilmiş dokuz yaşında kız çocuğu vardı.

Karacabey'de dört bin hane, üç okul, 21 cami, bir hamam, üç kilise vardı... Tamamen kül edildi, sadece kiliseler sağlam kaldı.
1.5 yaşında bebeği taşa vurarak öldürdüler.
Annesinin kucağından almışlardı...
Annenin cenazesi hemen yanında yatıyordu.
Cumalıkızık köyünde 90 kişiyi kurşuna dizdiler.
Önce, Rum ve Ermeni çeteleri giriyor, soyuyor, öldürüyor.
Sonra Yunan ordusu giriyor, yakıyordu.

Akçaabat köyüne dair uluslararası soruşturma raporunda, şu vahşet örneği anlatılıyordu: "Beş köylüyü ağızlarına mavzer sıkarak öldürmüşler, ellerini bileklerinden kesmişler, alınlarına bıçakla haç çizmişler."

Otomobille ezilerek öldürülen vardı.
Kızgın yağ dökülerek öldürülen vardı.
Kozluviran köyünde şişlenerek öldürülen 20 kişi vardı.

Beylik köyünde hamile kadını öldürmüşlerdi, ismi
Tevhide'ydi.
Arız köyünde, yakılarak öldürülen kadın vardı, ismi
Emine'ydi.
Karaağaç köyünde, asılarak öldürülen kadın vardı, ismi
Ayşe'ydi.
Karaağaç köyünde, korkudan ölen kadın vardı, ismi
Zeyni'ydi.

Köyün ismi bizde kalsın.
Şadiye, Hamide, Veliye, Macide...
Anneyle üç kızına tecavüz edip, öldürmüşlerdi.
Anne 45 yaşında, kızları 20, 15 ve 12 yaşındaydı.

Serpınar köyünde insanları topluca kırbaçlamışlardı.

Emine, Ayşe, Mehmet, Halil, Mustafa...
Çakırlı köyünde öldürülmüş, cenazeleri yakılmıştı.
Emine henüz iki yaşındaydı.
Ayşe üç.
Mehmet sekiz.
Böylesine hınç, böylesine nefret, tarifsizdi.
Köprübaşı, Sulaköy, İhsaniye, Bademli, Filadar, Görüklü...
İsim isim belli, 200'den fazla köy tamamen yakılmıştı.
Dağkadı, Kızıllar, Karacaoba, Eminağa, Şahin, Karasu...
Orman yangını gibiydi.

Altın, para, koyun, un, şeker, yağ, ne bulurlarsa
gaspediyorlardı.
Kadınlara köy meydanlarında göbek attırıyorlardı.

Gemlik'te gözleri kasaturayla oyularak öldürülen erkekler,
memeleri kesilerek öldürülen kadınlar vardı.

Osmangazi'nin Maskara köyünde kadın, çocuk, yaşlı, 97
kişiyi camiye toplamış, ateşe vermişlerdi... İnsanlarımızın
cami enkazındaki kemiklerinin fotoğrafı, devlet arşivlerinde
bulunuyor.

Orhangazi'nin Gedelek köyünü cayır cayır yakmadan önce, anne kucağındaki bebekleri süngü uçlarında dolaştırmışlardı.

Rum çetecileri Söğütpınar köyüne ellerinde Türk bayraklarıyla girmiş, "yaşasın Türk askeri geldi" diye bağırarak, köylülerin saklandıkları yerlerden çıkmalarını sağlamış, kurşuna dizmişti.

Bursa hapishanesindeki tüm gayrimüslim mahkumları serbest bırakmışlar, sonra da içindeki Türk mahkumlarla birlikte ateşe vermişlerdi.

Çanakkale'de şehitliklerimize dışkıladılar.
Kabirleri parçaladılar.

Balıkesir Edremit'te yeni doğan bebeğine "Mustafa Kemal" ismini koyan bir baba, tutuklandı, direğe bağlanarak kamçılandı.
Uşak yanıyordu.
Sırf bu şehrimizde binden fazla insanı süngüyle öldürdüler.

İstasyon caddesindeki camiyi cephane deposu olarak kullanıyorlardı, kaçarken taşıyabilme imkanları yoktu, camiyi havaya uçurdular.
Esirleri kilitli tuttukları garnizon binası, camiye bitişikti.
450 Türk esir diri diri yanarak can verdi.

Aydın hakeza.
Vahşet sergilediler.
Kuyulara üst üste diri diri insan atıyorlardı. Söke'nin Ağaçlı köyü'ndeki kuyulardan, çoğunluğu çocuk ve kadın 57 insanın naaşı çıkarıldı.

Çiftlik köyü'nde halkı caminin önüne topladılar.
Çocuklar dahil, makineli tüfek ateşiyle kurşuna dizdiler.

Kırpoğlu köyü'nde vatandaşlar pencerelerini taşlarla örerek kapatmışlardı, insanları o evlere doldurarak, ateşe verdiler.

Araplı köyünde intikam aldılar.
Efeleri saklayan, besleyen bir köydü.
Yunan ordusu tarafından mimlenmişti.
Kaçarken bunun bedelini ödettiler...
Köyde 12 erkek kalmıştı, tek tek sürüklediler.
Köy meydanındaki pırnar ağacına ayaklarından astılar.
Kafa üstü durumdayken kurşuna dizdiler.
32 kadını ve çocuğu urganla birbirlerine bağladılar.
Aralarında 11 yaşında kız çocuğu da vardı.
Makineli tüfekle taradılar, gittiler.
İnsanlarımızın cansız bedenleri kurda kuşa yem oldu... (Bu köyün gözyaşları unutulmasın diye, Araplı'nın adı Gözpınarı olarak değiştirildi.)

Tarlaları, harmanları, bahçeleri yaktılar.

İngiliz istihbarat binbaşısı Howell, şu raporu yazıyordu...
"Yunan ordusu Rum köylerini bile yakıyor.
Bursa'daki Fransız konsolosluğunu ateşe verdiler.
Bursa'daki kiliseyi dinamitle havaya uçurdular.
Kadınları kirlettikten sonra memelerini kesiyorlar."

İzmir'deki İngiliz konsolos yardımcısı Hole, şu raporu yazıyordu...
"Yunan ordusunun geri çekilirken işlemiş oldukları vahşet korkunçtur, insanları camilere toplayarak yaktılar."

İnsanların eline kürek veriyor, kendi mezarlarını kazdırıyorlardı, sonra da süngüleyerek o mezarlara ittiriyorlardı.

Karatepe köyü'nde 200 kişiyi camiye doldurup, yaktılar. Bir kişi bile kurtulamadı.

Tanıkları var...
Çocukların kafasına benzine bulanmış çaput bağlıyor, tutuşturuyor, çığlık çığlığa koşturarak, çırpınarak ölümlerini izliyorlardı.

Alaşehir, Salihli, Akhisar...
Manisa duman tütüyordu.
Şehirdeki 18 bin binadan sadece 500'ü kurtulmuştu.

Gazeteci Falih Rıfkı gözlemlerini şöyle not alacaktı:
"Hiçbir kasaba Alaşehir kadar öldürülmemiştir.
Şu anki manzarasının öylesine bir boşluğu var ki, insana sanki asırlardan beri buraya kimse uğramamış gibi geliyor.
Kasabaya on yerden ateş koydular.
Tahrip taburu, son evine kadar yaktı.
Tutabildikleri kadar kestiler.
600 kişi öldürdüler.
Yanmış 200 ceset var."

Yakup Kadri'nin Manisa gözlemleri ise şöyleydi:
"Hendekler kurumuş, çürümüş ceset dolu...
Bazen kokmuş cesetler yüzünden teneffüs bile edemiyoruz.
Belli ki, Yunan ordusunun ve yerli hristiyanların çok basit bir programları varmış, yakmak, soymak, öldürmek."

Gazeteci Ruşen Eşref ise, o muhteşem kalemiyle, şahit olduğu insanlık trajedilerini şöyle tasvir edecekti...
"Tarihin hiçbir devrinde, dünyanın hiçbir yerinde, şu yollarda gördüğümüz kadar toptan bir yakıntı, yıkıntı görülmüş değildir.
Evler barklar, camiler, dükkanlar, bağlar, bahçeler, bir uçtan bir uca düşman eliyle kül edilmişti. Dil dil alevler, savrum savrum dumanlar... Anadolu'nun yeniden elimize geçen bölgeleri, kara bulut çekirge baskınından sonraki tarlaya dönmüştü.
Hele Alaşehir...
Aman Yarabbi.
Öylesine talan edilmiş ki, tırnakla yolunmuş yüzlere benziyor.
Ahh hele... Başı yemenimsi bir şeyle şöylecene örtülü, saç örgüleri omuzlarına dökük, göğsü bağrı açık saçık; erkek, namahrem görmeden, sokak sokak yalınayak koşar gibi dolaşarak, her kucağa eğilip 'Adilem, Adilem' diye seslenen, sonra durup cevap alacakmış gibi etrafı dinleyen, sonra yine 'Adilem, Adilem' diye arana dövüne başka bir köşeye, başka bir yola seğirten o ana!
Sesi kulaklarımdan hiç gitmeyecek."

Vicdan sahibi Yunan gazeteci Tasos Kostopulos, 2008 yılında "Savaş ve Etnik Temizlik" isimli kitap yazacak, kendi ülkesinde vatan haini damgası yemeyi göze alarak, işgale bizzat katılan Yunan askerlerinin gözünden olan biteni şöyle anlatacaktı...

"Uşak yakınlarındaki köyde Türk kadınları, çocuklar ve yaşlılar camiye kapanmıştı. Bizim askerler etraftan ot topladılar, sonra da toplanan otları yakıp caminin penceresinden içeri attılar. İnsanlar dumandan dışarı koşuştular. O zaman da bizim reziller kadın ve çocuklara atış talim tahtasıymış gibi ateş etmeye başladılar."

"Eve girdim. Ölü bir Türk ihtiyarın cesedi üzerinden geçtim. İçerden sesler geliyordu. 10 kadar askerimiz bir Türk kızının eteklerini kaldırmışlar, zorla dansettiriyorlardı. Beni görünce 'gel sen de mezeden tat' dediler. 'Ayıp' dedim. Türk kızı yanıma koştu, ayaklarıma kapanarak yardım istedi. Askerlere yalvardım, kadındır yapmayın dedim. Biri süngüsünü çıkarıp bana yöneldi. Kaçmak zorunda kaldım. Kızın çığlıklarını unutamadım."

"Ayrıldığımız her yeri yakıyoruz. Dehşet verici bir manzara. Verilen emir açıktı. Neyi taşıyamıyorsanız yakın... Onca köyde yaşlılar, hastalar, sakatlar, çocuklar ne yaptı, meçhul."

"Köye girdik.
Kızlara ailelerinin gözü önünde tecavüz edildi.
Askerlerimiz o gece yağmaladıkları ipek yorganlarda yattılar."
"Türkler korkudan ailelerini geceleri mezarlıklarda saklıyorlardı.
İki askerin tecavüz etmeye çalıştığı kızı kurtardım.
Annesi koşarak ellerimi öpmeye başladı.
Az ilerde diğer iki kızı cansız yatıyordu."

"Birden kendimi yaşlı adamın karşısında buldum. Yapabileceğim bütün iyilik, onu bir an önce ve birden öldürmekti. Bazıları çok acı çekiyordu, boğazlanan danalar gibi debelenirken... Köy ateşe verildi."

İzmir Menemen'de çukurlara doldurularak yakılmış insanlar vardı.
Bergama'da bir tek çukurda 200'den fazla ceset bulundu.

Ricat sırasında toplam kaç kişiyi katlettiler, kaç kişiyi esir alarak götürdüler, aslında hiçbir zaman net olarak saptanamadı.

İzmir'deki ABD konsolosu George Horton'du.
Washington'a acil koduyla telgraf çekti...
"Yunan ordusu tükendi, Uşak'tan Kütahya'dan Aydın'dan çekildiler, çekilirken bu şehirleri yaktılar, benim kanaatim odur ki, İzmir kurtarılamaz, durum çok ciddidir, şehirdeki hristiyanlar ve özellikle Rumlar panik halinde kaçmaya çalışıyorlar, işittiğime göre Yunan ordusu şehri yakacak, Yunan askerlerinin cephanelikleri havaya uçuracakları, şehri yağma edecekleri söyleniyor, konsolosluk mensuplarıyla Amerikan vatandaşlarının hayatlarını kurtarmak için, tahliye için acilen bir kruvazör gönderiniz" diyordu.
O kruvazör gerçekten geldi.
Ama, şehirden götürdüğü sadece Amerikalılar değildi.
Manisa Salihli'deki Sardes antik kenti, Osmanlı'nın izniyle Amerikalı arkeologlar tarafından kazılıyordu. Peyderpey çıkarılan buluntular, İzmir'e taşınıyor, bugünkü İzmir Atatürk Lisesi'nin depolarına yerleştiriliyordu.

"Yunan ordusu şehri yakacak" diyen Amerikan konsolosu, fırsat bu fırsat diye düşünerek, Sardes buluntularını 56 sandığa yükletip, kendilerini almaya gelen Amerikan gemisine taşıtmıştı.

Kelimenin tam manasıyla, yangından mal kaçırılmıştı!

*

Amerikan konsolosunun kaçırdığı Sardes buluntuları New York'a gönderildi, Metropolitan Müzesi'ne teslim edildi.
Mustafa Kemal bunu asla unutmadı. Cumhuriyet ilan edilir edilmez son derece sert bir dille diplomasi başlattı.
53 sandık dolusu eser 1924 yılında geri alındı.

Üç sandık hakkında "biz de bulamıyoruz, kayıp" dediler.
Ama, hiç olmazsa gerisi kurtulmuştu.

*

ABD konsolosu George Horton, bir Yunan kadınla evliydi.
Yunanistan hayranıydı.
İzmir'e gelmeden önce Atina'da, Selanik'te görev yapmıştı.
Yunanistan dışında kariyeri yoktu.
Biz Türkleri "şeytan" olarak görürdü.
Nefret ederdi.
İzmir'den ülkesine döndü, emekli oldu, 1926 yılında "*The Blight of Asia-Asya'nın Belası*" adıyla kitap yazdı...
9 Eylül'de İzmir'den kaçarken "Yunan ordusu Uşak'ı, Kütahya'yı, Aydın'ı yaktı, İzmir'i de yakacak" diye resmi rapor yazdığı halde, Washington'a kendi elleriyle bu telgrafı çektiği halde, dört yıl sonra kaleme aldığı kitabında, utanmadan "İzmir'i Türkler yaktı" diyecekti!
Şehre girdikten sonra "etnik temizlik yaptığımızı, soykırım yaptığımızı, 100 bin Rum'u öldürdüğümüzü, şehri yağmaladığımızı, boğazladığımızı, ateşe verdiğimizi" yazacaktı!
Böylesine ahlaksız bir diplomattı.

Büyük Taarruz zaferinden sonra, Mustafa Kemal'e ilk tebrik telgrafı, Ankara Hükümeti'nin Paris büyükelçisi Ahmet Ferit bey'den geldi.

Üç cümlede hepimizin duygularını yansıtıyordu.
"Türkiye büyük çocuğu" diye başlıyordu...

"Azmin, vatanı esaretten kurtardı.
Naçiz bir Türk'ün minnet ve şükranını kabul et."

Ege'deki bütün tren istasyonları mahşer yeri gibiydi.
Yerli Rumlar doluşmuştu.
İzmir'e kaçmaya çalışıyorlardı.

Olan her zamanki gibi garibana oluyordu.
Yoksul Rumlar mecburen kalıyor, zengin Rumlar kaçıyordu.

Yakılmış köylerin duman tüten enkazları arasında, geride bırakılmış ihtiyar Rum kadınları kalmıştı... İngiliz başbakanı Lloyd George'a beddua ederek, avuçlarını gökyüzüne açıyorlar, "kako hrono nahis Georgis" diye haykırıyorlardı, "lanet olsun sana George!"

Demirci kaymakamı İbrahim Ethem bey komutasındaki Akıncı müfrezeleri, Sındırgı'yı ele geçirdi.
Yunan işbirlikçisi sarıklı hocaları yakaladılar.
Kartondan külahlar yaptılar.
Külahların üstüne "ben vatan ve millet hainiyim, bu cezaya layıkım, ibret alın" yazdılar, sarıkları çıkarıp hocaların kafasına taktılar.
Eşeklere bindirdiler.
Davullar ve tellallar eşliğinde çarşıda dolaştırdılar.
Ahali suratlarına tükürdü.

Yeniden İbrahim Ethem bey'in önüne getirildiler.
"Hadi şimdi gidebilirsiniz artık" dedi!
Serbest bırakıldılar.

İbrahim Ethem bey, kelimenin tam manasıyla "kitap yapılacak" adamdı, hayatı filmi çekilecek kahramandı.

Milli mücadelenin sonunda, emrindeki zeybekleri terhis ederken, her okuduğumda tüylerimi diken diken eden, şu tarihi öğütlerde bulunmuştu:
"Ben çeteyim, ben vatan kahramanıyım diyerek, ötekine berikine kafa tutmayın. Yunanlara yardakçılık yapanların, zengin ve mevki sahibi olduklarını görünce üzüntünüzü belli etmeyin. Milli vazifenizi yerine getirmenin manevi hazzıyla yetineceksiniz. Millet her şeyi tamir edecektir."

Türk uçakları İzmir yolu üzerindeki bütün yerleşim birimlerine Türkçe ve Rumca bildiriler atıyordu.
"Türk ordusu Yunan ordusunu perişan etti, Yunan askerleri geçtikleri yerlerde ahaliye eziyet ediyor, köyleri yakıyor, işkence ediyor, ey ahali sakın korkmayınız, kadın ve çocuklarınızı emin yerlere saklayınız, köy yakmaya çalışan düşmana hücum ediniz, herkes bilsin ki, Türk ordusu oraya yetişecek."

Öylesine müthiş bozgundu ki, neredeyse Türk ordusunun elindekinden fazla cephaneyi savaş alanında bırakıp kaçıyorlardı.

Yunanistan'ın Trakya'dan takviye olarak getirdiği Yunan askerleri, İzmir'deki durumu görünce karaya çıkmayı reddettiler.
Gemilerde isyanlar çıktı.

Yunan ordusunun son savunma hattı da düştü.
Süvarilerimize "kılıca kuvvet" emri verildi!

Dağlardan tepelerden dörtnala boşalıyorduk.

İzmir'e ayak bastıkları gün, Hrisostomos'un vaazını dinleyip, "Türk kanı içerek sevaba gireceğini" düşünen Yunan askerleri... Havada parlayıp sönen Türk kılıcını gördüklerinde acaba ne düşünüyorlardı?

Gazilik rekoru Kemalettin Sami paşa'ya aitti...
22 yerinden yaralanmıştı!

Balkan Harbi'nde sağ kolundan vurulmuştu, kolu kesilmemişti ama, sinirler parçalandığı için hissizdi, hareket ettiremiyordu.
Trablus'ta, Çanakkale'de, Hicaz'da, Kafkasya'da vuruştu.
İstanbul işgal edilince Anadolu'ya geçti, kolordu komutanıydı, İnönü Savaşları'na, Sakarya Savaşı'na, Büyük Taarruz'a katıldı, 31 Ağustos 1922'de Mustafa Kemal tarafından ona "paşa" unvanı verildiğinde, vücudunda tam 22 adet mermi ve şarapnel yarası vardı!

Balıkesir kurtarıldı.
Aydın kurtarıldı.
Manisa kurtarıldı.
Bursa işgal edildiği gün TBMM'nin kürsüsüne yerleştirilen siyah örtü, kaldırıldı... Bursa'nın kurtuluşuna ramak vardı.
Çanakkale'ye yürümeye başlamıştık.

Gerisi zaten çorap söküğüydü... İngilizler artık İstanbul'da oturamayacaklarını, tıpış tıpış masaya oturacaklarını görüyorlardı.

Trakya'da, insanın ruhunu ferahlatan, İzmir'in imbatı esiyordu.

İzmir kordonboyu, boydan boya insan doluydu.
Onbinlerce bavul vardı.
Bulabildikleri her kayıkla, en yakın gemiye ulaşmaya çalışıyorlardı.

Çığlıklar kopuyordu.
Yüzerek gitmek için denize atlayanlar vardı.
Gemilerden aşağıya sarkıtılan ip merdivenlere öylesine saldırıyorlardı ki, denize düşüyorlardı, kayıklar devriliyordu.

Tarifsiz trajediydi.

Bavulunu toplayanlardan biri de, Vahdettin'ti.

İstanbul'daki işgal kuvvetleri komutanına mektup yazdı.
İngiltere'ye resmen yalvardı.

"Dersaadet İşgal Orduları Başkumandanı general Harrington cenaplarına... İstanbul'da hayatımı tehlikede gördüğümden, İngiltere devlet-i fahimanesine (yüce devletine) iltica ve bir an evvel İstanbul'dan naklimi talep ederim efendim.
Halife-i Müslimin Mehmet Vahidettin"

Utanmadan "İslam halifesi" diye imzalamıştı.

İkinci Mehmet, İstanbul'u fethetmişti...
Altıncı Mehmet, İstanbul'u işgal edenlere sığınıyordu.

Geceyarısı karanlığında, Yıldız Sarayı'nın merasim köşkü olarak kullanılan Şale Köşkü'nün arka kapısından çıkıp, gizli gizli Kızılhaç ambulansına binerek, Dolmabahçe rıhtımına gelip, İngiliz zırhlısı Malaya'yla yurtdışına kaçmasına sadece günler kalmıştı.

Giderken yanında, oğlunu, başmabeyincisini, mızıkacıbaşını, doktorunu, iki katibini, uşağını, berberini, iki haremağasını götürecekti.

Beş eşi vardı.
Eşlerini İngilizlere emanet edecekti.

Damat Ferit ise, kaçmak için kayınbiraderi Vahdettin'i beklemeyecek, suç ortağı padişahtan çok önce Orient Ekspres'le tüyecekti.

Kaderin cilvesi... Bizans imparatoru olma hayalleri kuran Yunan kralı Konstantin de, Damat Ferit'in kaçtığı gün, tahtını oğluna bırakarak, Yunanistan'dan kaçıyordu.

Ve kaderin bir başka cilvesi... Yunan kralı, işgalin başladığı gün, 15 Mayıs 1915 sabahı İzmir'e çıkarma yapan Patris gemisine binerek kaçıyordu.

İzmir'deki Yunan memurların tamamı gitmişti.
Rum çeteleri akbabalar gibi şehre üşüşmüştü.
Rumlar, Rumların evlerini yağmalıyordu.
Soygunlar, cinayetler, asayiş kontrolden çıkmıştı.

Yunan ordusu Çeşme'ye doğru kaçıyordu.
Savaş gemileri İzmir Körfezi'ndeydi ama, saldırıya uğrarlar korkusuyla tahliye gemilerini Çeşme açıklarında bekletiyorlardı.

Ali Kemal hâlâ hâlâ hâlâ kin kusuyordu...
"Yunan ordusu yenildi ama kurtulduk mu?" diye yazıyordu!

9 Eylül 1922...
Türk ordusu İzmir'e girdi.

Afyon 325 kilometre geride kalmıştı.
Mehmetçik bu 325 kilometreyi 10 günde almıştı!

Savaşa savaşa, kılıçla süngüyle, yürüye yürüye...
Günde ortalama 30 kilometre katetmişlerdi.

Sabah saat 10.30...
Yüzbaşı Şeref, yüzündeki yaranın kanı bulaşan ay yıldızlı Türk Bayrağı'nı hükümet konağında göndere çekti.

Bugün adı Kahramanlar olan semtte...
Ödenecek bedel vardı daha.
Rumlara ait un fabrikasından ateş açıldı.
İkinci tümen dördüncü alaydan...
Akşehirli Mehmet
Antalyalı Hakkı
Nevşehirli Ahmet
Milli mücadelenin sembolü, Büyük Taarruz'un son şehitleri oldular.

37 bin 975 şehit verdik.

Yunanistan'ın can kaybı 92 binin üzerindeydi.

7 milyon 250 bin mermi sıktık.
55 binden fazla top mermisi harcadık.

Minarelerden ezan sesi yükseliyordu.
Mustafa Kemal, Belkahve'deydi.
İzmir'i seyrediyordu.

İşgal edildiği gün, bir ulusun kurtuluş savaşını başlatan, işgali sona erdiği gün, o ulusun kurtuluş savaşını sonlandıran, dünyada bu özelliğe sahip ilk ve tek şehir, İzmir'i seyrediyordu.
Nif'te, kendisi için hazırlanan bağevine gitti.
Taştan, tek kat, penceresiz, gaz lambasının cılız ışığıyla aydınlanan, buram buram Ege kokan bir bağeviydi.

Yorgundu.
Yemek getirdiler, yemedi.
Sigara çıkardı.
Kahve istedi.
"Biliyor musun İsmet" dedi...
"Bir rüya görmüş gibiyim."

Karabasanla başlayan,
üç yıl üç ay 22 gün süren,
mucizeyle biten bir rüya.

Çiçekler açıyordu İzmir'in dağlarında.

Son Cüret'in hazırlanmasında faydalandığım ve sizin de mutlaka okumanızda fayda gördüğüm kitap ve çalışmalar.

- *1283 Harbiyeli Mustafa Kemal*, Aytaç Yalman, Kastaş Yayınları, 2014
- *Açıklamalı Yönetim Zamandizini*, Nuray Ertürk Keskin (editör), Ankara Üniversitesi Siyasal Bilgiler Fakültesi Yayını, 2012
- *Amerikan Gizli Belgeleriyle Türkiye'nin Kurtuluş Yılları*, Orhan Duru, Türkiye İş Bankası Kültür Yayınları, 2011
- *Anadolu İhtilali*, Sabahattin Selek, Örgün Yayınlar, 1981
- *Anadolu İhtilali*, Sabahattin Selek, Kastaş Yayınları, 2010
- *Ankara'nın İlk Günleri*, Yunus Nadi, Sel Yayınları, 1955
- "Arkadaşlarının Kaleminden Mim Mim Grubu Reisi Topkapılı Mehmet Bey", Asaf Özkan, *Uluslararası Tarih ve Sosyal Araştırmalar Dergisi*, 2013
- *Asi'den Gazi'ye Karikatürlerde Atatürk*, İsmail Şen, Sarnıç Yayınevi, 2003
- *Askeri, Siyasal ve Sosyal Yönleriyle Türk Kurtuluş Savaşı*, Fahri Belen, Başbakanlık Kültür Müsteşarlığı Basımevi, 1973
- *Atatürk – Modern Türkiye'nin Kurucusu*, Andrew Mango, Çeviren: Füsun Doruker, Remzi Kitabevi, 2016
- *Atatürk Ansiklopedisi*, Ömer Sami Coşar, Reklam Yayınları, 1973
- *Atatürk Büyük Şefin Hususi-Askeri-Siyasi Hayatı*, Ziya Şakir, Ülkü Basımevi, 1938
- *Atatürk Çizgisinde Geçmişten Geleceğe*, Utkan Kocatürk, Atatürk Araştırma Merkezi, 2005
- *Atatürk Hakkında Hatıralar ve Belgeler*, Afet İnan, Türkiye İş Bankası Kültür Yayınları, 2019
- *Atatürk Ne İdi?*, Falih Rıfkı Atay, Pozitif Yayınları, 2016
- *Atatürk ve Aleviler – Kurtuluş Savaşı'nda Aleviler-Bektaşiler*, Cemal Şener, Etik Yayınları, 2006
- *Atatürk ve Can Yoldaşı Nuri Conker*, Yaşar Gürsoy, Alfa Yayınları, 2011
- *Atatürk ve Cumhuriyet Tarihi Kronolojisi*, Utkan Kocatürk, Türk Tarih Kurumu, 1983

- *Atatürk ve Hekimler*, Metin Özata, Demkar Yayınevi, 2017
- *Atatürk'e Ait Hatıralar*, Cumhuriyet Matbaası, 1949
- *Atatürk'le Beraber Devrimler Olaylar Anılar 1922-1938*, Aslan Tufan Yazman, Türkiye İş Bankası Kültür Yayınları, 1969
- *Atatürk'le Beraber*, İsmail Habib Sevük, Türkiye İş Bankası Kültür Yayınları, 2019
- *Atatürk'ten Hatıralar*, Celal Bayar, Sel Yayınları, 1955
- *Atatürk'ten Hatıralar*, Hasan Rıza Soyak, Yapı ve Kredi Bankası, 1973
- *Atatürk'ten Hiç Yayınlanmamış Anılar*, Yurdakul Yurdakul, Truva Yayınları, 2017
- *Atatürk'ü Yaşayanlar*, Gönül Bakay-Leyla Pekcan, Kırmızı Kedi Yayınevi, 2010
- *Atatürk'ü Yeniden Düşünmek*, Hikmet Özdemir, Remzi Kitabevi, 2008
- *Atatürk'ün Bana Anlattıkları*, Falih Rıfkı Atay, Sel Yayınları, 1955
- *Atatürk'ün Düşünce Yapısını Etkileyen Olaylar, Düşünürler, Kitaplar*, Şerafettin Turan, Türk Tarih Kurumu, 2018
- *Atatürk'ün Fikir Sofrası*, İsmet Bozdağ, Tekin Yayınları, 1999
- *Atatürk'ün Hatıra Defteri*, Şükrü Tezer, Türk Tarih Kurumu, 2018
- *Atatürk'ün Hususiyetleri*, Kılıç Ali, Sel Yayınları, 1955
- "Atatürk'ün Kriz Yönetimi Tekalif-i Milliye", Hikmet Özdemir, *Türk İdare Dergisi*, sayı 429, yıl 2000
- *Atatürk'ün Kurtuluş Savaşı Yazışmaları*, Mustafa Onar, Kültür Bakanlığı Yayınları, 1995
- *Atatürk'ün Özel Mektupları*, Sadi Borak, Varlık Yayınları, 1961
- *Atatürk'ün Sırdaşı Kılıç Ali'nin Anıları*, Hulusi Turgut, Türkiye İş Bankası Kültür Yayınları, 2005
- *Atatürk'ün Sofrası*, Hikmet Bil, Toplumsal Dönüşüm Yayınları, 1999
- *Atatürk'ün Sofrası*, Oğuz Akay, Truva Yayınları, 2005
- *Atatürk'ün Yaveri Cevat Abbas Gürer*, Turgut Gürer, Türkiye İş Bankası Kültür Yayınları, 2018
- *Bana Atatürk'ü Anlattılar*, Hıfzı Topuz, Remzi Kitabevi, 2015
- *Barışa Son Veren Barış*, David Fromkin, Çeviren: Mehmet Harmancı, Epsilon Yayınevi, 2016
- "Bayburt'ta Şeyh Eşref İsyanı", Alaattin Uca, Aytunç Ülker, Tarihi ve Kültürü ile XIX. Yüzyıldan Günümüze Bayburt Uluslararası Sempozyumu, 2014
- *Bilinmeyen Hatıralar Kuva-yı Milliye ve Cumhuriyet Devrimleri*, Ali Fuat Cebesoy, Temel Yayınları, 2001

- *Bir Sovyet Diplomatının Türkiye Anıları 1922-1923*, Semyon İvanoviç Aralov, Çeviren: Hasan Ali Ediz, Türkiye İş Bankası Kültür Yayınları, 2008
- *Birinci Dünya Savaşı Yıllarında İzmir'de Eğlence Kültürü*, Fatma Bulut, yüksek lisans tezi, Dokuz Eylül Üniversitesi Atatürk İlkeleri ve İnkılap Tarihi Enstitüsü, 2010
- *Birinci Dünya Savaşı'nda Çeşitli Ülkelerdeki Türk Esir Kampları*, Mahmut Akkor, yüksek lisans tezi, Sakarya Üniversitesi Sosyal Bilimler Enstitüsü
- *Bozkurt*, H. C. Armstrong, Çeviren: Gül Çağalı Güven, Nokta Yayınları, 2005
- *Büyük Taarruz, 70'inci Yıl Armağanı*, Genelkurmay Başkanlığı, Genelkurmay Basımevi, 1992
- "Büyük Taarruz'da Türk Havacılığı", Rahmi Doğanay, *Fırat Üniversitesi Sosyal Bilimler Dergisi*, Cilt 13 Sayı 1, 2003
- *Çankaya Akşamları*, Berthe Gaulis, İlgi Yayınları, 2006
- *Çankaya*, Falih Rıfkı Atay, Pozitif Yayınları, 2019
- *Çerkes Ethem Kuvvetlerinin İhaneti*, Yunus Nadi, Sel Yayınları, 1955
- *Çerkez Ethem – Yeşil Ordu ve Bolşevik Taburu*, Ergun Hiçyılmaz, Destek Yayınevi, 2013
- *Çukurova – Kurtuluş Savaşı'nda Adana Cephesi*, Kasım Ener, Türkiye Kuvayı Milliye Mücahit ve Gazileri Cemiyeti Yayınları, 1970
- *Diplomasi ve Savaş-İngiliz Belgelerinde Batı Anadolu'da Yunan İşgali 1919-1922*, İsmail Ediz, Atatürk Araştırma Merkezi Yayınları, 2015
- *Efsaneden Gerçeğe İngiliz Kemal – Kurtuluş Savaşı Hatıraları*, Zekeriya Türkmen, Berikan Yayınevi, 2004
- *Erzurum'dan Ölümüne Kadar Atatürk'le Beraber*, Mazhar Müfit Kansu, Türk Tarih Kurumu, 1997
- *Ethem*, Şaduman Halıcı, E Yayınları, 2016
- "Felah Grubu'nun Milli Mücadele'deki Faaliyetleri", Kübra Kayabaşı, *Uluslararası Tarih Araştırmaları Dergisi*, 2019
- "Fener Rum Ortodoks Patriği IV. Meletios'un Büyük Taarruzdaki Faaliyetleri", Uğur Üçüncü, *Afyon Kocatepe Üniversitesi Sosyal Bilimler Dergisi*, Cilt 17 Sayı 1, 2015
- *Gavur Mümin – Gazi Paşa'nın Casusu*, Yaşar Aksoy, Kırmızı Kedi Yayınevi, 2020
- *Gazi Mustafa Kemal Atatürk*, İlber Ortaylı, Kronik Kitap, 2018

- *Gelişim Sürecinde Türk Karikatürü 3 - Kurtuluş Savaşı Dönemi 1918-1923*, Turgut Çeviker, Adam Yayıncılık, 1991
- *Genç Atatürk*, George W. Gawrych, Çeviren: Gül Çağalı Güven, Doğan Kitap, 2014
- *Hasan Tahsin - Yürekler Selanik ve İşgal İzmir'inden Hatıralar*, Yaşar Aksoy, Kırmızı Kedi Yayınevi, 2019
- *Hoşgeldin Gazi - Atatürk'ün İstanbul Günleri 1927-1938*, Cengiz Kahraman, Yapı Kredi Yayınları, 2019
- *Hüsrev Gerede'nin Anıları*, Sami Önal, Literatür Yayıncılık, 2002
- "I. Dünya Savaşıyla İlgili Yurtdışındaki Türk Şehitlikleri", Cengiz Dönmez, *Akademik Bakış*, Cilt 7 Sayı 14, 2014
- *İç Savaş ve Sevr'de Ölüm - İstanbul Hükümetleri ve Milli Mücadele III*, Sina Akşin, Türkiye İş Bankası Kültür Yayınları, 2017
- *İki Neslin Tarihi*, Ahmet Cevat Emre, Hilmi Kitabevi, 1960
- *İlginç Olaylar ve Anekdotlarla Atatürk*, Muzaffer Erendil, Genelkurmay Basımevi, 1988
- *İngiliz Belgelerinde Atatürk*, Bilal N. Şimşir, Türk Tarih Kurumu, 1973
- *İngiliz Belgeleriyle Sakarya'dan İzmir'e*, Bilal N. Şimşir, Milliyet Yayınları, 1972
- *İngiliz Belgeleriyle Sakarya'dan İzmir'e 1921-1923*, Bilâl N. Şimşir, Bilgi Yayınevi, 2016
- *İnönü Atatürk'ü Anlatıyor*, Abdi İpekçi, KA Kitap, 2013
- "İşgal Döneminde İzmir Metropoliti Hrisostomos", Bülent Atalay, *Trakya Üniversitesi Sosyal Bilimler Dergisi*, Cilt 11 Sayı 1, 2009
- "İstiklal Madalyalı Polisler ve Yüzellilik Polisler", Ali Dikici, *Atatürk Araştırma Merkezi Dergisi*, Cilt 25 Sayı 75, 2009
- *İtalyan Arşiv Belgelerinde Anadolu'da Yunan Mezalimi*, Mevlüt Çelebi, Atatürk Araştırma Merkezi Yayınları, 2010
- *İzmir'de Yunanlıların Son Günleri*, Bilge Umar, İzmir Büyükşehir Belediyesi Kent Kitaplığı, 2011
- "İzmir'in İşgali Üzerine Mülteci Durumuna Düşen Türklere Hilal-i Ahmer Cemiyeti Aracılığıyla İle Yapılan Nakdi Yardımlar", Semih Çınar, Çağdaş *Türkiye Tarihi Araştırmaları Dergisi*, XIX/ Özel Sayı: İzmir'in İşgali, 2019
- "Kahramanlıktan Vatan Hainliğine Çerkez Ethem, Kuvve-i Seyyare'nin Teşkili ve Tasfiyesi", Nuran Kılavuz, *Fırat Üniversitesi Sosyal Bilimler Dergisi*, Cilt 21 Sayı 1, 2011

- *Kara Fatma - Milli Mücadele'de Bir Kadın Üsteğmen*, İlknur Bektaş, Timaş Yayınları, 2013
- *Kemal Atatürk ve Milli Mücadele Tarihi*, Enver Behnan Şapolyo, Zaimler Yayınevi, 1958
- *Kılıç Ali Hatıralarını Anlatıyor*, Sel Yayınları, 1955
- *Komutan Atatürk*, Celal Erikan, Türkiye İş Bankası Kültür Yayınları, 2001
- *Komutan ve Evlatları*, Hikmet Özdemir, Anka Yayınları, 2007
- *Kur'an Penceresinden Kurtuluş Savaşı'na Bir Bakış*, Yaşar Nuri Öztürk, Yeni Boyut Yayınları, 2012
- *Kurtuluş Savaşı Döneminde Denizcilik Faaliyetleri*, Serdar Hüseyin Sayar, yüksek lisans tezi, Ankara Üniversitesi Türk İnkılap Tarihi Enstitüsü, 2007
- *Kurtuluş Savaşı Günlerinde İngiliz İstihbarat Servisinin Türkiye'deki Eylemleri*, Salahi R. Sonyel, Türk Tarih Kurumu, 1995
- *Kurtuluş Savaşı Günlüğü*, Zeki Sarıhan, Türk Tarih Kurumu, 1982
- *Kurtuluş Savaşı İle İlgili İngiliz Belgeleri*, Gotthard Jaeschke, Çeviren: Cemal Köprülü, Türk Tarih Kurumu, 1991
- *Kurtuluş Savaşı Kadınları*, Zeki Sarıhan, Remzi Yayınevi, 2007
- *Kurtuluş Savaşı Sırasında Türkiye'ye Gelen Amerikan Heyetleri*, Metin Ayışığı, Türk Tarih Kurumu, 2004
- *Kurtuluş Savaşı Sosyolojisi*, Mehmet Devrim Topses, Anı Yayıncılık, 2009
- *Kurtuluş Savaşı Sözlüğü*, Fahrettin Çiloğlu, Livane Yayıncılık, 1999
- *Kurtuluş Savaşı Tarihi*, Celal Erikan, Türkiye İş Bankası Kültür Yayınları, 2008
- *Kurtuluş Savaşı'na Denizden Gelen Destek ve Kuvayı Milliye Donanması*, Erol Mütercimler, Alfa Yayınları, 2004
- *Kurtuluş Savaşı'nda Albay Bekir Sami Günsav Mayıs-Haziran 1919*, Hamdi Gürler, Genelkurmay Başkanlığı Basımevi, 1994
- *Kurtuluş Savaşı'nda İşbirlikçiler*, İlhami Soysal, Bengi Kitap Yayın, 2008
- *Kurtuluş Savaşı'nda Kadın Askerlerimiz*, Fevziye Abdullah Tansel, Cumhuriyet Kitapları, 2001
- *Kurtuluş Savaşı'nda Türk-Sovyet İlişkileri 1917-1923*, Stefanos Yerasimos, Boyut Yayın Grubu, 1979
- *Kurtuluş Savaşı'nın Gizli Örgütü - M. M. Grubu*, Selahattin Işık, Kaynak Yayınları, 1999

- *Kurtuluş Savaşı'nın Manevi Reisi Mehmet Rıfat Börekçi*, Abdurrahman Kaplan, Hitabevi, 2014
- *Kurtuluş Savaşı'nın Maneviyat Ordusu*, Cemal Kutay, Yelken Matbaası, 1977
- *Kurtuluş Savaşında Muğla*, Ünal Türkeş, Yelken Matbaası, 1973
- *Kuvayı Milliye Komutanı Tekelioğlu Sinan Bey'in Günlüğü*, Mahmut Yüksel Canbaz, Genelkurmay Personel Başkanlığı Askeri Tarih ve Stratejik Etüt Daire Başkanlığı Yayınları, 2012
- *Kuvayı Milliye'nin Kuruluşu*, Alev Coşkun, Çağdaş Yayınları, 2006
- "Kuvayı Milliye'nin Propaganda Gazetesi: *İzmir'e Doğru*", Bünyamin Ayhan, *Sosyal Bilimler Dergisi*, sayı 20, 2008
- *M. M. Örgütü'nün Gizli Eylemleri*, Kemal Koçer, Özne Yayınevi, 2002
- "Milli Mücadele Döneminde Asker Firarileri", Özlem Çankaya, *Hacettepe Üniversitesi Cumhuriyet Tarihi Araştırmaları Dergisi*, Yıl 15 Sayı 29, 2019
- *Milli Mücadele Kuvayı Milliye – İttihatçılar ve Muhalifler*, Halim Demir, Ozan Yayıncılık, 2008
- *Milli Mücadele'nin Bilinmeyen Kahramanları-Kurtuluş Savaşı'nda Atatürk ve Din Adamları*, Ali Kuzu, Parola Yayınları, 2014
- *Milli Mücadelede Hilal-i Ahmer*, İsmail Hacıfettahoğlu, Türkiye Kızılay Derneği Yayınları, 2010
- *Milli Mücadelede Servetiye Cephesi*, Ali Üzmez, Kocaeli Büyükşehir Belediyesi Kültür Yayınları, 2008
- *Milli Mücadelede Türk Kadını*, Ferhat Uyanıker, Genelkurmay Askeri Tarih ve Stratejik Etüt Başkanlığı Yayınları, 2009
- *Milli Mücadelede Türk ve Yunan Esirler 1919-1923*, Cemalettin Taşkıran, Türkiye İş Bankası Kültür Yayınları, 2018
- *Mondros'tan Mudanya'ya Kadar*, Selahattin Tansel, Milli Eğitim Bakanlığı, 1991
- *Moskova Hatıraları*, Ali Fuat Cebesoy, Vatan Yayınevi, 1955
- *Muhafızı Atatürk'ü Anlatıyor*, Hasan Pulur, Kaynak Yayınları, 2000
- *Mustafa Kemal Atatürk ve Kurtuluş Savaşı*, Salahi R. Sonyel, Türk Tarih Kurumu, 2008
- *Mustafa Kemal Atatürk'ün Liderlik Sırları*, Adnan Nur Baykal, Hümanist Yayıncılık, 2018
- *Mustafa Kemal Mütareke Defteri*, Falih Rıfkı Atay, Pozitif Yay., 2017
- *Mustafa Kemal ve Corinne Lütfü*, Melda Özverim, Doğan Kitap, 2007

- *Mustafa Kemal'in Ankarası*, Nezihe Araz, Dünya Aktüel, 2017
- *Mütareke Döneminde İstanbul'daki Rus Mültecilerin Yaşamı*, Tülay Alim Baran, Yeditepe Üniversitesi Atatürk İlkeleri ve İnkılap Tarihi Enstitüsü, 2006
- "Mütareke Yıllarında Beyaz Rusların İstanbul'daki Sürgün Hayatları", Muammer Göçmen, *Süleyman Demirel Üniversitesi İlahiyat Fakültesi Dergisi*, Sayı 20, 2008
- *Nutuk*, Mustafa Kemal Atatürk
- *On Yıllık Savaş*, İzzeddin Çalışlar, Türkiye İş Bankası Kültür Yayınları, 2010
- *Org. İzzettin Çalışlar'ın Anılarıyla Gün Gün Saat Saat İstiklal Harbi'nden Batı Cephesi*, İzzettin Çalışlar, Türkiye İş Bankası Kültür Yayınları, 2009
- *Saltanat'tan Cumhuriyet'e Giden Yolda Kurtuluş Savaşı'nın Perde Arkası*, Osman Özsoy, Aksoy Yayıncılık, 1999
- *Savaş ve Etnik Temizlik - İstanbul Hükümetleri ve Milli Mücadele IV*, Sina Akşin, Türkiye İş Bankası Kültür Yayınları, 2019
- "Savaş Yıllarında Anadolu Rumlarının Yaşadığı İkilem", Taner Bilgin, *Uluslararası Tarih Araştırmaları Dergisi*, 2016 Sayı 1, 2009
- *Sivas Kongresi*, Vehbi Cem Aşkun, İnkılap ve Aka Yayınları, 1963
- *Şu Çılgın Türkler*, Turgut Özakman, Bilgi Yayınevi, 2015
- *Tarihe Tanıklık Edenler*, Arı İnan, Türkiye İş Bankası Kültür Yayınları, 2018
- *Teşkilat-ı Mahsusa'dan Kuvayı Milliye'ye - Kahraman Bir Türk Subayının Anıları*, İhsan Aksoley, Timaş, 2016
- *Türk Kelebeği - Guyan Adası'na Sürülmüş Cemil Bey'in Hatıratı*, Ergun Hiçyılmaz, Kaynak Yayınları, 2014
- *Türk Kurtuluş Savaşı ve Devrimi Tarihi*, Ayferi Göze, Beta Basım Yayım, 2000
- *Türk Kurtuluş Savaşı*, Fahri Belen, Başbakanlık Kültür Müsteşarlığı Basımevi, 1983
- *Türk Mucizesi*, Berthe Georges Gaulis, Çeviren: Reyhan Enünlü, Yeni İstanbul Kültür Yayınları, 1969
- *Türk'ün Ateşle İmtihanı*, Halide Edip Adıvar, Can Yayınları, 2016
- *Türkiye'nin Pasteur'u Dr. Z. Muammer Tunçman*, Firdevs Gümüşoğlu, Berfin Yayınları, 2001
- *Vahdettin, Mustafa Kemal ve Milli Mücadele - Yalanlar Yanlışlar Yutturmacalar*, Turgut Özakman, Bilgi Yayınevi, 1997

- "Yaklaşım Farklılıkları Açısından Demirci Mehmet Efe'nin Kuvayı Milliye'ye Katılışı ve Kuvayı Milliye Bünyesindeki Faaliyetlerinin Niteliği", Ali Ulvi Özdemir, *Ankara Üniversitesi Türk İnkılap Tarihi Enstitüsü Atatürk Yolu Dergisi*, Sayı 62, 2018
- *Yaşamın İçinden Atatürk Anıları*, Hanri Benazus, Bizim Kitaplar Yayınevi, 2015
- "Yeni Belgeler Işığında Türk Milli Mücadelesi'nde Şeyh Senusi", Cengiz Mutlu, *Türk Dünyası Sosyal Bilimler Dergisi*, 2019
- *Yunan İşgali'nde Batı Anadolu*, İzzet Öztoprak-Oğuz Aytepe-Murat Karataş, Atatürk Araştırma Merkezi Yayınları, 2015
- *Yunan Mezalimi*, Mustafa Turan, Atatürk Araştırma Merkezi, 2000
- *Yunan Propagandası*, Dimitri Kitsikis, Çeviren: Hakkı Devrim, Karaca Yayınevi, 1974
- *Yunan Tarihçiliğinin Gözüyle Anadolu Harekatı 1919-1923*, Nilüfer Erdem, Derlem Yayınları, 2011
- *Yunanlıların ve Anadolu Rumlarının Anlatımıyla İzmir Savaşı*, Bilge Umar, İnkılap Kitabevi, 2002
- *Yunanlıların Anadolu Macerası: 1915-1922*, Alexander Anastasius Pallis, Çeviren: Orhan Azizoğlu, Yapı Kredi Yayınları, 1995